Herderbücherei

Band 874

Über die Autorin

Die Autorin – Tisa – als Generalstochter Elisabeth Gräfin von der Schulenburg 1903 in Mecklenburg geboren, lebt nach langen Jahren künstlerischer Arbeit und journalistischer Tätigkeit als Ordensfrau, Schwester Paula, bei den Ursulinen in Dorsten, Westfalen. Sie ist die Schwester des 1944 hingerichteten Widerstandskämpfers Fritz-Dietlof Graf von der Schulenburg. Der ebenfalls hingerichtete Friedrich Werner Graf von der Schulenburg war ihr Onkel. Aufgewachsen in einer preußischen Offiziersfamilie, lernte sie die glanzvollen letzten Jahre des Kaiserreiches und sein Ende, die goldenen 20er Jahre Berlins und das Elend der Weltwirtschaftskrise kennen. Sie studierte Kunst in Berlin und Paris von 1925–1928, sie war Schülerin von Edwin Scharff. 1928 heiratete sie den Juden Fritz Hess, dem sie 1934 ins Londoner Exil folgte. Dort fand sie Anregung und Förderung ihrer Kunst durch Henry Moore. 1939 fuhr sie zu ihrem sterbenden Vater nach Deutschland, die Engländer verweigerten ihr nach dem Staatsbegräbnis die Wiedereinreise. So kehrte sie verzweifelt nach Deutschland zurück, sie erlebte die Verschwörung gegen Adolf Hitler aus nächster Nähe durch ihren Bruder Fritzi, der 1944 gehängt wurde. Der Auflösung der Front folgte die Flucht in den Westen. Nach dem Scheitern der zweiten Ehe kam es zu einem völligen Zusammenbruch. Ihre Hilfe fand sie im Gebet und dann in der Freundschaft mit den Ursulinen in Dorsten, die vor dem Krieg mit Edith Stein befreundet gewesen waren. Sie konvertierte und trat 1950 in das Kloster ein. Hier fand sie zu der „Freiheit", die sie immer gesucht hatte. Ihre Kunst konnte sie nach zwölf Jahren Schulunterricht voll entfalten. Das dokumentieren die zahlreichen Ausstellungen ihres grafischen Werkes und ihrer Arbeiten in Holz und Metall, die sich vor allem mit der Welt der Bergarbeiter und mit dem notleidenden Mitmenschen auseinandersetzen.
Wahrhaftig ein unkonventionelles Leben.

Tisa von der Schulenburg

# ICH HAB'S GEWAGT

## Bildhauerin und Ordensfrau – ein unkonventionelles Leben

Herderbücherei

Umschlagfoto: WAZ, Dorsten

1. Auflage Juni 1981
2. Auflage Mai 1982
3. Auflage Januar 1983


Herder Freiburg · Basel · Wien
Herstellung: Freiburger Graphische Betriebe 1983
ISBN 3-451-07874-0

INHALT

# KINDHEIT

Tressow. Am 7. Dezember 1903.

Mein Vater hatte seine vier Söhne in sein Zimmer rufen lassen. Dort sagte er ihnen, daß sie eine Schwester bekommen hätten. Wie sollte sie heißen? „Rosenkranz", sagten sie. Sie kannten keine kleinen Mädchen. Eine Herzogin von Mecklenburg sollte meine Patin sein, ich bekam den Namen: Elisabeth. Mary, Caroline, Veronika, Margarethe wurden, der Zeit gemäß, hinten angehängt.

Die Brüder konnten mit der Schwester nicht viel anfangen, bis sie schließlich am ersten Geburtstag hinter ihnen herzottelte. Später zeigten sie die Stelle, wo es geschehen war. Es hatte sie beeindruckt. Als das Bild meiner Kindheit mag gelten: atemlos laufe ich hinter den Brüdern her. Immer waren sie schneller. Ich konnte tun, was ich wollte, ich blieb die letzte. Auf einem alten Foto sah man ein Baby mit dicken Backen, welche die Augen versteckten. Häßlich obendrein. Ich habe mich nicht verändert! Das Baby saß in einem hochrädrigen Kinderwagen in Kensington Gardens in London.

Mein Vater war von 1902 bis 1906 Militärattaché in London. Meine Eltern liebten die Stadt sehr, sie verlebten dort ihre glücklichste Zeit mit ihren kleinen Kindern, mit vielen Partys und Einladungen. Es waren die Jahre der verhängnisvollen Wende in der kaiserlich-deutschen Englandpolitik. Mein Vater warnte wiederholt in seinen Berichten, der Kaiser aber strich die Stellen an und schrieb an den Rand: der junge Mann sieht zu schwarz. Die Eltern kannten den Kaiser persönlich sehr gut, meine Mutter hatte auf den Hofbällen viel mit ihm getanzt. Später verteidigte sie ihn; er sei so vielfältig begabt gewesen, leider zu vielfältig.

Im September 1902 wurde mein Bruder Fritzi in London geboren. Meine Mutter fand, er habe ausgesehen wie Friedrich der Große auf dem Totenbett. Große blaue Augen, große Nase, runzliges Gesicht. Meine älteren Brüder hatten viele Erinnerungen an England, Fritzi und ich hatten keine. Damals kam unsere englische Nurse Wicky zu uns, sie hatte einen Fotoapparat, zu der Zeit eine Neuheit. Sie knipste Fritzi, ihren Liebling, in allen möglichen und unmöglichen Stellungen.

Mein Vater wurde 1906 an den Großen Generalstab in Berlin versetzt, wir scheinen von 1906 bis 1907 in Tressow gewohnt zu haben. Tressow war der Besitz meines Vaters im westlichen Mecklenburg. Mit uns kam Wicky, die wir alle sehr liebten. Sie erzog uns wie Engländer ihre Kinder: morgens und abends Porridge, tags und nachts offene Fenster, Wolldecken, keine Federbetten, Sandalen und „smocks", die „gesmockten" englischen Leinenkittel, die sehr bequem waren.

Ein anderes Foto: Meine Mutter im Hofkleid in London. Sie erzählte uns, Wolfi sei vor ihr niedergekniet und habe gesagt: „Mutter, was bist du schön." Dabei war meine Mutter gar nicht schön im landläufigen Sinn. Sie war viel zu stürmisch und viel zu lebhaft, hatte dunkles lockiges Haar, braune Augen, eine hohe Stirn, einen vollen Mund und ein starkes Kinn; alles an ihr sprühte von Leben. Sie war zu selbstlos und zu ungeduldig, um sich um ihre Garderobe zu kümmern. Meine Großmutter Arnim hatte daher wohl diese „Hoftoilette" besorgt: Der Stoff ein schwerer weißer Damast, der mit Blumen bestickt war. Unsere schönsten Stühle im Tressower Salon wurden später mit dem Stoff des Kleides bezogen.

Erinnere ich mich an Wicky? Ich weiß es nicht. Weiße Haare, weißes Kleid, klein und zierlich, vielleicht entsinne ich mich auch nur eines alten, längst verlorenen Fotos.

Sie machte Riesenspaziergänge mit Kindern und Kinderwagen, als ob sie die kleinen Jungen frühzeitig für einen Marathonlauf trainieren wollte, zu guter Letzt packte sie Heini und Fritzi zu mir in den Kinderwagen und schob uns, keuchend, alle zurück. Meine Mutter konnte dies sehr lebhaft schildern. Im Kinderzimmer sprachen wir nur Englisch, besahen die englischen

Bilderbücher und lernten die englischen Kinderreime. 1907 ging Wicky nach England zurück. Alljährlich zu Weihnachten kamen schöne glitzernde Postkarten, die begehrtesten Postkarten in unserem Album.

Nach 1918 versuchte meine Mutter vergebens, mit ihr wieder in Verbindung zu treten, sie bekam auf ihre Briefe keine Antwort.

Johann Albrecht, genannt Albrecht, geboren 1898, Wolf Werner, genannt Wolfi, geboren 1899. 1900 hatte meine Mutter schweren Typhus, so erklärte sie uns den Zwischenraum. Adolf Heinrich, genannt Heini, geboren 1901, Fritz Dietlof, genannt Fritzi, geboren 1902, Elisabeth, genannt Tisa, geboren 1903. Abgesehen von den englischen „smocks", trugen wir immer die echten Kieler Matrosenanzüge. Einer erbte sie vom anderen, der Reihe nach. Sie waren unverwüstlich. „Mutter, kauf die Hosen doch nicht so lang, übers Knie ist nicht mehr modern", stöhnte Wolfi.

Warum mußte ich immer verlieren?! Mit fünf Jahren erklärte ich empört: „Hätte ich schneller laufen können, hätte ich gewonnen." Diese Logik erntete Hohngelächter von den Brüdern. Dabei waren die Rennen sorgfältig ausgerechnet, jeder der Jüngeren bekam eine entsprechende Vorgabe. Ähnlich wie die Gewichte bei Rennpferden erklärten die Brüder. Es gab so viele Wettbewerbe. Über Zäune und breite Gräben, Sprünge tief hinunter in die Tressower Sandkuhle. Hinauf auf hohe Bäume; wo meine Beine nicht ausreichten, wurde ich von Jungenfäusten gezogen. Immer benötigten die Kapitäne einen Schiffsjungen, und der war ich. Die Schiffe: ein großes Eisenbett, ein umgestülpter Tisch, die große Tanne. Die Kapitäne oder der Kapitän und der erste Offizier schmetterten:

„Volldampf voraus" oder „Volldampf zurück". Der Schiffsjunge machte die Geräusche der Maschine: „Pfft, pfft, pfft" – dann kletterte er geschäftig hin und her.

In Berlin von 1907 bis 1909. Es sind meine ersten klaren Erinnerungen. Wir hatten ein Abonnement im Zoologischen Garten und gingen dort täglich spazieren, wir wohnten ja gleich um die Ecke in der Kleiststraße. Lebendigste Erinnerung: Das Nilpferd.

Bei jedem Besuch wollten wir es sehen. Es lebte in einem ägyptischen Haus, wie mir später klarwurde, und planschte im Bassin. Die Meerschweinchen waren bei uns ebenso beliebt. Unsere Erzieherin, das böse Fräulein Rademacher, begleitete uns. Böse, weil sie Fritzi vorzog. Jeder von uns hatte seine geschenkte Schokolade in einem Zigarrenkasten. Nach Tisch bekam man ein Stück; sie aber gab Fritzi meine Schokolade.

Meine Mutter entließ sie nach einem halben Jahr. Zu der Zeit aber war ich bockig. Einmal sollte ich in eine Straße einbiegen, in die ich nicht gehen wollte. Einspruch, Widerstand, Gebrüll. Da lag ich schon mitten auf der Straße und strampelte mit den Beinen.

Unser Gesichtskreis erweiterte sich. Elektrische, U-Bahn, Autos, Fahrstühle. Große Straßen, viel Verkehr. Die Tauentzienstraße fanden wir am schönsten, wenn sie, kurz vor Weihnachten, dicht mit Weihnachtsbäumen bestanden war. Zwischen den Bäumen spielten wir Fangen. Unsere Wohnung ist mir nur schattenhaft in Erinnerung, der dunkle Gang, der Aufgang im Hinterhof für Personal und Kinder, vorne nur für „Herrschaften".

Wir hatten Scharlach und Masern, kaum war der eine auf, lag der andere, und zum Schluß lagen wir alle zusammen. Bei mir kamen Blinddarm- und Mittelohrentzündung dazu. Ich war so krank, daß ich den Umzug nach Münster nicht mitmachen konnte. Stolz blieb ich mit einem Mädchen, das mich pflegte, in einer Pension zurück. Erste Erinnerung an Essen: Sandkuchen und Apfelmus.

Ich liebte die Großmutter Arnim sehr, meiner Mutter Mutter. Ich sah einmal in einer Kunsthandlung ein Bild, Richters Genoveva. Ein großer Buntdruck. Ich war wie verzückt. Meine Großmutter ging hinein und kaufte mir das Bild, 10 Jahre lang habe ich mich nicht davon getrennt. Ein andermal kaufte sie mir ein Spitzenkleid – ich war damals fünf –, es hatte viele Säume. Diese Säume wurden jährlich ausgelassen, und mit 12 Jahren habe ich das Kleid noch getragen! Ich war wohl gar nicht der Typ für Spitzenkleider. Meine Mutter erzählte, sie habe mich als Dreijährige zur englischen Botschaft mitgenommen. Dort wurde ich bewundert und auf einen Tisch gestellt: „Sing, liebes Kind.“ Ich schmetterte in die Gegend: „Im Grunewald, im Grunewald ist Holzauktion, bei Veitel und bei Kohn, bei Itzigsohn.“ O Deutschland! Alle waren betroffen; denn einige waren getroffen.

Es hatte eine Zeit gegeben, wo wir drei Jüngsten, Heini, Fritzi und ich, unzertrennlich waren. Wir spielten gemeinsam im Kinderzimmer, wir ritten auf einem Schaukelpferd zu dritt, unsere Gitterbetten standen in Tressow zusammen. In Berlin war Heini bei den großen Brüdern einquartiert. Eines Tages war er von uns abgefallen. Auf unseren Lockruf „Heu-hu-la-duhu“ hatte er nicht geantwortet. Er hatte ihn gehört, das wußten wir. Er war zu den großen Brüdern übergegangen. Verrat! Wut und Zank.

Meine Kindheitserinnerungen kann ich nach Erzieherinnen und durchwanderten Städten einteilen. „Darum sind wir so schillernd geworden“, sagte mir später Fritzi, „wir mußten uns frühzeitig an andere Menschen und an eine immer wieder veränderte Umgebung gewöhnen.“

Auf das böse Fräulein Rademacher war Miß Bull gefolgt. Ich war zu der Zeit vier Jahre alt. Seltsamerweise galt mein Bruder Heini als so reizend und vernünftig, daß er keine Erzieherin erhielt. Fritzi und ich dagegen schienen sie dringend zu benötigen. Miß Bull hatte ein eckiges Gesicht mit starken Kinnbacken. Sie kam mit neuen Strafen. Mit ihren Ohrfeigen legte sie uns um. Sie kündigte sie an: „Fritz-Dietlof von der Schulenburg, I'll give you a box on the ears.“ Schon hatte sie ihm eine geklebt. Da lag er.

Wir gingen in Tressow mit Miß Bull zum Baden. Fritzi und ich voraus. Wir besprachen miteinander, ob wir es nicht meiner Mutter sagen sollten, wie böse Miß Bull manchmal sei. „Nein“, sagte Fritzi, „die Sonne bringt es an den Tag“, es würde schon herauskommen. Ich war mir dessen nicht so sicher. Ob wir uns nicht doch rächen könnten? Fritzi: „Nein.“ Im Pavillon am See stürzte sich Miß Bull auf Fritzi, fegte ihn zur Erde und schleuderte ihn im Kreis herum, daß sein Kopf auf die Steinfliesen schlug. Die Sonne habe es an den Tag gebracht, was für schlechte Kinder wir seien. Ich stand dabei und brüllte.

„Kinder“, sagte später meine Mutter, „warum habt ihr mir nie etwas davon gesagt?“ Das vermochten wir nicht zu erklären. Die anderen Strafen: Eckestehen, bis zu einer Stunde und darüber hinaus, war ja schließlich normal. Ganz schnell drehte man sich um und streckte die Zunge heraus. Abschreiben: Fünfzigmal, hundertmal: ich habe gelogen – konnte man durch ein gestaffeltes Abschreiben der Worte abwechslungsreich gestalten:

ich
ich
ich.

Miß Bull hatte ein schweres Kopfleiden mit täglicher Migräne. Sie bekämpfte diese, indem sie in der Früh' heißes Wasser trank und den Finger in den Rachen steckte.

Ich sah vom Bett aus zu.

Fritzi war schon in Berlin, also mit fünf Jahren, in die Schule gekommen. Sein erster Schultag endete damit, daß er seine Klassenkameraden beim Herausgehen abfing, um sie zu verprügeln. Vielleicht wollte er herausfinden, ob er auch in der Schule wie bei den Brüdern zu Hause der Schwächere war.

Ich nehme an, daß ich ein Gebrüll erhoben habe und alles mit ihm lernen wollte. So habe ich, von Miß Bull angeleitet, Lesen und Schreiben gelernt. Schattenhaft erinnere ich mich an Bilder in einer englischen Fibel. Miß Bull unterrichtete mich auch weiterhin: ein deutsches Diktat, ein englisches Diktat und ein bißchen Rechnen.

Für eine eins bekam ich fünfzig Pfennig, für eine zwei fünfundzwanzig Pfennig, dieser Satz wurde später ermäßigt, da die Brüder fanden, daß ich zu gut verdiente. Das Geld kam in die Spardose, wo es auch blieb. Das haben wir dann viele Jahre später und tief ergriffen als Kriegsanleihe gezeichnet.

In Münster, wo wir von 1909 bis 1911 wohnten, war Fritzi meist der Sündenbock. Er wurde stundenlang allein in ein leeres Schrankzimmer gesperrt, wo er unaufhörlich mit dem Kopf gegen die Tür bumste oder aber mit dem Kopf an der Tür rauf und runter schlug, was wie das Rattern eines Zuges klang. Wir wurden, möchte man meinen, von Miß Bull zum Widerstand erzogen. Fritzi lernte in diesen Prüfungen eine vollkommene Selbstkontrolle – keiner kam ihm später mehr bei. Ich lernte es auszuweichen.

Wir kannten den Tyrannenhaß, die älteren Brüder kannten ihn nicht.

Miß Bull hatte ihren Vater, einen Pfarrer in Nordengland, verlassen, weil er hart und bigott war; er hatte von ihr verlangt, daß sie am Sonntag dreimal die Kirche besuchte. Meine Mutter schätzte sie sehr. Ihre ständigen Kopfschmerzen führte Miß Bull darauf zurück, daß sie als Kind einmal aus dem fahrenden Pferdewagen gestürzt war. 1913 verließ sie uns. Sie zog in ein kleines Zimmer in Berlin, wo wir sie manchmal besuchten. Das Zimmer machte mir einen tiefen Eindruck: Es war so klein und eng. Sie lebte wohl von ihren Ersparnissen. Der Erste Weltkrieg traf sie hart, sie fühlte sich ganz als Deutsche und haßte ihren Vater. Als Ausländerin mußte sie sich wöchentlich bei der Polizei melden, worunter sie sehr litt. Ihr Kopfleiden wurde immer schmerzhafter, und im Jahr 1916 ist sie daran gestorben.

In Münster gab es so viel Neues zu sehen. Die Kirmes, „Send" genannt, faszinierte uns. Dort sahen wir zum erstenmal ein Kasperletheater. Fritzi und ich waren hingerissen. Wir begannen nun selbst zu spielen. Ich sehe noch die ausgestopften Smocks auf unseren Betten liegen: Teufel, Wurst, Kasperle. Fritzi war groß im Nachahmen der Stimmen.

Zu Fastnacht durften wir uns verkleiden. Heini als Clown, Fritzi als Kiepenkerl, ich als Rotkäppchen. Aber, o Tyrannei, Fritzi und ich durften nicht vors Haus. Nicht mitlaufen im Umzug. Wir fielen fast aus dem Fenster beim Zusehen. Ein Fastnachtszug endete in einem Wolkenbruch. Das Wasser stieg in der schmalen Frauenstraße. Vergebens schwappte es der Friseur gegenüber aus seiner Tür. Die großen Brüder stapften bis zu den Hüften im Wasser. Es wird steigen und steigen und steigen. Gruselnd hoffte man. Das Wasser verlief sich, und wir rannten auf die leere Straße, der Kiepenkerl und das Rotkäppchen. Ich hatte noch nicht gelernt, zwischen der großen Prozession und dem Fastnachtsumzug zu unterscheiden.

Der tägliche Spaziergang war eine Selbstverständlichkeit. Bei Wind und Wetter ging's hinaus, durch die Straßen der Stadt oder auf die Felder.

Buchstäblich auf die Felder. Man pflückte nämlich Blumen:

Wiesenschaumkraut, Margeriten, Mohn, Kornblumen. Eines Tages, Miß Bull hatte einen großen Strauß Kornblumen im Arm, hörten wir hinter uns ein Knurren. Dräuend stand ein Bauer mit seinem Hund am Koppelgatter. In weißen Hemdsärmeln. Er schimpfte. Sie schimpfte. Hatte ihr Schirm herumgelegen? Der Bauer fuchtelte mit ihrem Schirm und drohte ihr. Wir waren tief beeindruckt. Miß Bull wurde ausgeschimpft. Ohne ihren Schirm zogen wir ab. Der Bursche meines Vaters löste ihn am nächsten Tag gegen drei Mark ein.

An den Wegrändern standen Kreuze:

Wir liefen voraus, knieten nieder und beteten. Entsetzt riß uns Miß Bull hoch. Knien war doch „katholisch". Sie sah uns in des Teufels Klauen. Ebenso entsetzt war sie, als der Bischof gestorben war und Fritzi unbedingt „hin" wollte. Wir standen am Domplatz, wo sich eine große Menge versammelt hatte, die an der Leiche vorbeidefilieren wollte. Fritzi wollte das auch. Es gab einen heftigen Streit. Miß Bull wollte ihn fortzerren. Er klammerte sich an die Gitterstäbe des Zauns im bischöflichen Palais und schrie aus vollem Halse. Aber Miß Bulls Gewalt siegte.

Unsere katholische Köchin hatte kleine illustrierte Heftchen mit Märtyrergeschichten. Staunend buchstabierten wir uns hindurch. Ich empfand ein heftiges Gruseln beim Bild eines Märtyrers auf dem Rad. Oder war es so gruselig, weil es bestimmt verboten war, diese Hefte zu lesen? Wir hatten auch immer kleine Heiligenbilder, die man uns zusteckte.

Die Wiedertäuferkäfige an Lamberti waren mindestens ebenso gruselig. Mit Schauern sah ich hoch, wenn wir vorbeigingen. Dort hatten Menschen gesteckt. Dort waren sie verhungert und gestorben.

War das Wetter zu schlecht, ging Miß Bull mit uns im Dom spazieren. Die Uhr mit dem schönen Uhrwerk wollten wir immer wieder sehen.

Die andere Zuflucht war das Museum! So zog sie mit uns durch die Säle, wir waren sechs und sieben Jahre alt. Wollte sie uns im Trockenen haben oder unser Kunstverständnis wecken? Mein Lieblingsbild war das „Riesenspielzeug". Dann gab es so viele Märtyrer zu sehen, wo es mir wieder gruselte. Auch sonst gab es Gruseliges. Hinter unserem Garten fing das Verbotene an. Dort war eine große Jauchegrube, aber das war es nicht. Das Verbotene bezog sich auf die Straße. Es war uns streng verboten, sie zu betreten. Es war, sozusagen, ein übles Quartier, das habe ich aber erst später begriffen.

Fritzi wird sich später genau der schönen alten Häuser am Prinzipalmarkt erinnern, der Kirchen, des Rathauses – meine Gedanken waren auf anderes gerichtet: Fischer mit wildem Bart und Ölzeug, aus Ton gebrannt. Die ersten Plastiken meines Lebens. In allen Größen standen sie auf dem Regal des Kramladens. Zugabe zum Lebertran? Erste Reklame? Ich weiß es nicht. Noch las ich das „Petroleum" am Schild des Ladens wie eu in euer. Spott und Hohngelächter der Brüder.

Die Fischer fanden Fritzi und ich bei einer Ferienfahrt in Timmendorf vor. Groß und lebendig. Fritzi setzte es durch, daß er in der Früh' um fünf mit den Fischern hinausfahren durfte, er war wohl acht Jahre alt. Wie er das bei Miß Bull geschafft hat, weiß ich nicht. Er wurde leichter mit ihr fertig als ich.

So ist es also: Fritzi und Tisa unterstehen Miß Bull. Der siebenjährige Heini hat dagegen sein eigenes Zimmer, sein Fenster ist ganz ausgefüllt vom großen Rotdorn. Fritzi und Tisa begehen ihre Streiche gemeinsam. In sorgfältiger Kleinarbeit wird mit dem Bleistift ein kleines Loch vom Kinderzimmer in ein Örtchen gebohrt. Arme Miß Bull. Die Strafe ist mir nicht erinnerlich. Große Aufregung im Haus. Wo ist Fritzi? Die Schule ist längst aus. Strahlend kommt er am Nachmittag zurück. Studenten haben ihn zum Frühschoppen mitgenommen. Albrecht und Wolfi basteln an einer Elektrisiermaschine herum, oder sie hantieren mit der Laterna magica, ihre Maschinen sind mir nicht geheuer. Heini fotografiert, in seinem Zimmer hängen an langen Leinen die Abzüge zum Trocknen.

Ich bewundere und liebe meine Mutter. Morgens darf ich bei ihr sein, wenn die Jungfer Maria sie frisiert. Ich kenne alles: das „toupet", den Schildpattkamm, die großen Schildpattnadeln. Ich spiele während der Zeit mein geliebtestes Spiel: Ich werfe den Ball vor mich hin, und ich versuche ihn aufzufangen. Doch der Ball ist immer schneller als ich. Ich zeichne sehr viel: Häuser,

Bäume, Festungen, Fahnen. Meine Mutter hebt alle Zeichnungen auf. Auf ein großes Blatt zeichne ich Rotkäppchen mit vielen Szenen. Dafür werde ich sehr gelobt. Es leuchtet mir nicht recht ein, wofür.

Die großen Brüder streifen weit über Land, auch wir wandern oft in einen Wald, wo ein Bach mich begeistert. Aber mir kommen die Namen noch durcheinander; Mecklenbeck, Tecklenburg, das klingt doch alles wie Mecklenburg, und wenn ich es verwechsele, werde ich ausgelacht. Wie ich die Stadt vierzig Jahre später als Ruinenhaufen wiedersehe, kann ich mich noch ein wenig an die Lage der Straßen und Kirchen erinnern. Die Wiedertäuferkäfige hängen noch, aber das alte Haus, Frauenstraße zwanzig, der Garten, der Rotdorn, die üble Straße, alles ist zerstört. Es geht keine Brücke hinüber in das „Einst".

Mein Vater wurde 1911 wieder an den Großen Generalstab nach Berlin versetzt. Wir wohnten in einer Etage in der Grolmanstraße, hinter dem Schillertheater, und blieben dort bis 1913.

Ich erinnere mich eigentlich aus der Zeit nur an gewisse Details im Gesicht meines Vaters: an seine Augen, die von einem strahlenden Blau waren, an seine buschigen Augenbrauen, an seinen Schnurrbart. Ich erinnere mich an seinen strengen Blick, aber auch an sein Lachen, wenn mir beim Gutenachtkuß die Bartstoppeln auf seinem Gesicht gar zu kratzig waren. Details ebenfalls der Kleidung: die Schnurrbartbinde, die lange Unterhose, die Zugstiefel, die Hose mit den breiten roten Generalstabsstreifen. Wenn er nach Hause kam, wollte er seine Ruhe haben. Es war undenkbar, daß wir mit ihm hätten spielen können. Wir sahen unseren Vater nur beim Abendessen, doch wir mußten schweigen, wenn er am Tisch war. Einmal hatte Fritzi geredet. Mein Vater hatte ihn angesehen. Wir erstarrten. Fritzi hob keck seine Nase, blitzte meinen Vater mit seinen großen Augen an und sagte: „Ich kann dich auch so ansehen!" Entsetzen. Bestrafung. Sonntagmittag war mein Vater auch zu Hause, zu Roastbeef und Yorkshirepudding. Seid still, Kinder.

Sonntag nachmittags gingen die Kinder mit Miß Bull in den Zirkus Busch. Feuerfressende Männer, Chinesen baumeln an

Zöpfen. Menschen am Trapez. Die durchsägte Frau. Mir gruselte schon wieder.

Meine Mutter war sehr besorgt um unser Wohlergehen. Kamen wir armen Kinder wohl genug an die Luft in dieser Großstadt? So schickte sie uns bei Wind und Wetter hinaus. Immer gab sie uns eine Pfefferminzrolle mit, damit die Luft besser sei. Mit der Untergrund zum Reichskanzlerplatz, hinter dem damals wirklich „draußen“ anfing. Oder in den Grunewald. Rollschuhlaufen war Dernier cri. Die drei großen Brüder gingen allein los, Fritzi und ich mit der Miß. So zogen wir auf den neuen Asphaltstraßen, die zwischen öden Sandhügeln und spärlichen Kiefern angelegt waren, unsere Kreise. Die grelle Öde, blumenlos, farblos in heißer Sonne, prägte sich mir ein. Ebenfalls ein eleganter Herr, der einen weißen Sweater mit Rollkragen trug, Breeches, Wickelgamaschen, Sportkappe. Dieselbe Sportkappe trugen die Damen beim Autofahren und zur Radeltour. Im Auto wurde dann noch ein Schleier über die elegante Kappe gebunden. Manchmal hörte man in den Straßen die Hupe vom kaiserlichen Auto: tatü – tata – tatütata. Wir rasten hin, aber wir sahen es immer nur von hinten. Auch den Kaiser – nur von hinten.

Nachmittags durften Fritzi und ich die ganze Bismarckstraße hinunter nach Hause laufen, ohne Miß Bull, Hand in Hand. Die wenigen Autos hatten vor uns wohl mehr Angst als wir vor ihnen.

Der Großvater Arnim hatte damals schon ein Auto, der eine Onkel hatte bei 24 km Geschwindigkeit seinen ersten Unfall gebaut.

Alle waren tapfer! Friedrich der Große und Blücher, die Indianer, die Trapper, Sigismund Rüstig! Wenn wir vom Rollschuhlauf mit frostklammen Händen nach Hause kamen, hielten wir sie ins Wasser. Das Auftauen tat weh.

Wir ermunterten uns gegenseitig: „Sei tapfer wie Blücher, sei tapfer wie Blücher“, es wurde wie ein Vers wiederholt. Jungens schienen von selbst tapfer zu sein, aber kleine Mädchen...? „Mach das nach“, sagten die Brüder. Abspringen von der fahrenden U-Bahn, Aufspringen auf die fahrende Straßenbahn, das mußte man einfach können. Ich konnte es. Aber eins ließ sich nicht erzwingen: das Schwimmen! Voller Neid versuchte ich es den Brüdern nachzutun, ich zappelte, prustete, schluckte Wasser und ging jämmerlich unter. Am Badeanzug hielt Miß Bull mich hoch, ein Stoß, zwei Stöße, ich versackte. Es war kein Zweifel, ich hatte einfach Angst. Die Ängste kommen! Im Dunkeln ist das „stolze Bleichgesicht" gar nicht mutig. So oft muß es abends durch ein dunkles Zimmer gehen. Einmal hat ein weißes Handtuch am Handtuchständer geflattert. Das genügte. Das Schwierige ist zudem, diese Ängste vor den Brüdern zu verbergen. Hohngelächter wäre zu erwarten. Sie sind natürlich alle mutig. Sie haben keine Angst vor Handtüchern. Nachts muß man ganz unter die Decke kriechen und nur die Nasenspitze freilassen. Aber nachts! Sind die Brüder nicht gekommen, das Mädchen zu ärgern? Haben sie ihr nicht die Decke weggezogen? „Aber nein", sagte die Mutter, „das hast du nur geträumt. Ganz bestimmt!" Nun, so hat es eben Angst vor seinen Träumen. Das Mädchen von acht Jahren liegt im Bett und kann nicht schlafen. Erst ist es, als ob der Kopf immer tiefer sinkt, nach hinten wegfällt, dann ist da nur noch eine Kugel, die über Wellen dahinfliegt und -hüpft. Es hat Angst. Aber wie soll man das erklären?! Es mag nicht davon sprechen.

„Ich habe einen Traum gehabt", teilte mir Fritzi feierlich mit. „Über meinem Bett schwebte ein Engel, unter meinem Bett war ein Schwein. Der Engel sagte: ‚Friede sei mit dir und dem Schwein.'" Seine Auslegung war, ich sei das Schwein, er solle mit mir Frieden halten. Tief beeindruckt von dieser natürlichen Schau akzeptierte ich die Auslegung.

Fritzi schlief ja nun in Vaters Anziehzimmer, wir waren also zum erstenmal getrennt. Zu der Zeit war der Verkehr zwischen uns streng geregelt. Mich durften die Brüder nicht an den Haaren ziehen, ich durfte weder kratzen noch beißen. „Esel" wurde noch gerade gestattet, Kamel und Affe aber nicht. Man suchte nach immer neuen Variationen, um sich zu beschimpfen. Du Rhinozeros! Einer allein wurde nicht immer mit mir fertig, dann hielt ein zweiter die Knie fest, dieweil er erste auf meiner Brust saß und mich mit seinen Fäusten bearbeitete. Einmal machten sich alle vier dran, um mich zu meinem Vater zu schleifen, der mit der Reitpeitsche auf mich wartete.

Das stolze Bleichgesicht brüllte.

Was war denn geschehen? Mit acht Jahren mußte eben dieses stolze Bleichgesicht noch allein essen am Abend. Porridge dazu! Eines Abends hatte ich den Porridge in den Eimer gegossen, ich aß im Schlafzimmer von Miß Bull und von mir. Sie war hereingekommen: „Hast du deinen Porridge gegessen?“ Längst hatte sie erspäht, was geschehen war. Ich hatte gefaßt geantwortet: „Er war sehr schön.“ Ich hatte das stolze Bewußtsein, nicht gelogen zu haben. Desaster. Sie hatte nicht nur gelogen, sondern auch betrogen, diese Tisa. Wie sollte ich bestraft werden? Mein Vater mit der Reitpeitsche mußte herhalten. Ich hatte mich im Badezimmer eingeschlossen. Ich hatte vor, nie wieder herauszukommen. Doch dann hatten die Brüder gelockt: „Komm, Vater ist weg.“ Sie hatten mich überfallen und zu meinem Vater gezerrt. Über den Sessel. Schwere Schläge. Seltsame Zeit. Die Striemen sah ich acht Tage noch im Spiegel, stolz und voller Verachtung. Dazu sollte ich – verkehrte Welt – mich noch bei meinem Vater entschuldigen. Vier Wochen lang hielt ich aus. Dann beschloß ich, daß der Klügere nachgibt. Noch ist vieles gemeinsam für alle, Rollschuhlaufen, Rodeln, Baden in der Schwimmhalle, aber das Mädchen kommt mit den Jungens nicht ganz mit.

Auf jedem Tisch im Wohnzimmer ist eine „Schlacht“ aufgebaut. Bleisoldaten überall, man kann sich kaum rühren. Wehe, wenn man solch eine Schlachtordnung umwirft. Die älteren Brüder sind hinter Zeitungen vergraben, der Balkankrieg beschäftigt die Zwölf- bis Vierzehnjährigen. Fritzi versucht es der Schwester zu erklären. In seinem Notizbuch stehen die Schlachten, kleine schwarze Striche. Rechter Flügel, linker Flügel, es bleibt dem Mädchen unverständlich – bis auf Sedan, da wurden sie eingekreist.

Endlich durfte ich in die Schule! Bis zu meinem achten Jahr hatte der Privatunterricht bei Miß Bull gedauert: englisches Diktat, deutsches Diktat, Rechnen. Da sie keine Lehrerlaubnis hatte, erhielten meine Eltern eine Verwarnung. Wie sollte sie mir auch deutsche Grammatik beibringen? In meiner Klasse hatten sie schon Grammatik „gehabt" – so geht mir der Sinn dafür ab.

Als ich schließlich voller Erwartung zur Schule kam, wurde ich nicht beachtet. Weinend umstanden die andern ein kleines Mädchen, das gerade abging. Puppi Sarre! Zwei Jahre später wurde sie in Potsdam meine beste Freundin. Ich ging in die Kiersteinsche Privatschule. Dort würde ich mehr behütet sein als auf einer städtischen Schule, dachten meine Eltern. Ich fürchte, daß ich unter all den behüteten kleinen Mädchen recht anstieß. Dies hatte ich getan! Das hatte ich getan! Der Schemel der Handarbeitslehrerin krachte zusammen. Lachte ich, oder hatte ich es mitverursacht? Die Wasserleitung war eingefroren. „Blas hinein", riet mir eine große Schülerin. Andächtig blies ich, um sie aufzutauen. Tadel! Elisabeth hat die Wasserleitung abgeleckt! Immer wußte mein Vater, was geschehen war. Wer verriet es ihm nur?

„Du bist wie ein Junge", sagte eine neuerworbene Freundin zu mir, „meine Eltern wollen nicht, daß ich mit dir spiele." Nun, bis dahin hatte ich ja nur mit Jungens gespielt. Nun traf ich so viele kleine Mädchen! Die Tochter der Käte Kruse, die selber wie eine Krusepuppe aussah. Sie besaß viele Puppen. Hatte ich denn nie mit Puppen gespielt? Mit fünf Jahren hatte ich eine Prachtpuppe bekommen, Arabella mit Namen. „Laß mich einmal mit Arabella den Flur entlanglaufen", hatte Fritzi gebettelt. Er schlug hin, Arabellas Porzellankopf war kaputt, und dabei blieb es. Da war noch ein Stoffhusar. Fritzi und ich untersuchten ihn, ob er ein Mann sei. Empört warf ihn Miß Bull in den Papierkorb.

Es gibt einen bestimmten säuerlichen Geruch an nassen Tagen im abgefallenen Laub eines herbstlichen Gartens – Tiergartengeruch. Jeder Meter im Berliner Tiergarten schien uns bekannt. Noch galt für uns das eiserne Gesetz des täglichen „An-die-Luft-Müssens".

Über das „Knie" in den Tiergarten. Dort stand die Kirche, die wir zum Kindergottesdienst besuchten. Ich protzte schon damals mit meinem Bibelwissen.

Manchmal gingen wir mit den Platen-Kindern, ihr Vater war Hofmarschall der Kaiserin, in den Park vom Schloß Bellevue.

Dort spielten wir mit den Kindern des Kronprinzen. Der Älteste, Wilhelm, war ein halbes Jahr jünger als ich. In einem heftigen Ringkampf bezwang ich ihn, Schultern zur Erde. Entsetzt trennte uns sein Erzieher. Ich dachte befriedigt: Wenn du Kaiser bist, erinnere dich daran, daß ich dich „untergekriegt" habe. Wir spielten auch später, im Krieg, noch zusammen, wenn wir von Potsdam aus Platens in Berlin besuchten. Wilhelm war inzwischen zehn oder elf. Lulu, Louis Ferdinand, war stiller, er war wohl nicht so sehr für unsere wilden Spiele.

Wir übten „Griffe kloppen". Das Gewehr überrr! Präsentiert das Gewehr! Begeistert stand ich stramm. Brust raus, Bauch rein, so lernte man es ja auch in der Turnstunde. Aber schon wieder war ich hochnäsig und dachte:

Mein Vater ist Generalstabschef bei eurem Vater. Er ist ihm unterstellt, gewiß, aber er macht doch die Sache. Im Gegenteil, er muß für ihn mitdenken. Soweit war es doch zu uns durchgesickert, daß S. K. H., wie die Eltern ihn nannten, ein Luftikus war.

Berlin war für uns alle „die Stadt." Wir kannten uns im Westen gut aus. Am „Knie" konnte man sich ja immer orientieren. Dieses Knie hat mich jahrzehntelang im Traum begleitet. Ein Ort, wo man umsteigt. Ein Ort, von dem aus man abbiegen kann zum Tiergarten, zum Zoo. Man kann auch geradeaus laufen bis zum Großen Stern, was wir als Kinder oft taten. Einmal wanderten wir nach einer durchtanzten Nacht bis zum Brandenburger Tor, Puppi Sarre, ich und einige Freunde. Von Knie aus sind es nur ein paar Schritte zur Akademie am Steinplatz, wo ich später Kunst studieren werde. Ein paar Schritt weiter, und man ist am Bahnhof Zoo. Der Bahnhof Zoo ist der Bahnhof meiner Träume. Ich komme dort an und will fliehen. Ich komme an und will mich verstecken. Ich springe auf eine Elektrische. Man findet mich nicht.

In den Jahren waren wir sehr oft bei den Großeltern Arnim in Muskau in der Lausitz eingeladen. Diese Besuche waren für uns ein einziges Fest. Täglich Spazierfahrten. In den Tierpark zu den Hirschen. Zur Glashütte. Durch den großen, schönen Park, der, von Fürst Pückler angelegt, einer der schönsten deutschen Parks war. Wir bewunderten die Neiße, die durch den Park strömte.

Wir kahnten auf einem kleinen künstlichen See, wo es auch einen Wasserfall gab. Der Rasen vor dem Schloß war so gepflegt, daß mein Großvater keine Gänseblümchen darauf duldete. Für hundert Gänseblümchen bekamen wir ein goldenes Zehnmarkstück. Wir rupften und zupften und zählten. Ich fand hundert sehr viel.

Uns imponierten die vielen livrierten Diener, die Jäger, die Kutschen, die großen Ställe mit den vielen Pferden: Liebten wir Muskau mehr als Tressow? Fritzi und ich gelangten bei unserer Klassifizierung zu folgendem Ergebnis: Wir liebten Tressow am meisten. Muskau kam freilich gleich hinterher.

Als nun diese geliebte Großmutter weit von uns entfernt, am Bodensee, starb, hatte ich in der Schule gerade den Tod „gehabt". Ich wußte es ganz genau. Engel tragen die Seele in den Himmel. Meine Mutter weinte bitterlich. Meine Brüder weinten. Ich setzte mich hin und machte eine schöne Zeichnung: Engel tragen eine Seele in den Himmel. Miß Bull sagte empört zu meiner Mutter: „Elisabeth hat nicht geweint." „Du hast nicht geweint", sagte meine Mutter vorwurfsvoll. Sie konnte mich nicht verstehen. Ich verstand die Erwachsenen nicht. Bis auf die Religionslehrerin, die uns den „Tod" und das „Paradies" gelehrt hatte. Wir schwärmten für sie. Seltsamerweise erkrankte sie bald darauf und starb, fünfunddreißig Jahre alt.

Das beeindruckte uns tief.

## MECKLENBURG

In Berlin gingen wir zum erstenmal ins Kino. In das Lichtspieltheater am Nollendorfplatz. Wir sahen kurze Bildschwänke, eine Szene an die andere gereiht. Ich erinnere mich nur an Rollschuhläufer, die durcheinanderliefen und himplumpsten. Alle bewegten sich sehr schnell. Die Leinwand flimmerte. Aus der Potsdamer Zeit entsinne ich mich eines Bismarck-Films: Der Alte mit seinen Doggen. War das echt? Ich wußte es nicht.

Aber Zirkus, Kino, Rollschuhe, Elektrische, Flugzeuge, Warenhäuser, Autos – was es auch war, es blieb Episode neben dem einzig Wirklichen unserer Kindheit: Tressow. Auf der Hinfahrt nach Mecklenburg – mit Würstchen am Bahnhof Wittenberge gestärkt – waren wir schon wie verzaubert vor Erwartung. Wir kamen meist in Bobitz an, dann fuhr man noch sechs Kilometer über Land. Wir grüßten jeden Baum und Strauch, jeden Teich, jede Kuppe. Wenn die Lehmpfützen auf dem Weg recht tief waren, sahen wir interessiert zu, wie die Pferde bis zu den Kniegelenken versanken. Zum Schluß bog man in den Waldweg ein, der von hohen Tannen bestanden war. Der Wagen fuhr ganz leise, die Pferde griffen aus. Die Spannung war kaum zu ertragen. Bald würden wir das Haus sehen.

Durch eine Lichtung sah man es liegen, weiß, langgestreckt, von drei Seiten von Wald umgeben.

Mein Großvater Schulenburg war auf dem Besitz, den er geerbt hatte, umhergewandert, um die schönste Stelle für einen Bau des Hauses zu finden. Er fand sie auf einem hochgelegenen Kleefeld, von dem man einen weiten Blick nach Norden über den See hatte. Der Park, den er angelegt hatte, war schon zu unserer Zeit verwildert. Das Haus war zirka 1866 fertiggestellt. Zu der Zeit war gotisch mit Türmchen und Zacken und Zinnen große Mode. Mein Großvater nahm einen Baumeister, der klassizistisch baute. Später fanden wir viele Skizzenbücher von ihm mit dem Haus, vielleicht hatte er es sich so gewünscht. Die Gutshöfe waren zu der Zeit verpachtet, es gab also nur das Haus, Schloß genannt, den Stall, den Garten. Kutscher, Gärtner und Diener wohnten in Hof Tressow, zehn Minuten Wegs entfernt. Das war romantisch, aber eigentlich nicht praktisch. Nach Norden sah man den See. Wie eine lange glitzernde Schlange lag er vor uns. Ewig anders, ewig lockend und verführend. Die Wolken türmten sich über ihm zu hohen Burgen. In zehn Kilometer Luftlinie lag die Ostsee. Welchen Baum werden wir erklettern? Welchen Wald durchstreifen? In Tressow beschränkten sich die Gouvernantenkünste auf Waschen und Zubettbringen. Dort sind wir frei! Die

Katalpa auf der Südseite mit ihren weit ausladenden Ästen ist unser liebster Spielbaum. Mein liebster Baum! Bei Tisch, eine Tante ist zu Besuch, wird über Freundschaft gesprochen. Ich verkünde, auch ich hätte einen so guten Freund, dem ich alles sagen könne.

„Wen denn?“ werde ich gefragt. „Die Katalpa“, sage ich andächtig und werde kräftig ausgelacht. Mein Bruder Fritzi und ich, wir machten immerzu Aufstellungen. Wen lieben wir am meisten? Von den Erwachsenen? Den Brüdern? Was lieben wir am meisten? Das Ergebnis, genau errechnet, wurde fein säuberlich in das Notizbuch mit den Schlachten eingetragen. Gleich nach unseren Eltern kamen die beiden Tressower Forstarbeiter, Rettich und Schütt. Noch vor Großeltern und Lieblingstanten.

Rettig oder Rettich: rund, vergnügt, voller Witze. Ein Mann schütternden Gelächters. Experte im Schweineschlachten. Ein „Slusohr“, wie der Mecklenburger sagt.

Schütt, hager, still, ein Weiser. Ein Gesicht wie am Rostocker Taufbecken. Bucklig von zu harter Arbeit in der Jugend. Durch all die männerlosen Jahre des Ersten Weltkrieges hindurch der beste und zuverlässigste Berater meiner Mutter in den Fragen der Forstwirtschaft und der Verwaltung.

Am ersten Tag der Ferien – in Berlin, Münster, Potsdam innig herbeigesehnt – stürmten wir in den Wald zu unseren Freunden. Sie haben uns erzogen. Dies und das war ihnen an uns nicht recht, und sie scheuten sich nicht, es uns zu sagen. Wir sahen zu ihnen auf wie zu Weisen des Waldes, und das waren sie ja wohl auch. Wir wußten nicht, daß wir in ihnen den Gegenpol zu unserer preußischen Erziehung fanden: das Beharren, das Schweigen, das leise Lachen, die leise Sprache, den „drögen“ Humor. Fritz Reuter.

Dem Befehl „du mußt“ wird ein Mecklenburger ungern gehorchen. Er mag sich dem Unausweichlichen fügen – das ist alles. Man muß ihn bitten – dem englischen would you, could you gleich: wie wäre es, könnten Sie, würden Sie –, und man wird alles erreichen.

Rettich und Schütt waren voller „Snaken und Snurren“. Voller Schnack – d.h. Erzählungen und schnurrigen Geschichten. Die untergehende Sonne warf einen roten Schein über den See. Genau dort hätten Räuber die goldene Wiege mit dem Kind des Wendenherzogs versenkt, das sie im Schloß zu Schwerin gestohlen hätten – vor vielen hundert Jahren.

Um 1850 sei ein ganzes Langholzfuhrwerk über den vereisten See gefahren und eingebrochen – mit vier Pferden und Fuhrknechten und allem.

Wo sollten wir hin? An den See zum Angeln? Ich haßte das Angeln, denn dazu mußte man den Regenwurm auf einen Haken zwängen. Noch schlimmer war es, den Haken aus den Kiemen des Fisches zu lösen. Sollten wir in die Sandkuhle oder zum nächsten Fuchsbau oder zu den Fröschen am Teich? In den Gemüsegarten? Zu den Obstbäumen? Bei all der Fülle waren der Entschluß und die Wahl schwer. Wenn es draußen zu wüst war, zogen wir mit allen Fahrzeugen, die wir hatten, auf den großen Boden, der über das ganze Haus ging. Da rasselte der Kastenwagen, einige brausten klingelnd auf ihrem fliegenden Holländer herum, und ich werde wohl eine Schiebkarre geschoben haben. Jedem das Seine. Aber wir waren ja fast immer draußen. Je wilder der Sturm, desto besser. Es gab Stürme, bei denen die hohen Eichen ächzten und die Tannen sich bogen. Konnte man denn nicht ein bißchen fliegen? Man rannte bei Sturm mit geöffnetem Mantel bergab. Mit dem Wind. Gegen den Wind. Das Fliegen gelang nicht. Dafür aber flogen Albrechts gebastelte Flugzeuge mit aufgeschnurrtem Propeller (mittels Gummischnur) – von uns bewundert – zwanzig bis dreißig Meter weit.

Die älteren Brüder gingen viel auf Jagd, Fritzi hatte an der Jagd kein Interesse, und mir taten die armen Rehe leid. Eins aber vereinte uns alle: Baden und Schwimmen. Es gab jedes Jahr den sommerlichen Ausflug an die Ostsee. Mit Pferd und Wagen nach Wismar und von dort mit einem kleinen Motorschiff nach Wendorf. Dort lag weit draußen in der See eine große Badeanstalt auf hohen Pflöcken. Das grüne Wasser, durchsichtig bis zum hellen Grund, die Schiffe, die Quallen, der Tang und die Muscheln am Strand, alles begeisterte uns. Zwei buntbemalte Schwedenköpfe, holzgeschnitzt, an Eichenpfählen angebracht, markierten die Einfahrt in die schmale Fahrrinne des Wismarer Hafens. Bis 1803 war Wismar unter schwedischer Oberhoheit gewesen – seit dem Dreißigjährigen Krieg. Zu Beginn der Ferien wurde den Brüdern der Kopf ratzekahl geschoren, das war für das Toben das beste. In den Ferien wurde ich mehr als sonst benötigt: für Schlagball, Versteck und für die bei den Brüdern so beliebten Wettkämpfe. Komm, spring! Komm, lauf! Die Sprünge gingen von der hohen Nordterrasse hinunter, und ich hatte solche Angst! Eins der wichtigsten Spiele war: Hütten bauen. Monatelang wurde vorher in der Stadt geplant und erwogen, mit der unvermeidlichen Lageskizze und den Plänen in Fritzis Notizbuch. Eine Hütte: ein Platz zwischen gestapelten Klaftern Holz. Eine Hütte: ein Platz mit schönem Moos im tiefen Dickicht einer Tannenschonung. Die Möbel waren Kisten. Die Hütte mußte immer geheim bleiben, sonst war ihr Zauber hin.

Ungeschriebenes Gesetz: die Hütte der andern wurde nicht beschlichen. Eines Tages sagte Wolfi bei Tisch: „Ich habe übrigens in der Schonung…" Schon brüllten wir los: „Du hast unsere Hütte gesucht!" Er verteidigte sich, der Jagdhund habe geschnüffelt und geschnüffelt, bis er zu einer Zigarrenkiste gekommen sei, aus der er Zucker geschleckt habe. Großer Schmerz! Die Hütte, die Vorratskammer entweiht!

Doch auch bei den Großen gab es ein Gerenne und ein Getue, sie schleppten Bretter, der Stellmacher ging mit ihnen in den Wald – wie sollten wir das aushalten! Wir strichen durch den Wald, bis wir das Geheimnis entdeckt hatten: eine richtige Hütte aus Brettern, nur die Fenster fehlten! Wir waren hingerissen! Wir konnten vor den Großen unsere Aufregung nicht verbergen. „Ihr habt…", riefen sie. Sie betraten die Hütte nicht wieder. Offenbar war sie durch uns entweiht. Der Krieg kam, die Jungens gingen in die Schützengräben, die Hütte verfiel. Ich habe sie später nur mit einem Schauder umstrichen. Wie ein Spiel, das nie gespielt worden war.

Im Sommer gab es alljährlich das Kinderfest für alle Dorfkinder von den Gütern.

Die Brüder teilten die Jungens in zwei Parteien, sie beschlichen sich, bekämpften sich, und es kam zu wilden Schlachten mit langen Haselnußstecken.

Meine Mutter und Miß Bull sammelten die Mädchen auf dem Rasen vor dem Haus, und wir sangen und tanzten die alten Reigen. Hunderttausend Mann, die zogen ins Manöver – Zeigt her eure Füßchen – Mariechen saß auf einem Stein. Es wurde gellend gebrüllt. Zum Schluß bekam jedes Kind ein Geschenk, und es gab Kuchen und Saft. Alles saß auf Bänken und komischen Holzpilzen unter den hohen Buchen. Die Dorfkinder waren mit uns zu scheu, darum spielten wir sonst nicht mit ihnen. Bauernkinder, von den Höfen ringsum, gab es wenige; ich fand aber doch ein kleines Mädchen, das manchmal mit mir spielte und mich besuchte.

Unsere Spiele waren auch zu wild. Eines Tages sah meine Mutter in Tressow zum Fenster hinaus, da sausten und glitten ihre Kinder an den Zweigen der großen Edeltanne herunter. Sie war sonst nicht ängstlich, dieses Spiel wurde verboten. „Warum", fragte Wolfi, „die oberen Zweige treffen ja auf die unteren, was soll da geschehen?" Ich hatte, so muß ich gestehen, viel Angst dabei gehabt.

An den Winternachmittagen hatten wir Zutritt zu meines Vaters Zimmer, auch, wenn er nicht da war. Dann lagen wir auf dem Teppich und besahen Bücher, große Bände. Diese Bücher waren die Bücher meiner Kindheit. Don Quichotte, illustriert von Doré. Wilhelm Busch. Eine große illustrierte Bibel. Petermännchens Jagdbuch und alte Nummern des Kladderadatsch, die mir meist unverständlich blieben. Aber Don Quichotte und sein Begleiter Sancho Pansa haben mich durch mein Leben begleitet, fünfzehnmal, sechzehnmal gelesen. Immer wieder fasziniert vom Widerspiel der beiden. Von der Frage:

Wer ist der Ritter mit seinen Idealen, wer die Volksvernunft?

Von Kind an waren wir Büchernarren.

Wir saßen nebeneinander auf unserem geliebten kleinen Kindersofa und studierten und verschlangen unsere Bücher. Wir lasen Wiedemanns Biblische Geschichten, bis wir sie auswendig konnten, was uns im Kindergottesdienst zustatten kam. Wir hatten früh unsere eigene Bibel, Deutsch und Englisch. Unsere Helden waren Simson und David. Als wir acht Jahre alt waren, wurden wir von den Indianerbüchern bezwungen, angespornt von den Gesprächen der großen Brüder. Inkas, Rothäute, Bleichgesichter, der Letzte der Mohikaner, das schwirrte nur so durcheinander. Daneben behaupteten sich Robinson Crusoe und Gullivers Reisen und Alice im Wunderland, später eroberten Dickens mit David Copperfield und Oliver Twist das Feld.

Den Weg zur Kirche in Tressow begehe und befahre ich oft im Traum.

Nach dem Ersten Weltkrieg gingen wir nie mehr gemeinsam in die Kirche. Meine Mutter und ich gingen meistens allein. Mich trieb es trotz Zweifel und Bedenken, ich liebte den langen Weg von einer Stunde, Hügel auf, Hügel ab. Wandte man sich auf dem alten Gressower Kirchhof nach Süden, sah man den See, ein breites silbernes Band. Dahinter, auf einer Anhöhe, stand das Haus, Tressow. Genauso habe ich es vor kurzem im Traum liegen sehen. Nur: die Fenster waren alle aufgerissen, und die „Stores" flatterten im Wind. Erinnerung an das Hölderlin-Gedicht: Die Mauern stehen sprachlos und kalt, es flattern die Fahnen im Wind. – So ist es aber nicht. Das Haus ist belebt. Es ist eine Schule geworden. Es sind wieder Kinder im Haus, und während der Stunden und während der Pausen werden sie hinübersehen zum See und an ein Binsenfloß denken oder an den schlingenden Griff der Wasserrosen oder an Plötze, Bars, Karauschen, Poggen, Aale, Krebse.

Der Katersbusch, mit alten Eichen bestanden, lag mitten auf dem Feld. Ein Unterholz von Brombeeren, Himbeeren und Dornen machte ihn undurchdringlich für uns. Die älteren Brüder jagten dort mit dem Frettchen, ich weiß nicht, warum mir so davor grauste. Fuchs und Dachs hausten dort, ich bekam den Dachs jedoch nie zu sehen.

Feuerrot brannte der Himmel, wenn die Sonne hinter den Eichen des Katersbusches unterging, die, schwarzzottig und düster, nur wenige Strahlen durchließen. Brannte der Himmel wie Blut, sagten die „ollen Lüe": „Es gibt Krieg." Krieg gab's genug.

Den Pferdestall betraten wir mit einer gewissen ehrfürchtigen Scheu. Er war das Reich des alten Kutschers Mamerow. Es gab viele Boxen, aber wir hatten immer nur zwei Kutschpferde, mehr hätte mein Vater in seiner Sparsamkeit nicht erlaubt. Den Pferden durften wir Zucker bringen, auf der ausgestreckten Hand – ich versuchte meine Angst zu überwinden.

Mamerow, in weißen Hemdsärmeln und roter Weste. Im Sommer trug er eine graue Livree, im Winter einen großen weißen Radmantel mit Silberknöpfen. Auf den Knöpfen unser Wappen: drei Greifenklauen. Die Brüder lernten bei ihm Platt. Mich trieben sie fort. „Du bist zu klein!" So habe ich später Platt, Englisch, Berlinerisch durcheinandergeworfen, und dabei ist es geblieben. Nur mit Mamerows Erlaubnis durften wir in den großen Wagenremisen spielen. Da standen die Wagen und Kutschen, die uns begeisterten. Die große „Break", auf der wir alle mit den Eltern Platz hatten, seitlich einander gegenübersitzend. Der Jagdwagen in hellem Holz. Das blaue „Coupé", mit blauem Tuch ausgeschlagen, mit elfenbeinernen Türgriffen. Die große „Alte Tante", die Kutsche, die extra für die Krinoline meiner Großmutter Schulenburg angefertigt worden war. Von dieser Großmutter erzählte man uns wenig. Später erfuhren wir es: sie war so verschwenderisch gewesen. Sie hatte viel Schulden gemacht, und mein Vater hatte ihr das nie so recht verziehen. Wir hatten sie nicht mehr erlebt. Im Salon in Tressow hing ihr Bild, das Gesicht einer schönen Frau. Sehr schmal, die Augen ein wenig zu eng aneinander. So vieles in Haus und Garten zeugte noch von ihr. Es standen dort kleine Pavillons und Häuschen, aus Moos und Rinde kunstvoll erbaut, Wonne unserer Kinderspiele und eine beliebte Regenzuflucht. Später fragten wir uns: Warum hatte man nur das Haus so groß gebaut? Wozu der große Stall? Die vielen Pferdeboxen? 1866, als der Bau fertig wurde, rechnete man wohl noch mit vielen Festen. Ein großer Salon, ein kleinerer Salon, ein Boudoir der Dame mit Erker – es gab keine rauschenden Feste. Der ältere Bruder meines Vaters verunglückte mit achtzehn Jahren tödlich auf der Jagd, mein Großvater starb ein halbes Jahr später. An gebrochenem Herzen, wie man uns erzählte. Sein Bild zeigte das Gesicht eines weichen gütigen Menschen. Wurde er schwermütig? Nahm er sich das Leben? Wir haben es nie erfahren. Mein Vater wurde preußischer Offizier, er verpachtete die Güter und zog nach Berlin. Seiner Mutter mietete er eine Wohnung in Dresden. Das Haus in Tressow war leer.

Hinter dem Stall lagen die Schuppen, kunstvoll aus Weidenzweigen geflochten. Im Winter saßen dort die alten Gartenarbeiter Cravaak und Ahrens und flochten Kartoffelkiepen aus Haselruten und Körbe aus Weidenzweigen. Die vielen Kropfweiden gehörten zum Bild unserer Landschaft. Jähe Hügel, steile Kuppen, kleine Senken, immer neue Bodenwellen, die einander überschnitten, Buschstücke, Waldstücke, Hecken. Wenn die Fahrt im Wagen hügelauf ging, durften wir als Kinder aussteigen und nebenherlaufen. Steinige Kuppen und lehmige Senken, in denen die Pferde bis zum Knie einsanken. Einmal sei ein Pferd ganz im Lehm versunken, erzählte eine Tante. Sollten wir es glauben? Die Wege waren später für die Autos eine Strecke wie beim Hindernisrennen.

Ständig mußten die Pferde geholt werden, um ein steckengebliebenes Auto herauszuziehen. Auf dem Fahrrad strampelte man sich müde. Noch ein Hügel und noch einer und noch einer. Bei manchem Wetter ging man am besten zu Fuß. Jährlich spuckte der Boden so viele Steine aus – vom handlichen Brocken bis zum großen Findling, an dem der Pflüger seine Pflugschar zerbrach. Die Steinesammler gehörten zum winterlichen Bild. An den Feldwegen und Straßen lagen große Steinhaufen. Der Stein: meist dunkler, grauer oder rötlicher Granit. Teiche, Tümpel und Wasserlöcher waren über die Felder verstreut, als ob ein Bombenhagel über die Gegend hingegangen sei: tiefe, zum Teil kreisrunde Löcher. Dort quakten die Frösche, im Herbst fielen die Enten ein. In einigen hatte man Karpfen ausgesetzt. Ich liebte eins unter einer großen Schirmkiefer ganz besonders. Vergeblich versuchte ich dem Hund Piffi beizubringen, mit mir auf den Stamm zu klettern. Außer dem See gab es noch den Moorsee, ein schwarzes geheimnisvolles Gewässer. Moorig, mit viel Schilf bestanden. Das Wasser lud nicht zum Baden ein. Die Brüder nahmen mich später als eine Art Jagdhund mit, ich stieg ins Wasser und rief: Baak, baak und trieb die Enten hoch. Ich war auch noch stolz auf die Ehre. Dabei ist mir heute völlig entfallen, ob wir bei dieser Jagd viel Erfolg hatten.

Enten, Gänse und Schwäne strichen vom Moorsee zum See. Der See war die Krone von allem. Im Sommer lebten wir wie die Frösche, vielleicht mochten wir darum als Kinder Frösche so gern. Ins Wasser, raus aus dem Wasser und wieder hinein. Unaufhörlich. Wir lebten ganz auf dem großen Steg, den mein Vater hatte bauen lassen. Mit Badetüchern, Badesachen, Picknickkorb, mit Angelruten, Büchern und kleinen Borkenbooten zogen wir zum See hinunter, zehn Minuten Weg, und blieben dort meist den ganzen Nachmittag. Man zog sich im Ellerngebüsch aus; 1911 muß der kleine Pavillon am See gebaut worden sein, für die Erwachsenen. Aber der interessierte uns Kinder nicht sehr, wir waren lieber im Freien. Wir bekamen ein Boot geschenkt, voller Spannung erwartet. Als es kam, protestierten die Brüder, es war kein „Rennboot", sondern ein seetüchtiges, dickbauchiges Ruderboot, wir konnten es nur zu zweit rudern. Der Weg zum See war ein schmaler Pfad durch Felder und durch einen Eichenbusch und zu guter Letzt durch hohes saures Gras. Einmal, zu irgendeinem Tantenbesuch, marschierte der Diener Weidemann mit dem Tablett und dem silbernen Teeservice hintendrein. Meine Mutter badete viel mit uns, an meinen Vater entsinne ich mich nicht, weder im Wasser noch auf dem Steg, noch im Boot.

Krebse und Wasserspinnen! Kleine Fische, die sich nie mit der Hand greifen ließen. Viele schöne Libellen. Und wehe, wenn man Honig mit hatte, dann kamen die Wespen.

Unvergeßlich sind mir die Badeanzüge meiner Mutter, der eine blau mit weißen Punkten, der andere blauweiß kariert, beide mit Zacken und Litzen und Rüschen. Der See war sehr tief. Nach drei bis vier Metern stürzte das Ufer jäh ab in die Tiefe, bis zu vierzig Meter hinunter. Solange ich Nichtschwimmer war, mußte ich zwischen Steinen und stacheligem Schilf herumwaten oder, am Rand des Steges hängend, mit den Beinen planschen.

Seltsamerweise war ja „Paddeln", wie wir das Waten nannten, auch schon oder noch zu einer Zeit gestattet, wo das Wasser zum Baden zu kalt war.

Nach Quaal, dem nächsten Dorf, gingen wir zehn Minuten. Ebenso weit war es bis zu dem nächsten Gutshof, Hof Tressow, der am See lag. Käselow, ein kleiner Flecken mit ein paar Bauernhöfen und Katen, lag an der anderen Seite des Sees, eine Viertelstunde von uns entfernt. Man mußte also immer marschieren, wenn man etwas zu bestellen hatte oder einer Kranken eine Suppe zu bringen hatte.

Nachts heulten die Hunde im Verein; aus Käselow, Tressow und Quaal. Hörte einer auf, fing der andere an.

Um die Mitte des neunzehnten Jahrhunderts hatte es schwere Hungersnöte gegeben. Unsere „ollen Lüe" wußten noch davon zu erzählen. Viele waren in die Stadt gezogen, nach Lübeck, nach Hamburg, viele waren ausgewandert. Die meisten unserer Alten hatten Verwandte in Amerika. Als ich 1940 dem Stellmacher Wandschneider sagte: „Früher war es wohl besser" – brauste er auf, niemals dürfe man sich dieses „Früher" zurückwünschen. Als Kind auf dem Dorf hatte er noch 1912 bittere Not und Hunger erfahren. Dazu hatte die Abhängigkeit vom Gutsherren seinem Vater das Leben verbittert.

Mecklenburg hatte bis 1918 keine Verfassung. Es gab keine Krankenversicherung und keine hinreichende Altersfürsorge. Keine Gemeindeschwester auf dem Dorf. Auf dem Gut sorgte der Gutsherr für Alte und Kranke. Dem Arzt wurde eine jährliche Pauschalsumme gezahlt, und er kam mit seinem Einspänner über Land, wenn man ihn brauchte. So blieben alle in Abhängigkeit vom Wohlwollen ihrer „Herren". Kirche und Schule wurden hauptsächlich vom Patronatsherren unterhalten. Ich entsinne mich vieler Besuche mit meiner Mutter bei den Kranken der Umgebung. Neugierig besah ich mir das Schulzimmer der Schule, wenn meine Mutter den Lehrer aufsuchte, es waren Klagen gekommen, daß er die Kinder zu viel schlage.

## DORFLEBEN

Am Brunnen in Quaal waren immer Menschen zu finden. Im Dorf gab es sehr viel Klatsch und Tratsch. Frau Pauls war eine Hexe, alle im Dorf wußten es. Sie war rothaarig. Seitdem die Pauls im Dorf waren, legten die Hühner keine Eier mehr, und die Schweine wurden krank. Dazu war ihr Mann Sozialdemokrat. Sie zogen in die Stadt. Durch einen Zufall begegnete ich Heine Pauls, dem Sohn, dreißig Jahre später in Wismar, 1943 und 1944. Er hatte den Mut, sofort mit seiner Ansicht gegen die Nazis herauszurücken – sonst tat das keiner!

Wenn wir Kinder ins Dorf kamen, wurden wir immer sehr freundlich empfangen. Wir wurden in „die gute Stube“ genötigt. Die meisten Wohnungen hatten zwei Stuben, eine Kammer, eine Küche. In der guten Stube bei den alten Rickerts stand ein Wachstuchsofa mit Messingknöpfen verziert, Tisch und Stühle, eine Nähmaschine und ein Eckschrank mit ein paar Ziertassen und einem Porzellanhund. An der Wand eine Wanduhr, ein paar Familienfotos, ein Kalender.

Die Küchen waren sehr klein. Eine Falltür führte in den Keller, eine Leiter zur Dachkammer, die seitlichen Türen in die Stuben, von draußen trat man direkt in die Küche. Mein Vater hatte überall den alten gestampften Lehmfußboden durch Bretterfußboden ersetzen lassen, in der Küche waren Ziegel gelegt.

Die alten Frauen klagten immer über den Zug und die Kälte. Im Jahre 1912 wurde das „Feierabendhaus“ für die Alten erbaut. Sie hatten einen großen Herd, auf dem sie gemeinsam kochen sollten, jede auf ihrem Dreifuß. Es war das letztemal, daß ich so einen eisernen Dreifuß in Gebrauch sah. Eine Hand voll Reisig genügte zum Kochen. Aber es gab immer Streit. Natürlich gab es nur eine Stelle, wo das Feuer am besten zog, immer hatte eine der anderen den Dreifuß weggerückt. Die armen Alten klagten mir heftig ihr Leid, ich hörte nicht so recht hin. Ich konnte es ja nicht ändern. Ich konnte nicht verstehen, daß mein Vater ihnen keinen richtigen Herd gebaut hatte.

Schon 1897, als meine Mutter nach Tressow kam, trugen die Frauen keine Trachten mehr. Meine Mutter sah die alten Beiderwandkleider, die in den Truhen verstaut waren. Die Frauen trugen städtische Kleidung, die durch ihr Alter dann eigentlich wieder dörflich wurde.

Die enganliegende Bluse mit Stehkragen und Schoß, den faltigen Rock, der zipflig hinten herunterhing. Holzpantinen. Schwarze Wollstrümpfe. Die alten Frauen trugen das große schwarze Umschlagtuch mit Fransen über Kopf und Schulter. Bei den jungen saß ein zeitloser Hut oben auf dem „Dutt".

Zur Feldarbeit im Sommer schmückte alle die wippende „Schute". Weiß. Gestärkt. So wippten sie wie Möwen auf den hohen Erntewagen. Der Farbdreiklang war: weiße Schute, blaue Waschkleider und Schürzen, reifes gelbes Korn. Von den Wagen hörte man Gelächter, Juchzen und Schreien. Dazwischen erklang hell das „Hol ju wiss" – Haltet euch fest – des Jungen, der das Leitpferd reiten durfte.

Manchmal durften auch Fritzi und ich dieses Amt übernehmen. Unsere ersten Reitkünste. Ich fand den dicken Gaul so breit. Auf dem Pony eines Inspektors, das ich später ausprobierte, saß man bequemer – aber man fiel auch schneller herunter.

Die Ernte konnte nicht ohne fremde Hilfskräfte eingebracht werden. Scharen polnischer Schnitter kamen im Frühjahr auf die Güter, im Winter gingen sie nach Polen zurück. Schöne kräftige Mädchen in kurzen weiten Röcken. Einige Familien siedelten sich an, sie hatten es in der Dorfgemeinschaft nicht leicht. Man sah auf sie herab. Polen! Stets fiel bei einem Diebstahl auf sie zuerst der Verdacht.

Die alten Frauen aus dem Dorf kamen zu unserer großen Wäsche und zum Schweineschlachten. Dabei waren sie nicht schweigsam. Schon von weitem hörte man Gelächter und Gekreisch aus dem kleinen Waschkeller unter dem Stall, wo der große Kessel kochte. In dem kleinen Raum konnte man vor lauter Dampf kaum etwas sehen. Uns vertrieben sie, indem sie uns kitzelten. Dies haßten wir.

Die alte Frau Pickert konnte die „Rose" besprechen und krankes Vieh heilen. Sie hatte durchdringende wasserblaue Augen. Es gab eine Regel: Man durfte ihr keinen „guten Tag" bieten, wenn man sie auf dem Weg zu einem solchen Auftrag traf. Dann mußte sie umkehren. Hatte sie durch die Anrede ihre geheimnisvolle Kraft verloren? Später kam ich einmal auf eine Koppel, als gerade eine Frau eine Kuh „besprach". Alles schwieg. Sie strich ein paarmal mit ihrer Hand über den Rücken der Kuh, ohne sie aber zu berühren. Die Frau murmelte dazu etwas Unverständliches.

Ich wollte den Spruch gerne wissen. Den dürfe sie nicht weitersagen, bekam ich zur Antwort. Was er enthielte? Nicht einmal Worte, sondern unverständliche Laute. Die Kuh gab danach wieder Milch.

Vierteljährlich gab es die „Große Wäsche". Zu unterscheiden von der wöchentlichen Wäsche, in der die Leibwäsche gewaschen wurde, das übrige wurde in riesigen Kisten verstaut. Dort sammelten sich Haufen von Tischtüchern, Laken, Servietten und Handtüchern an. Im Winter konnte man ja weder draußen trocknen noch bleichen, noch die Wäsche im See spülen. Dieses Wäschespülen im See war zudem wie ein Fest, alles wurde auf einen Wagen geladen, der Stalljunge fuhr ihn zum Steg, es gab Gelächter, Geplansche und Gekreisch.

Die alten Männer, auch Rettich und Schütt, trugen das verwaschene blaue Hemd, den Kittel, bei einigen war er oben gesmokt. Die Hosen waren aus Kord, dem unverwüstlichen „Englisch Ledder". Sie trugen kurze Knobelbecher als Stiefel, nur der Inspektor trug hohe Stiefel oder Ledergamaschen. In der Umhängetasche ein Stück Speck, ein großes Stück saures Schwarzbrot und eine kleine Flasche Köhm. Das war das Mittagessen. Manchmal durften wir vom „Köhm" probieren. Nach dem Ersten Weltkrieg kam die blaue Monteurjacke auf; das gesmokte Hemd, rotweiß gestreift, wurde die Tracht des Schweizers, des Mannes, der die Milchwirtschaft leitete; als Mütze die blaue Schirmmütze, ähnlich der eines Schiffskapitäns. Zwei Typen vor allem: schmal, blond, blauäugig die Voss, Rickert, Rieckhoff, Schütt – dunkelhaarig und braunäugig mit breiten Backenknochen und sensiblem Mund die Mamerow und Cravaak. Nordische Typen von der Wasserkante und wendische, slawische der Ureinwohner Mecklenburgs. Unsere Mädchen im Haus trugen rosa Kleider mit Puffärmeln; vieles an ihnen war rosa und gepufft.

Im Frühjahr 1913 wurde mein Vater Kommandeur des Regiments der Garde-du-Corps in Potsdam. Wir wohnten im Regimentshaus, einem alten geräumigen Gebäude mit eigenem Garten und Stall. Ein großer Unterschied gegen das eingezäunte lichtlose Viereck in dem Hinterhof der Grolmanstraße, in dem ich mich an keine Blume und keinen Strauch erinnere – wohl aber an den Maschendraht des Zaunes und an den säuerlichen Geruch des Bodens.

## POTSDAM – SOLDATENSTADT

Wenn wir in Potsdam zum Fenster hinaussahen: Wasser! Wasser für uns Wassertiere! Der Kanal! Man konnte auf ihm durch die ganze Stadt rudern! Man war aber auch in fünf Minuten auf der Havel und konnte alle Havelseen erforschen. Die Badeanstalten waren zwei Minuten vom Haus, für Zivil die eine, für das Militär die andere. Dies war ein Unterschied gegen das Hallenbad in Berlin mit den Zellen, die kleinen grauen Gitterschränken glichen. In Potsdam erst lernten wir sehen. Wir sahen die Krokusse, die Narzissen im Park von Sanssouci. Wir sahen alles mit solcher Eindringlichkeit, daß dieses Bild einer verschwenderischen Frühlingsfülle mir für immer blieb. Wir sahen nun plötzlich, daß die Wälder sich im Herbst verfärbten. Wir sahen das grünliche Wasser des Kanals, das blaue der Havel und der vielen Seen. Das Rot der Kiefernstämme. Es lag wohl an der Malwut, die Fritzi und mich erfaßt hatte. Ich bedichtete den Wildpark im schönsten Edelkitsch: vergoldete Buchenhallen im rötlichen Abendlicht.

Die Uniform der Garde-du-Corps! Der Uniformrock war weiß, goldglänzend der Küraß. Auf dem Helm war ein Adler. Die Stiefel hatten hohe Stulpen.

Die Kaserne des Regiments lag unserem Haus gegenüber, und wir hörten abends den Zapfenstreich: Ich bete an die Macht der Liebe, das schöne Tersteegen Lied, das doch gar nicht in diese martialische Zeit paßte. Wenn die Schwadron morgens ausritt, trabte ich mit fliegenden Haaren und hochrotem Gesicht nebenher, bis mir die Pferde davonliefen. Die Soldaten lachten, die Offiziere grüßten. Auf dem Bassinplatz, wo das „Tabakshäuschen" stand, beobachteten wir, wie die Rekruten gedrillt wurden. Die Befehle schnarrten über den Platz: Das Gewärr über – Die Rekruten standen da wie die Zinnsoldaten.

Von meinen Brüdern lernte ich die Namen der Regimenter: Erstes Garderegiment, Husaren, Ulanen, Garde-Jäger. Die Ulanen übten Attacken mit eingelegten Lanzen. Würden sie das auch im Krieg tun? fragten wir uns. Wir bestaunten die Musikkapelle des Regiments; die zwei Tambouren waren Neger aus den Kolonien. Am meisten gefiel mir, wenn meinem Vater in unserem Garten ein Ständchen gebracht wurde. Der Tambourmajor warf seinen Stab in die Höhe und fing ihn wieder auf.

1913 verließ uns Miß Bull. Als Erzieherin für Fritzi und mich wurde Fräulein Martini bestellt. Sie hatte viel Interesse an Kunst und schönen Dingen; die Spaziergänge mit ihr, die Rudertouren waren immer anregend und unterhaltsam.

Im Februar 1914 wurde mein Bruder Wilhelm geboren. Fritzi und ich waren völlig überrascht und aufgeregt. Wir konnten es gar nicht begreifen, daß meine Mutter meinte, wir hätten es doch vorher merken müssen. Sie verteidigte sich: Einmal habe Fritzi zu ihr gesagt: „Mutter, du bist ja so dick!" Nun, damals waren sehr viele füllig. Für einen Augenblick empfand ich einen Stich – ich war nicht mehr die Jüngste! Dann aber wandte ich mich voll Begeisterung diesem kleinen roten Etwas zu. In der Schule wurde ich gefragt: „Wie süß, du hast einen kleinen Bruder. Wie sieht er denn aus?"

„Wie ein Frosch", war meine Antwort.

Er hatte einen sehr großen Mund.

Plötzlich fing ich an, mit Puppen zu spielen. Ich kaufte Zelluloidbabys für fünfundzwanzig Pfennig, zog sie an, baute ihnen Puppenstuben aus Kästen, tapeziert, möbliert, *vollständig.*

„Den werden wir nicht verwöhnen", sagten wir den Eltern. Aber wir haben ihn nach Strich und Faden verwöhnt. Wie ein heller Geist strich er mit seinem weißblonden Schopf um die großen Geschwister herum, schwungvoll, keck und fröhlich. Nach einem Urlaubstag des ältesten Bruders, der stundenlang mit dem Kleinen gespielt hatte, bekam Wilhelm abends schwere Gehirnkrämpfe, was ihm eine Art Narrenfreiheit für seine ganze Kindheit erwirkte: er durfte nicht aufgeregt oder bestraft werden. Die Krämpfe wiederholten sich freilich nicht.

Als mein Vater 1919 aus dem Feld kam, siezte ihn Wilhelm vier

Monate lang. Doch dann entwickelte sich zwischen den beiden ein Verhältnis unbekümmerten Vertrauens, wie wir andern es nicht hatten. „Vater, du alter Fuchs“, rief er, schon erwachsen, in einer Gesellschaft. Wir erstarrten. Vater lachte.

Noch einmal das „stolze Bleichgesicht“.

Regimentsfest 1913. Strahlende Sonne. Pferde, Soldaten, Frauen in großen Hüten. Alles sehr heiter. „Bist du krank?“ wurde das Mädchen gefragt, das sich zum Ausgang durchwand. Es war die Tochter des Kommandeurs. „Nein“, antwortete sie und ging fort. Was war es? Eine Strafe. Eine moderne Strafe, man wollte die Peitsche weglassen. Das Mädchen war einmal ein paar Stunden zu spät von der Schule nach Hause gekommen, es hatte mit einer Freundin gespielt. Stolz ging das Bleichgesicht oder die Rothaut, die Begriffe waren auswechselbar, nach Hause. Die Mutter sagte später: „Kind, wie konnte ich es wissen, daß es das letzte Regimentsfest war.“

Für vierzehn Tage hatten wir den Besuch eines Jungen, der noch viel wilder war als wir, und das wollte ja wohl etwas heißen. Bia Yorck brachte uns das Rauchen bei, aber es schmeckte uns nicht. Fritzi blieb mit ihm befreundet. Er, Paul Yorck, gehörte zum engsten Zirkel der Verschwörer am 20. Juli, sein Bruder Peter wurde gehängt. Da waren noch andere kleine Jungens, ein Geschwisterpaar Lehndorff, der kleine Junge in Seide wie „Blue boy“ gekleidet. 1944 wurde Heini Lehndorff hingerichtet.

Schon in Berlin war Fritzis Held Friedrich der Große geworden. Nun begeisterte er sich an allen Potsdamer Bauten, vor allem an Sanssouci. Er liebte das Glockenspiel der Garnisonkirche: „Üb immer Treu und Redlichkeit“ mit dem silbrig hellen Klang einer alten Spieluhr. Er meinte diese Redlichkeit, wenn er später von „der Glocke von Potsdam“ sprach, diesen Weg der Wahrheit, von dem so viele abgewichen waren. In Potsdam war sich Fritzi über seinen Beruf klargeworden, er wollte preußischer Beamter werden.

Mit zwölf Jahren las er Friedrich Naumann und Stöcker, er las auch Bücher über die Bodenreform, die damals zum erstenmal ins Gespräch kam. Hier konnte ich nicht mit ihm Schritt halten.

Unsere täglichen Spaziergänge führten uns weit hinaus. Sechs bis acht Kilometer waren normal. Fritzi hatte genaue Spielregeln erfunden, auf die Fräulein Martini auch einging.

Sie ging voran, wir mußten sie beschleichen und überfallen. Wir wühlten uns durch Farn, durch Büsche und hohes Gras, wir krochen auf allen vieren, wir robbten uns voran und wälzten uns, sie tat erstaunt, nein, sie habe uns wirklich nicht bemerkt. Diesen Indianerschleichschritt habe ich mir nicht mehr abgewöhnen können.

Nun entdeckte ich auch den Salon meiner Mutter. Fraise-farbene Seidenmöbel, Sofa und niedrige Sessel, Tischchen und Schränkchen, seidene Decken, silberne Uhren, silberne Dosen, Silberrahmen und Rähmchen, Krims-Krams der Dame. Ein Tanagrafigürchen, ein Skarabäus, ein Stück versteinertes Holz aus Ägypten, das ich sehr liebte.

Die jungen Leutnantsfrauen machten bei meiner Mutter Besuch, sie lachten und kicherten viel, es war eine plätschernde gurrende Unterhaltung, deren Tonfall mir noch im Ohr ist. Sie trugen Spitzenkleider und viel Schmuck. Die Armbänder klirrten.

Ein Jahr später war das Lachen verweht. Einige von ihnen waren schon Kriegerwitwen. Die Schule war uns allen völlig gleichgültig. Man erledigte die Schulaufgaben irgendwann, irgendwie, irgendwo. Das ging damals noch. Als ich von Berlin hinüberwechselte, hatte ich beim ersten Diktat sehr angegeben. – „Pöö, das haben wir schon gehabt!“ Ich schrieb eine Vier. Das passierte nicht wieder. Meine Freundin, Puppi Sarre, und ich waren abwechselnd auf dem ersten Platz. Die Lehrer und Lehrerinnen ließen uns kalt, wie trieben viel Unsinn, ich war ja an Wilhelm Busch geschult. Das Schlittschuhlaufen dagegen war eine der großen Freuden. Von drei Uhr nachmittags bis zum Abend. In langer Reihe hingen wir an einem Schlitten, mit dem ein Graf Matuschka über den Heiligen See preschte. Wir bekamen immer einen Groschen für einen heißen Berliner Pfannkuchen. Die großen Brüder rühmten sich großer Touren auf den zugefrorenen Havelseen.

Der älteste Bruder hatte zwei Hobbys – den Flugzeugbau und die Jagd. Er bastelte unentwegt, der Tisch in seinem Zimmer war mit Bambusstäben, Drähten und gelber Seide beladen und mit „Gummiarabikum“, wir durften den Tisch nicht berühren.

Wolfi war der große Sportler, der beste Läufer der Berliner Schulen, ein guter Hockey-Spieler; in Potsdam lernte er segeln und war ständig bei Freunden, die ein eigenes Segelboot hatten. Wolfi war lang und schlank, im Ringkampf mit dem Älteren war er nicht zu schlagen; doch diese Ringkämpfe gingen so erbittert zu, daß mein Vater dabei schiedsrichterte.

Heini war sehr musikalisch. Klavierstunden lehnte er ab. So saß er am Klavier und spielte Lieder, Märsche und Tänze auswendig. Es war gut, daß die Wohnungen schalldicht waren! Jeder sang laut für sich, trällerte und pfiff oder schluchzte auf der Mundharmonika. Dazu kamen die scheppernden Töne des Grammophons, das damals noch einen großen Schalltrichter aufwies.

Heini war der „artigste“ von uns allen geblieben, er war bei den Verwandten sehr beliebt und wurde oft eingeladen. Uns anderen ging der Ruf unbändiger Wildheit voraus. Aber Fritzi blieb mein Vorbild. Wir hatten einmal eine wilde Schlacht mit einer Bande von Straßenjungens, deren Anführer sich den stolzen Namen Löwe zugelegt hatte, rechts und links hing einer an meinen Haaren. Sie waren älter und stärker als wir. Wir unterlagen, und trotzdem erfüllte uns Stolz. Wir sprachen zu niemandem darüber. Der Anlaß: wir hatten auf der Rodelbahn der Bande gerodelt. Einmal, im Sommer 1914, beschloß mein Vater, mit uns eine Tour auf den Schwielowsee zu machen. Ein großes Motorboot wurde gemietet. Mein Vater trug den blauen Anzug des Kaiserlichen Jachtklubs, wir trugen unsere weißen Matrosenanzüge, meine Mutter erschien mit Riesenhut und weißem Spitzenkleid. Es war ein heißer Tag, die Sonne strahlte. Bobby, unser Foxterrier, wurde dabei zu unserer Belustigung und zu meiner Mutter Entsetzen seekrank. Der Picknickkorb enthielt begehrte Dinge. Wir hockten auf dem Vorderdeck und brieten in der Sonne. Am Abend, als wir nach Hause kamen, stand die Ordonnanz am Zaun unseres Gartens. Ein Telegramm! Mein Vater las es. Er sagte etwas zu meiner Mutter. Tiefernst. Plötzlich war alles verändert, die heitere Stimmung weggewischt. Es war die Nachricht von der Ermordung des österreichischen Thronfolgers in Sarajewo.

Haben wir nichts begriffen in den Sommerferien, die darauf folgten? Ich war bei unseren Nachbarn, bei Biels in Zierow, eingeladen. Zierow lag an der Ostsee; Muscheln, Tang, Baden im Salzwasser, es gab so viel zu spielen und zu sehen. Ich tobte mit den Brüdern Biel am Strand herum. Am Abend saßen wir mit der Mutter Biel, die wir Tante Anna nannten, zusammen. Sie erzählte uns Schauergeschichten. War sie das, was man auf platt einen „Spökenkieker" nennt? Wenn es Krieg gäbe, müßten wir alle in die Keller. Bomben würden krachen, und es würde entsetzlich sein.

Sie dachte wohl an die Zeppeline.

Als ich nach Hause kam, voll von Schauern und Ängsten, lachte meine Mutter mich aus – warum sollte es Krieg geben? Mein Vater aber konnte in dem Sommer keinen Tag Urlaub nehmen.

Die Tage vergingen für uns wie immer, mit Badepartien und mit Raubzügen in die Obstbäume. Auf den Bahnhöfen war große Aufregung, als wir von Tressow nach Potsdam zurückfuhren. War es Ende Juli oder am ersten August 1914? Fülle, Gelächter, Gedränge. Wir Kinder fanden kaum Platz im Zug. Aus den Abteilfenstern hingen die Männer, winkten, sangen und lachten. Frauen und Mädchen drängten sich mit Blumensträußen herbei.

Wir waren wie elektrisiert. Angesteckt vom Taumel der Erwachsenen. Deutschland war wie eine einzige große Kirmes. Mein Vater dachte anders.

Er kam in unserem Haus die Treppe herunter. Meine Mutter und ich erwarteten ihn auf dem Treppenabsatz. Er sagte: „Der Krieg ist verloren! England hat uns den Krieg erklärt." – Vier Jahre Militärattaché in London, seitdem im Großen Generalstab – und doch hatte ihn die englische Kriegserklärung überrascht!

Am zweiten August 1914 ist im Potsdamer Lustgarten Parade vor dem Kaiser. Der Kaiser hält eine Ansprache, man sieht in der Sonne etwas blitzen. Nachher sagen uns die großen Brüder, er habe seinen Säbel geschwungen, um zu bekräftigen, daß er am

Ausbruch des Krieges unschuldig sei. Ich überlegte, ob er nicht doch etwas gewußt habe, denn plötzlich sind alle Soldaten in feldgrauer Montur.

Mein ältester Bruder, der gerade sechzehn geworden war, meldete sich als Kriegsfreiwilliger. Er trat in unser Regiment, dem Garde-du-Corps, ein. Mit dem Glanz und dem Flitter der Garde-du-Corps war's vorbei. Im Winter 1914 wurde mein Bruder dem ersten Garde-Regiment zugeteilt, das alle Entsetzen des Grabenkrieges an vorderster Stelle durchzustehen hatte, bis am Ende vom ursprünglichen Regiment nur noch ein paar Mann übrig waren. Meine Mutter ging weinend durchs Haus, es fiel ihr so schwer, sich von ihrem Sohn zu trennen.

Mein Vater wurde zum Chef des Stabes des Garde-Corps ernannt. Einige Tage später rückte er aus. Ich erinnere mich an eine Menge Offiziere in langen Mänteln und rotgestreiften Hosen. Das Regiment fuhr nachts vom Güterbahnhof ab, wir durften mit einer Tante hin. Die Tante hatte einen Titus-Kopf, also kurzes Haar, sie sah männlich aus; lachend erzählte sie uns, daß sie schon fünfmal angehalten worden war – man hielt sie für einen verkleideten Spion.

Die ersten Kriegstage! Man sollte die goldenen Geldstücke abgeben, die Schuljungens, auch meine Brüder, rannten von Haus zu Haus und sammelten. Nach einigen Tagen wurde dies, wegen Mißbrauchs, verboten. Man durfte kein französisches oder englisches Wort auf der Straße sprechen. Die Schulkinder riefen sich die Reime zu, die auf den Postkarten standen, „Jeder Schuß ein Russ', jeder Stoß ein Franzos'." Wir waren wirklich sehr patriotisch. In der Schule begannen wir zu stricken. In Feldgrau. Mein Strumpf wurde lang und immer länger, ein Goliath hätte hineingepaßt, beschämt versteckte ich ihn hinter dem Turnschrank. Die Ohrenschützer nähte ich verkehrt herum aneinander und schickte sie hastig ab.

Wir konnten auch meinen Vater nicht verstehen! Seine Briefe aus dem Felde waren von Anfang an pessimistisch, ernst – wenn das so weitergeht, verlieren wir den Krieg. Heute nehme ich an, daß meine Mutter uns diese Stellen regelmäßig vorlas, um uns von unserem Begeisterungstaumel zu kurieren. 1915 hatte mein

Vater für zwei Tage Urlaub in Tressow. Wir standen an Wilhelms Kinderwagen. Mein Vater sagte mit bitterernster Stimme: „Der Krieg ist verloren.“ Ich war empört über ihn. Zugleich verschüttete Wilhelm Schokoladenplätzchen. Auch das erschütterte mich, Schokolade war rar.

Zu Beginn des ersten Weltkriegs gab es noch genügend Zucker und Apfelsinen. Jeden Sonnabend schickte meine Mutter Fritzi und mich in einer Droschke mit einem Topf Apfelsinenreis ins Lazarett. Dort besuchten wir die Verwundeten. Bei einigen grauten wir uns, weil sie so elend waren, für andere machten wir kleine Botengänge. Manchmal rauschten spitzengeschmückte Damen herein und machten auch Besuche, wir waren aber nun so weit, daß wir ganz bestimmte Vorstellungen von „affig“ und „albern“ hatten. Wir bewunderten dagegen die Einfachheit unserer Mutter, zu der Zeit war sie freilich noch elegant.

Wann haben wir schließlich das Entsetzliche des Krieges gemerkt? Sehr spät. Im Grunde erst viele Jahre später bei der Lektüre des Buches: Im Westen nichts Neues.

Ich erinnere mich an das erste Weihnachtsfest 1914/15. Ohne meinen Vater. Wir waren nicht in Tressow. Eine große Schale mit Maiglöckchen stand da, das Geschenk meines Vaters an meine Mutter. Sie hielt das Baby Wilhelm auf ihrem Schoß. Mehrere Tanten waren bei uns, die aus Ostpreußen geflohen und die erschüttert waren, aber ein Kind hat eine dicke Pelle – oder – ich hatte sie. Gleich zu Anfang des Krieges fielen mehrere Vettern von uns, die wir allerdings wenig gekannt hatten, da sie älter waren. Mein ältester Bruder wurde im Sommer 1915 durch einen Lungenschuß schwer verwundet, mein Vater ließ ihn in das Lazarett seines Corps holen, so daß meine Mutter regelmäßig Nachricht erhielt. Doch auch, als der Bruder zum Erholungsurlaub nach Hause kam, erzählte er nie von „draußen“.

Die Lektüre für uns Zwölfjährige in der Schule war das Nibelungenlied: Wir träumten von Helden und Heldentod.

„Schuli, sind deine Eltern wirklich so arm, daß du immer die Blusen deiner Brüder aufträgst?“ Waren wir reich? Waren wir arm? Wir hatten nie darüber nachgedacht. Bestürzt sah ich an mir herunter. Ich trug die Stiefel der Brüder mit den Haken. Kleine

Mädchen hatten Ösen an ihren Stiefeln. Ich trug natürlich auch ihre Mäntel auf, die andersrum zugeknöpft wurden. Jedenfalls – ich war wütend. So was fragte man nicht. Meine Mutter, ebenso bestürzt, ließ mir drei Kleider aus kostbarem ägyptischem Leinen machen, in dem grelle Seidenfäden verwebt waren. Knallrosa, grellbleu und lila. Als ich das rosa Kleid anzog, wurde ich angestaunt: Hast du Geburtstag? Zumal der Gürtel ganz modern auf den Hüften saß, aber ich mochte die Kleider nicht. Nach diversen Wäschen verloren sie ihren aufdringlichen Glanz und waren tragbar. „Nun kannst du aber keine Wadenstrümpfe oder Socken tragen", sagte man mir eines Tages. Auch das noch! Was begonnen hatte, irritierte mich auch so genug. Ich war elfeinhalb Jahre, und ich revoltierte innerlich und äußerlich. „Mutter, warum hast du mir das nie gesagt?" hielt ich ihr klagend vor. Meine Mutter verteidigte sich, sie habe mir doch erzählt, daß Mädchen manchmal nicht mitturnen könnten, und sie habe mich doch angewiesen, diese Mädchen nicht nach dem Grund zu fragen. Nun erfuhr ich den Grund. Einiges weitere erfuhr ich von einer Cousine, der ich die Darstellung nie ganz verziehen habe, ich habe sie nie wiedersehen wollen.

## KRIEGSJAHRE IN TRESSOW

Im Frühjahr 1916 beschloß meine Mutter, ganz nach Tressow zu ziehen. Das Haus in Potsdam war zudem das Regimentshaus, die Wohnung des Kommandeurs. Es erwies sich als eine Last, zwei Haushalte aufrechtzuerhalten. Ich mußte alle Freundinnen verlassen! Erst wollte man mir ein „Kind zur Miterziehung" suchen, es blieb beim Vorsatz, und ich bekam Privatstunden bei einer jung verheirateten Lehrerin. Die Privatstunden habe ich ehrlich gehaßt. In der Entfernung von einem halben Meter saß ich dieser Dame gegenüber, die ich sonst ganz nett fand. Aber in den Stunden! Ich kannte jeden Saum und jeden Knopf an ihrer Bluse. Vorbei alle Schnippchen oder dummen Späße. Ich saß wie festgeschraubt und mußte wider Willen aufpassen. – In der übrigen

Zeit war ich frei, Tressow zu genießen. Nachmittags wurde mir für zwei Stunden der zweijährige Wilhelm anvertraut, zum Spielen und Märchenerzählen. Wir liebten uns sehr. Die Jungens wollte man von Tressow nach Wismar zur Schule radeln lassen, sechzehn Kilometer, auf sandigen hügeligen Landwegen und auf einer ebenso üblen steinigen Strecke. Nach einem Versuch von sechs Wochen gab meine Mutter es auf. Die Jungens gestanden mir, sie hätten bei eisigem Sturm und Regengüssen am Wegrand gesessen und nicht mehr weitergekonnt.

Meine Mutter mietete ihnen eine kleine Wohnung in Lübeck, wo sie – Wolfi, Heini, Fritzi – mit einer Hausdame und einem Dienstmädchen etabliert wurden. Die gute Hausdame, Frau Michelsen, schloß ihre Schützlinge ins Herz, aber sie tanzten ihr auf der Nase herum.

Den verstohlenen Anspielungen von Wolfi und Heini zufolge war Lübeck für sie die Begegnung mit der Weiblichkeit, Fritzi blieb in seine Bücher vergraben. Fritzi, der Liebling der Hausdame, der Liebling der Familie von Borries, war zu der Zeit eher in sich gekehrt und scheu. Er kam mit den Brüdern nicht so recht aus, er war ihnen zu gelehrt. Er las einfach alles, was an guter Literatur erreichbar war, und er hatte ein offenes Auge für die Schönheit der alten gotischen Hansestadt. Ich hatte meine Mutter angebettelt: durfte ich nicht auch nach Lübeck zur Schule? Sicher wäre ich noch mehr über die Stränge geschlagen wie die großen Brüder, meine Mutter ließ mich nicht fort. Es ergab sich dann, daß der Aufenthalt in Tressow sehr schön war. Ich war nicht benachteiligt.

Die Brüder genossen für ein Jahr in Lübeck eine Art studentischer Freiheit. 1917 durfte Wolfi endlich eintreten, wegen einer schwachen Lunge hatte man es ihm vorher nicht erlaubt. Er ging zum zweiten Garde-Regiment, Heini, der mit sechzehn stark und gesund war, trat bei den Garde-Jägern in Potsdam ein. Fritzi kam in Pension zu einer Familie von Borries, mit denen er sich anfreundete.

Nun wurde ich langsam zu den sommerlichen Verrichtungen herangezogen, die sich aus dem Einmachen ergeben: Erbsen puhlen, Bohnen schnipseln, Kirschen entsteinen, Äpfel schälen.

Dies trug sich meist auf der Veranda zu, wo wir im Kreis zusammensaßen; es wurde gesungen, erzählt, gelacht, und ich kam mir völlig erwachsen vor. Ich war ja in einer ganz neuen Lage. Die Brüder waren fort, ich war mit meiner Mutter und meinem kleinen Bruder allein. Gewiß, die Brüder kamen zum Wochenende nach Haus, und dann wurde ich ziemlich grausam geneckt und geplagt und aufgezogen, aber die Woche gehörte mir. Vielleicht fielen sie gerade darum so über mich her, Fritzi war freilich der beratende Gefährte geblieben. Was hast du gelesen? Was hast du gezeichnet? So prüfte er mich, wenn er kam.

Der alte Weidemann war „Diener" in Tressow, solang wir denken konnten. Diener, dies Wort vermag gar nicht wiederzugeben, was er alles war und für uns darstellte. Er hatte das Haus gehütet, während wir in der Stadt lebten. Es war noch eine stattliche Schar, die uns 1916 in Tressow bediente; Weidemann, der junge Diener, die Wirtschafterin, erstes Küchenmädchen, zweites Küchenmädchen, die Jungfer meiner Mutter, Maria, dann das erste Hausmädchen, das zweite Hausmädchen. Der Kutscher hatte einen Stalljungen und der Gärtner zwei Gartenjungens.

Es gab große Kräche, der mochte den nicht, oder die mochte den zu sehr, mit Fäusten und sogar mit einer Schere – zum Augenausstechen – fielen sie übereinander her. Meine Mutter vermittelte, tröstete, versöhnte, und dann war wieder Frieden. Meine Mutter, immer bereit, anderen zu helfen, für andere einzutreten, sich für sie einzusetzen, wurde von allen geliebt und bewundert. Sie war völlig selbstlos, sie dachte nur an das Wohl der anderen, und sie schloß alle in ihre Liebe ein. Meine Mutter war lebhaft, übersprudelnd an Vitalität und Lebenskraft. Da sie einen fanatischen Gerechtigkeitssinn hatte, brauste sie auf, wo jemand angegriffen oder abschätzend beurteilt wurde. Am liebsten hätte sie alles, was sie hatte, weggegeben. „Ach Kinder, am liebsten trüge ich einen Sack", sagte sie zu uns. So hingen gegen Ende des Krieges wenig Kleider in ihrem Schrank, sie hatte alles verteilt. Alle Gardinen, die nicht dringend benötigt wurden, waren zu Blusen und Kleidern verarbeitet worden, alle Filzvorhänge zu Pantoffeln. Wann immer jemand in Not war, im Dorf, auf den Gütern, meine Mutter wurde gerufen. Bei Tag oder bei

Nacht, sie ging hin. Sie ging hin, wo ein Kind geboren wurde, sie ging zu den Kranken, und es wollte keiner ohne sie sterben. Eines Tages machte sie sich an die Schränke meines Vaters und verteilte seine Uniformröcke und Mäntel. Da gab es lichtblaue Röcke, mein Vater war einige Zeit bei den Dragonern gewesen. So erstrahlten die Jacken und Blusen der Frauen im Dorf in lichtem Blau, eine angenehme Abwechslung gegen das Grau und Schwarz, das sie sonst trugen. Ständig wurde im Haus geschneidert und verändert, immer wurde gegeben. Die Dorfjungen liefen zerlumpt herum. Hatten wir nicht in einer alten Kommode alte Matrosenanzüge von dem Bruder meines Vaters, der vor vierzig Jahren verunglückt war? Ich schlich mich hin, riß sie aus der Schublade, stopfte sie unter meine Matrosenbluse und rannte ins Dorf. Ich wollte es wohl meiner Mutter gleichtun.

Aber mit meinem Edelmut war es nicht weit her. Ich wußte das auch ganz genau. Ich fuhr in den Jahren 1916 bis 1917 von Tressow zur Klavierstunde nach Lübeck. Ein elend aussehender Junge fuhr häufig ein Stück der gleichen Strecke mit. Gerührt schenkte ich ihm mein Butterbrot. In Lübeck überfiel mich dann wütender Hunger. Was tun? Am Bahnhof kaufte ich mir eine Suppe. Manchmal sagte ich es meiner Mutter, manchmal fälschte ich die Abrechnung um dreißig Pfennig. Ganz selten hielt ich durch. 1916 begannen auch wir zu spüren, daß alles rationiert war. Wir hatten, auch in Tressow, einen Stadthaushalt.

Kartoffeln und Gemüse hatten wir genug. Jeder bekam eine Zeitlang sein eigenes Brot für die Woche mit eingeschnitzten Buchstaben. Mitte der Woche war das Brot der Brüder immer alle, und Mutter verteilte ihr eigenes Brot. Es kamen die Steckrüben. Warum haben wir sie so gehaßt? Steckrüben als Gemüse, als Suppe, als Zusammengekochtes und gestürzt in einem säuerlichen Pudding. Die Bratkartoffeln machte man mit schwarzem Kaffee, den Kaffee aus Roggen, den wir selbst rösteten, und aus allerlei Zutaten. Es gab Schiffszwieback als Delikatesse, es gab norwegische Fischklöße, die Brüder wurden nie satt. Aber meine Mutter bestand darauf: es gab bei uns nicht mehr als bei allen anderen, wir mußten mit unseren Rationen ein „Stadthaushalt" bleiben. Ich war dagegen nicht so heldenhaft: Plötzlich hatte ich

Freundinnen in Tressow, in Groß-Krankow: ich besuchte sie am Nachmittag und aß mich an Butterbroten satt. Endlich durfte ich ja allein über Land.

Es gab Süßstoff – Sacharin –, wir aßen ihn, obwohl wir ihn nicht mochten. Ich entsinne mich noch einer Wanderung mit einer Cousine: Proviant, ein Einmachglas mit Himbeeren und Sacharin, es schmeckte schrecklich. Die Jahre 1916 und 1917 waren Pilzjahre von einer Fülle, wie wir sie später nie wieder erlebten. Regelmäßig nach Tisch kroch ich in der dichten Tannenschonung herum und schleppte Körbe voll heraus, ein paarmal füllte sich sogar ein Waschkorb. Diese Kriechtouren durch das pricklige Gewirr der Zweige sind mir unvergeßlich, ich war wie verzaubert in einer bräunlichgoldenen Welt, durch die ganz selten ein Sonnenstrahl drang, Butterpilze, Steinpilze wuchsen dicht an dicht. Von der alten Josefa, Wilhelms schlesischer Kinderfrau, hatte ich Namen und Aussehen der Pilze gelernt. Sie wurden geputzt und aufgereiht getrocknet.

## DIE VORFAHREN

Ein kleines Ölbild in Tressow zeigte zwei junge Mädchen in Empire-Kleidern in einem Kahn auf dem Rhein. Ein Fräulein Zimmermann aus Frankfurt, eine Verwandte von Frau Rath Goethe, mit ihrer Freundin. Sie hatte einen Herrn von Below geheiratet, der in Mainz stationiert war. Sie hatte so schön gemalt und gesungen, daß man später noch davon sprach. Ihre Tochter, Paulinchen Below, heiratete einen Herrn von Bismarck-Bohlen, einen Verwandten des Kanzlers. Paulinchen hatte mit Henriette Sontag, der im vorigen Jahrhundert in aller Welt bekannten Koloratursopranistin, um die Wette gesungen. Paulinchens Tochter Caroline war meine Großmutter Arnim. Die Karikaturen und Farbskizzen in ihren Skizzenbüchern sagten mehr über ihr Talent aus als die ordentlichen Aquarelle. Sie malte, sang und dichtete. Ihr Zeichentalent mag ich geerbt haben, aber nicht ihre Stimme. Meine Stimme war immer zu laut.

Mein Großvater Arnim, der Vater meiner Mutter, ein Hüne von zwei Metern Größe, hatte sich im Krieg 70 eine Tb geholt. Damals glaubte man, in Italien Heilung für die Tuberkulose zu finden. So lebte die ganze Familie viele Jahre lang in Italien und zog, Nomaden der Krankheit, von Ort zu Ort. Großvater und Großmutter, ihre fünf Kinder, englische Nurse, französische Bonne, Diener und Jungfer. Meine Mutter wuchs also in Italien auf: in Sizilien, an der Riviera, in Florenz, Neapel, Rom, auf Sardinien und Korsika. In den Jahren war Italien noch schön und wild, die Kinder streiften herum und tranken die Farben und die Weite der Mittelmeerwelt in sich hinein.

Meine Mutter und ihre Geschwister hatten keinen eigentlichen Schulunterricht. Sie lernten Französisch, Englisch, Italienisch, und irgend jemand wird ihnen wohl Stunden in Deutsch gegeben haben. Sie kannten fast jedes Museum, denn meine Großmutter war sehr kunstliebend gewesen. Als der Großvater starb, zog die Großmutter mit den Kindern nach Potsdam. In zweiter Ehe heiratete sie den Bruder ihres verstorbenen Mannes. Ihm gehörte der schöne Besitz Muskau in der Lausitz. Meine Mutter und ihre Schwester Cara gingen bei Hofe aus, meine Mutter, Freda, siebzehn Jahre alt, Cara achtzehn.

Meine Mutter stürmisch, lebhaft, lebensfreudig, dachte noch nicht ans Heiraten. Der Vortänzer bei Hofe tanzte viel mit ihr. Er hielt um sie an. Sie gab ihm einen Korb.

Er hieß: Fritz Schulenburg.

Dann stellte sich heraus, daß Cara Tb hatte. Nun hielt man das Klima in Ägypten für das beste gegen Tb. Fünf Winter wurden im Mena House in Ägypten verbracht. Wie nur, wollten wir wissen? Mit Ritten zu den Pyramiden und mit vielen Schachpartien, mit Aquarellieren und Klavierspielen sei ihr die Zeit schnell vergangen, meinte meine Mutter. Das Lungenleiden der Schwester wurde zum Stillstand gebracht, zum Schluß überlebte sie alle Geschwister.

Fritz Schulenburg wurde von seinem Freund, dem Boitzenburger Arnim, gefragt:

„Warum heiratest du nicht?“ Er antwortete:

„Ich will nur eine, aber sie will mich nicht.“

„Frag noch mal“, riet ihm der Freund.

Dann ging alles sehr schnell, meine Mutter sagte ja, die Eltern heirateten 1897. Meine Mutter war fast vierundzwanzig, zu der Zeit ein altes Mädchen.

„Kinder“, stöhnte sie später, „seid dankbar, daß ich nicht mit siebzehn geheiratet habe.“ Es war ein weiter Schritt von Italien und seinen Schönheiten, von Muskau und seinem Reichtum zu dem Tressow der Kriegsjahre. In diesen Jahren wuchs meine Mutter zu der Frau heran, die alle liebten und bewunderten. Sie sah in allen Menschen nur das Gute, und sie schenkte ihnen bedingungsloses Vertrauen. In diesem Vertrauen wurde sie selten getäuscht. Die Leitung des Betriebes lag auf ihr. Sie besprach alles mit uns. Wir kamen uns sehr erwachsen vor; eine Hilfe waren wir nicht. 1917 standen drei Söhne im Felde, mein ältester Bruder hatte sich von seinem schweren Lungenschuß erholt und ging wieder zu seinem Regiment in die Hölle der Schützengräben in Frankreich. Wolfi geriet früh in Gefangenschaft, er fühlte sich um einen richtigen Kampf betrogen. Heini lag mit seinem Regiment am Hartmannsweiler Kopf in den Vogesen. Mein Vater war 1915 zum Stabe des Kronprinzen kommandiert worden, 1916 wurde er Chef des Stabes der Heeresgruppe Kronprinz.

Er behielt den Posten bis Kriegsende.

Mein Vater und meine Mutter schrieben sich jeden Tag. Wir erfuhren die Namen der Offiziere im Stab meines Vaters; der IA Ludwig Beck, den mein Vater sehr schätzte, mit dem mein Vater sehr befreundet war. Die anderen: Bock, Viebahn, Stülpnagel. Die Briefe meines Vaters wurden immer ernster und düsterer. Er haßte die Alldeutschen Patrioten, die unentwegt weiter auf Eroberungen sannen und auf Fortführung des Krieges drängten. Der Krieg war nach Ansicht meines Vaters schon 1916 verloren! Auch der Kronprinz schloß sich der Ansicht meines Vaters an, daß es Wahnsinn sei, den Krieg fortzusetzen. Gegen die Clique, die dem Kaiser riet weiterzumachen, vor allem gegen Ludendorff, vermochte sich keiner durchzusetzen. Meine Mutter schrieb ihre vielen Briefe in ihrem Kabinett, einem kleinen Raum mit auffallend schönen Gardinen. Sie waren pompejanisch rot mit dem Aufdruck von Medaillons: pompejanische Putten in hellem Grau. Ein seltsamer Hintergrund für die Kriegsbriefe! Im Kabinett standen zierliche Empirestühle, die ich erben sollte. Wenn meine Brüder sich darauf räkelten, ächzten die armen Stühle. Ich schrie: „Mutter, die Stühle!“ Ich wurde ausgelacht. „Sie sind sowieso nicht echt“, tröstete mich meine Mutter. Trotzdem wanderten die Stühle später nach Trebbow. Ich bewunderte meine Mutter. Ich wollte so werden wie sie.

## STIFT HEILIGENGRABE

Ostern 1917 kam ich in das Stift Heiligengrabe, in der Mark Brandenburg, auf dem Lande gelegen. Heiligengrabe war ein altes Zisterzienserinnenkloster, das im dreizehnten Jahrhundert gegründet worden war. Nach der Reformation wurde es ein adliges Damenstift. Die Stiftsdamen hatten sich verpflichtet, Kinder zu erziehen und zu unterrichten; so hatte man die Tradition der ehemaligen Klosterschule weitergeführt. Einige „Stiftsdamen“ wohnten mit uns fünfzig Kindern in der Abtei, die anderen in kleinen Häuschen, die sich um den Stiftsplatz gruppierten. Sonntags, zum Kirchgang, trugen sie lange schwarze Kleider und weiße Häubchen mit vielen Rüschen. Wir nannten sie „die Damen“. Die alten Damen, die in den Häuschen wohnten, schienen uns unvorstellbar alt, verhutzelt, seltsam.

Der Kaiser hatte vor dem Ersten Weltkrieg das Stift mit seinem Interesse beehrt. Er hatte den Titel „Äbtissin“ für die Leiterin gewählt. Diese war eine Bekannte einer Hofdame der Kaiserin, sie wirkte sehr würdevoll; trotzdem reizte sie uns meist zum Lachen. Sie war in Gestalt und Wesen „pompös“. Der Kaiser hatte eine neugotische Kapelle, die sogenannte Kaiserkapelle, gestiftet, sie paßte im Stil nicht zur schönen alten Backsteingotik der Abtei und der Kirche. Sie wurde auch selten benutzt. Wir hatten himmelblaue „Kaiserkleider“, aber es ergab sich keine Gelegenheit mehr, ihn darin zu ehren. Er hatte gewünscht, wir sollten so etwas wie „Seiner Majestät weibliche Kadetten“ sein. Dieser Ausdruck erregte bei uns Spott und Widerwillen. Wir waren, so fand ich, Landsknechte.

Wir tobten und trampelten herum. Wir spielten in der Turnstunde ein wüstes Ballspiel, eine Abart von Rugby, bei dem wir alle übereinanderpurzelten. Wir trugen Tracht: Mädchen in Uniform. Zum Spaziergang sollte man ein blaues Cape mit roter Kapuze tragen, das gab es im Krieg nicht zu kaufen.

Wir waren also nicht so artig angezogen wie die Generation vor uns. Ich trug eine Pfadfinderjoppe meiner Brüder, wenn ich nach draußen ging. Früher hatten die Kinder untereinander französisch parlieren müssen, das hatte man aufgegeben. Unsere Spaziergänge lösten sich in herrliche Streifzüge auf. Lindenknospen sammeln. Es hieß, man könne Brot davon backen. Begeistert turnten wir in kleinen Lindenbäumen herum. Als wir drei Sack voller Knospen hatten, stellte sich heraus, daß sie nicht eßbar waren. Sie wurden fortgeworfen. Wir hatten unseren Spaß gehabt. Pilze sammeln. Blaubeeren pflücken. Wir krochen durch die Kiefernwälder. Ein paarmal durften wir bei der Feldarbeit helfen. Das Heuen war wie ein Rausch. Am Stiftsgarten war ein Teich mit einer Badeanstalt. Obwohl das Wasser modrig war, tobten wir planschend dort herum. Man ließ uns verhältnismäßig viel Freiheit; wir durften nicht aus den Mauern – aber im Garten durften wir ohne Aufsicht spielen. Wir sollten für das Ausgehen bei Hof erzogen werden, darum mußten wir mittags nach Tisch an der Äbtissin vorbeidefilieren und einen „Hofknicks“ machen. Als wir ihn konnten, gab es keinen „Hof“ mehr. Ich habe ihn aber nie richtig gekonnt.

Im Sommer 1917 bekam ich einen Lungenkatarrh, für ein halbes Jahr mußte ich die Schule verlassen. Ich wurde nach Bad Reichenhall geschickt und mußte täglich drei Liter Ziegenmilch trinken. War es die Freiheit von der Schule, die Ungebundenheit, die fette Milch; etwas brach in mir los, ich begann Scherenschnitte en masse zu produzieren. Ich zeichnete viel, aber mit der Schere fühlte ich mich sicherer. Ich schnitt kleine Mädchen, große Jungens, kleine Jungens, Märchen, noch war alles recht kindlich. Ich las Marie von Ebner-Eschenbach, Rosegger und die Lagerlöf, als ich wieder zu Hause war, gaben mir die Brüder Zola und Nietzsche. Wolfi hatte mir den Zarathustra empfohlen. Ich las ihn und erstarrte! Der Gott meiner Kindheit, der Alte mit dem weißen Bart, zerbrach in mir, obwohl ich versuchte, mich gegen den Inhalt des Buches zur Wehr zu setzen. Wenn ich die kindlichen Scherenschnitte aus der Zeit sehe, kann ich nur sagen – und das las Zarathustra.

## KRIEG

1917 bis 1918 kamen baltische Flüchtlinge zu uns. Sie erzählten von abgebrannten Gutshöfen, von getöteten Besitzern, von aufgeteilten Äckern. Ich stand mit einem baltischen Mädchen in Tressow am Fenster und sah auf den See. Ich fragte mich: Wann kommt das auch zu uns: Brandschatzung, Vertreibung, Aufteilung? Ich wollte bereit sein zum „Lassen“. Ich wollte mich nicht an den Besitz oder an das Vergangene klammern. Ich wollte viel. Für mich war seit damals selbstverständlich, daß auch über Mecklenburg eine solche Zeit kommen würde.

Nun sah man in den Wohnungen im Dorf das Foto des Birkenkreuzes mit einem Stahlhelm; Fotos der Gräber des Mannes oder Bruders, der irgendwo in Rußland oder Frankreich lag. Für das Vaterland gefallen! Daß die Grabenschlachten Massenmord waren, war uns noch nicht bewußt. Die Spielkameraden der Brüder fielen, immer häufiger mußte meine Mutter ins Dorf, um da und dort zu trösten. 1918 wurde mein ältester Bruder schwer verwundet, mehrere Granatsplitter hatten die eine Hälfte seines Gesichts zerrissen.

In Heiligengrabe beschäftigte uns der Hunger mehr als der Krieg. Wir saßen zu viert auf dem Gutshof und zeichneten: jede in einer anderen Ecke, um nicht zu schwätzen. Ein kleiner Dorfjunge lief über den Hof. Sein Schulbrot fiel hin. Er sah es an und lief weiter. Von allen vier Seiten stürzten wir hinzu – auf das Butterbrot. Es erhob sich Streit: diese hatte das Brot zuerst gesehen, jene hatte es zuerst berührt. Wir besahen uns den Fang: eine dicke Wurststulle. Die Wurstseite war von der Jauche des Hofes durchfeuchtet. Ursel Brandis, die das Brot zuerst berührt hatte, hatte die Wahl. Ohne Bedenken wählte sie die schmutzige Wurstseite. Ich kam zu einem Stück ohne Belag, das aber wenigstens trocken war. „So ist es also, wenn ...", sagte ich mir später. Wir hatten immer Hunger. Es gab häufig Sauerkraut, das Sauerkraut war voller Würmer. Einige ließen ihren Teller stehen, eine garnierte sorgfältig den Rand des Tellers mit ihrem Fang, eine andere sagte: „Das ist ja auch Fleisch" und aß alles auf. Man kam sich wie ein Held vor, wenn man sich nicht am süßlichen Geschmack der gefrorenen Kartoffeln störte. Wenn man kein Wort über den „Morgentrank" (eine Brühe, die nach aufgeweichtem Packpapier schmeckte) verlor. Viele mochten kein trockenes Brot. Man schob es mir zu. Während ich in der Klasse den Aufgang der Wintersonne über den Kiefern betrachtete, griff meine Hand unter die Klassenbank. Dort lagen manchmal sieben Scheiben. Die Lehrerinnen schienen nichts zu merken. Ich war immer sehr aufmerksam.

Die Kinder in den Großstädten hatten viel mehr unter der Nahrungsmittelknappheit zu leiden. Seit 1916 organisierte meine Mutter eine Art Kinderlandverschickung für Hamburger Kinder. Eine Volksschullehrerin in Hamburg suchte die Bedürftigsten aus. Zwanzig, dreißig kamen jedes Jahr in den Sommerferien zu uns. Da Jungens „leichter" waren als Mädchen, hatten wir meistens fünfzehn bis sechzehn Jungens zwischen sieben bis zwölf Jahren und einige größere Mädchen. Mir wurde in den Ferien die „Spielaufsicht" übertragen. Diese Hamburger Jungens waren hell und zäh, wenn sie auch noch so elend aussahen; wir spielten wilde Indianerspiele im Wald, und ich genoß es, sie anzuführen. Einen dieser „Jungens" sollte ich fünfzig Jahre später in Hamburg wiedersehen.

Die Hamburger Kinder hatten Läuse, die Köpfe wurden geschoren. Auch auf meinem Kopf juckte es. Ich kämmte mich über einem Spiegel – eine ganze Kolonie krabbelte hin und her. Der Friseur im Nachbarstädtchen weigerte sich erst, diesen Kopf zu berühren. Ich bat ihn sehr. Ich erinnere mich noch an das Entsetzen, mit dem er den Zopf hochhielt und fragte:

„Und was soll ich damit?"

Kahlgeschoren kehrte ich im Sommer 1918 ins Stift zurück. Dort spielte ich mehr denn je den Clown.

Als Kind hatte ich mir einen Vorderzahn halb abgebrochen. Ich hatte zwischen den Bettpfosten wie an einem Barren geturnt. Ein amerikanischer Dentist in Berlin namens Kennedy hatte einen Stiftzahn eingeschraubt. Dieser Stiftzahn brach immer wieder zur rechten Zeit ab, und ich mußte nach Berlin zur Behandlung.

Zu meiner größten Freude: während der Schulzeit acht Tage Berlin! 1917, 1918, 1919.

Ich durchwanderte alle Museen. Ich geriet auf der Potsdamer Straße in eine Ausstellung „Der Sturm". Der Raum war niedrig und klein. Um so mehr leuchteten die Farben auf. Dies war meine erste Begegnung mit den Expressionisten. Zuerst drehte sich mir der Magen um vor dieser Welt, die scheinbar auf dem Kopf stand. Doch dann begeisterte ich mich vor allem für den Turm der Blauen Pferde, den ich nie im Original wiedergesehen habe. Auf diesen Fahrten trug ich eine Art Räuberzivil, einen alten Rock, einen Mantel meiner Mutter, einen flachen Strohhut von ihr. Das Mädchen vom Lande. An einem Tag 1918 sah ich auf der Straße Stacheldraht und einen Mann mit einem Gewehr. Das rührte mich wenig. Ich hatte die gotischen Figuren im Kaiser-Friedrich-Museum entdeckt: den Sigmaringer Johannes und Christus, einen Christus, der auf einem Esel auf Rädern reitet, einige Riemenschneider. Ich war hingerissen. Lästig war, daß die Männer einem zu der Zeit „nachstiegen". Noch war meine Indianerzeit unvergessen, ich schlug Haken, verschwand in Geschäften und entkam.

## 1918

„Der Kaiser hat abgedankt!" schluchzte meine Mitschülerin auf der Krankenabteilung im Stift. Sie konnte sich gar nicht beruhigen. „Er hätte längst abdanken sollen", sagte ich und rieb mein Fieberthermometer, um es noch ein wenig auf die Höhe zu bringen. Fast die Hälfte von uns hatte Grippe; wir schwärmten alle für die Krankenschwester, die von auswärts gekommen war, um uns zu pflegen.

Mir waren nicht nur meines Vaters Briefe im Ohr, sondern viele Gespräche meiner Mutter. Bei unserem letzten Besuch in Muskau in den Herbstferien hatte sie so offen geredet, daß meine Tante mit einem Blick auf den Diener warnend „take care, the footman“ (Vorsicht, der Diener) gesagt hatte. Wie oft haben wir als Kinder den Ausspruch belacht.

Der neunte November 1918 und der darauffolgende „Zusammenbruch“ hatten unsere Stiftsdamen sehr erschüttert.

Es wurde eine Grußadresse an den Kaiser in Holland aufgesetzt! Wir sollten unterschreiben, es bestand freilich kein Zwang. Ich wollte nicht. Dann dachte ich charakterlos, der Name Schulenburg macht sich gut darauf, und unterschrieb. Ich trug häufig das Heine-Gedicht vor: Nach Frankreich zogen zwei Grenadier ... dieses endet ... mein Kaiser, mein Kaiser gefangen. Die Stiftsdamen weinten, wenn ich es aufsagte. Mir war nicht nach Weinen zumute. Unsere Grenadiere von 1918 sahen anders aus. Was dachten sie vom Kaiser?

Ich kannte die Umstände vom neunten November in Spaa. Mein Vater war dabeigewesen. Ein Vormittag erregter Telefonate zwischen Berlin und dem Hauptquartier. Mein Vater hatte den Kaiser beschworen, nicht nach Holland zu fliehen. Er redete ihm zu, bei der Truppe zu bleiben. Er bat ihn um sein feierliches Wort. Der Kaiser versprach es ihm in die Hand. In der Nacht darauf ging er über die holländische Grenze.

## REBELLION IM ADLIGEN STIFT

Die „Revolution“ machte sich auch bei uns bemerkbar. Wir wollten keine Unterröcke mehr tragen. Wir wollten die hohen Kragen an unseren Stiftskleidern nicht mehr haben. Wir falteten sie nach innen und befestigten ein Taschentuch als „Schillerkragen“ mit Sicherheitsnadeln am Halsausschnitt. Nach einiger Zeit hatten wir uns durchgesetzt; die hohen Stehkragen wurden abgeschafft. Unsere Blusen waren voller Nähte, wir trennten sie auf; auf der Nähstube wurden sie wieder eingenäht. Schließlich wurden auch die weiten Blusen gestattet. Die ganz Mutigen von uns trugen feuerrote Haarschleifen, um nur ja zu betonen, daß auch bei uns Revolution sei. Halbschuhe – was für ein Traum! Ich schnitt die Schäfte meiner Stiefel ab, aber ich hatte übersehen, daß das Innenfutter so häßlich klaffen würde. Selbst mit Tusche schwarz gefärbt, blieb es unschön. Wir trugen wüstes Schuhzeug. Meistens trug ich gewöhnliche Holzpantinen, mit dem Lederstück davor. Einige trugen klappernde Holzsandalen, die immerzu kaputtgingen. Langsam wurden die Röcke ein wenig kürzer, sie rutschten etwas über den Knöchel hoch. Wir wollten übrigens nicht mehr „knicksen". Wenn wir der Äbtissin begegneten, knicksten wir doch, aber nicht mehr so tief. Vor den Damen blieben wir aufrecht. Wir rebellierten dagegen, daß die Briefe offen abgegeben werden mußten und – daß man sie teils geöffnet empfing. Junge Mädchen aus dem Ruhrgebiet kamen als Haushaltsgehilfinnen ins Haus; sie brachten die ersten Wandervogellieder und Tänze zu uns. Wir tanzten und schwangen im Reigen: Lustig ist das Zigeunerleben, varia, varia, ho. Wir fühlten uns selbst als Zigeuner. Wir sangen sehr viel miteinander, zwei-, drei- und vierstimmig. Die musikalischen Mädchen mit schönen Stimmen waren bei uns am meisten beliebt.

Eines Tages zog ich meine Freundin in den Schuhputzraum, ich müsse ihr etwas sagen. Was denn? Ich flüsterte ihr zu: „Ich habe das Weib in mir entdeckt!" Die Entdeckung bestand wohl hauptsächlich darin, daß ich wider Willen errötete. Daß ich „schwärmte". Daß ich mich für die Fotos der Brüder meiner Freundinnen interessierte: blutjunge Soldaten, die irgendwo im Schlamm der Gräben lagen. Im übrigen war ich ein großes Schaf. Als eine vielumschwärmte Haushaltsgehilfin wegen unklarer Beziehungen zu einer Schülerin gehen mußte, dachte ich, na ja, sie hat uns hypnotisieren wollen. Das Hypnotisieren und Kartenschlagen war im Schwange. Wir erzählten uns gern Gruselgeschichten.

Eine jede hatte ihren eigenen Schrank. Auch dieser wurde auf

Ordnung inspiziert. Das obere Fach war gewissermaßen die „gute Stube". Dort standen Fotos in Rähmchen, Nippes und Väschen. In einer Zeit größter Knappheit bekam jede von uns ihr eigenes Brot für die Woche. Dieses Brot mußten wir im Schrank aufbewahren. Große Erregung: einem Kind war sein Brot gestohlen worden! Wer hatte das getan!? Lange Verhöre. Die Schuldige wurde entdeckt. Sie mußte das Stift als Interne verlassen. Unsere großartige Deutschlehrerin, Fräulein von Sänger, nahm sie als Externe bei sich auf, und sie durfte die Schule weiter besuchen. Wir versuchten, ihr unsere Kameradschaft zu zeigen. Sie hatte eben mehr Hunger gehabt. Die Brote wanderten zurück in die Küche. Meine „Nippes" liebte ich sehr. Je kleiner, je begehrter. Ich sehe sie heute noch vor mir, aber in einem anderen Zusammenhang. Im Sommer 1919 wurden wir mittags plötzlich zusammengerufen. Die Äbtissin sagte uns erregt, daß Haufen von bewaffneten Spartakisten plündernd durch das Land zögen, bis zu tausend Mann! Sie seien auf dem Weg zu uns! Unausdenkbar! Wir müßten bereit sein, in die Wälder zu fliehen. Dic alte Klosterglocke würde Sturm läuten. Wir sollten schnell das Nötigste packen. Ich stand vor dem hochgebauten Deckbett im Schlafsaal und betrachtete meine Schätze. Was war das „Nötigste"? Ein rotbuntes Bauerntuch. Drei lila Ametystmöpse in diversen Größen, unser liebstes Tauschobjekt – ein Porzellanhund, eine Zahnbürste, eine Haarbürste. 1933, 1944, 1945, bei jedem Fluchtkoffer, habe ich diesen Aufbau vor mir gesehen, und ich habe immer dafür gesorgt, daß ich meine „Ametystmöpse", bildlich gesprochen, bei mir hatte. Wir fanden die ganze Sache höchst aufregend, wir sahen nur nicht ein, warum wir in den Wäldern sicherer sein sollten.

Nachmittags läutete die Glocke! Es wurde uns mitgeteilt, die Techower Bauern – Techow war ein Bauerndorf neben Heiligengrabe – hätten die Spartakisten besiegt. Es sei keine Gefahr mehr. Die Nippes wanderten zurück in den Schrank. Am Nachmittag sahen wir die siegreichen Bauern auf dem Leiterwagen zurückfahren. Vom Kampf erfuhren wir, sie hätten den Spartakisten ein Ultimatum gestellt: ergebt euch, oder wir schießen. Kampflos hatten die tausend Menschen, Männer und Frauen, sich ergeben. Ihre Waffen hatten sie abgegeben: ein Gewehr! Dann waren sie abgezogen. Die Bauern waren die Helden des Tages.

Eines Tages war alles verändert. Ich sah die Farben. Wie soll ich es erklären? Sie sprangen mich an. Wieso hatte ich nie vorher das helle Grün frischer Buchenblätter gesehen? Das Schwarzweiß der Birkenstämme. Die braunen und violetten Töne der Stiefmütterchen. Bemerkte ich jetzt erst den Duft des Flieders, des Jasmins, der Rosen? Jede Blume, jeder Strauch, jeder Baum waren für mich neu. Meine Freundin und ich steckten uns jeden Morgen eine Heckenrose in den Ausschnitt, dann begleitete der Duft uns in die Schule. Unsere Deutschlehrerin begegnete uns und erstarrte. „Habt ihr den Versailler Vertrag vergessen? Wie könnt ihr nur!" Ja, wir hatten ihn vergessen. Blumen, Farben und Düfte lagen uns näher.

## KAMPF

Warum ich mich für den täglichen Scherenschnitt in die tiefe Fensternische des Waschraumes verkroch, weiß ich nicht. Dort war mein Reich. Ich fühlte mich geschützt vor den andern. Dort entstanden die Schnitte. Volkslieder: Am Brunnen vor dem Tore; Es dunkelt schon über der Heiden. Ich wagte mich auch an ernstere Themen: Die alte Frau im Garten, der alte Mann. Für mich stand es fest: ich wollte Künstler werden. Bei einem Zahnarzturlaub traf ich meine Mutter in Berlin. Ich teilte ihr feierlich meinen Vorsatz mit. Meine Mutter war begeistert. Sie war entschlossen, mich zu unterstützen. Würde es sich lohnen? Wie sollten wir das erfahren? Meine Mutter rief bei Max Liebermann an, ohne ihn zu kennen. Sie bat ihn, ob er uns empfangen würde. Am Nachmittag erklommen wir die Treppen zu seiner Wohnung am Pariser Platz neben dem Brandenburger Tor. Er empfing uns mit großer Höflichkeit. Ich war sofort von seinem Charme gefangen. Ich konnte mich von den schönen französischen Impressionisten, die in seinem Flur hingen, gar nicht lösen. Er erklärte sie mir. Es war eine Freude, ihm zuzuhören. Er war intelligent, witzig und hochkultiviert. Wir müssen sehr lange bei ihm geblieben sein, denn er erzählte meiner Mutter ausführlich von seinen Kämpfen gegen den Kaiser und dessen kulturpolitische Geschmacklosigkeiten. Von seiner Opposition gegen die „Siegesallee“, eine prunkvolle Anhäufung von Marmorstatuen und Büsten, um die wir als Kinder mit Wonne Zeck, d. h. Fangen, gespielt hatten. Er verurteilte heftig den Mangel an Rückgrat bei den leitenden Museumsdirektoren; hier lag der Grund für all das mittelmäßige Zeugs in unseren Museen. Stets hatte man die moderne Kunst unterdrückt. Seit Beginn des Jahrhunderts hatte er, Liebermann, seinen Kampf geführt, aber nun, 1919, würde es anders werden. Meine Mutter konnte ihm das Wesen des Kaisers erklären, doch sie gab ihm recht. Zum Schluß sah er sich die Scherenschnitte gründlich an. Bei einem stutzte er und sagte: „Das ist ja Klingler!“ Ich erwiderte: „Nein.“ Er bestand darauf, es sei Klingler. Ich verneinte. Er ließ nicht nach. Schließlich bequemte ich mich zur Antwort, ich sei am Abend vorher im Klinglerquartett gewesen und habe danach, spät abends. noch einen Scherenschnitt von einem Geiger gemacht. Sein Urteil war, daß man dem Talent, das vorhanden sei, alle Möglichkeiten der Ausbildung gewähren müsse. Ob es dem Talent gelingen würde, dem normalisierenden Prozeß einer Kunstschule zu widerstehen oder ihn zu überstehen, das sei die Frage des Genies – darüber könne man vorher nichts sagen. War das Genie je vorhanden?! Die Begegnung mit Liebermann beeindruckte mich sehr. Sein feuriges Temperament, sein Drang nach Freiheit, nach Unabhängigkeit. Er spielte als Präsident der Akademie der Künste eine wichtige Rolle in den vierzehneinhalb Jahren, welche die Freiheit Berlins währte. Die Diffamierung als Jude, der Untergang jeglicher Freiheit, blieb ihm nicht erspart.

Er starb 1935 sechsundachtzigjährig.

Unsere Deutschlehrerin, Fräulein von Sänger, hatte den meisten Einfluß auf uns. Sie war begabt, intelligent, temperamentvoll: eine befähigte Lehrerin. Schon seit ihrer Studienzeit hatte sie dem Verein studierender Frauen angehört und viel Verbindungen mit dem Ausland gehabt. Irgendwann während unserer Schulzeit hatte wohl jede für sie geschwärmt. Sie hatte uns einmal für unser laues Lesen abgekanzelt. Nun wollten wir, die erste Klasse, es ihr zeigen. Heimlich übten wir „Wallensteins Lager" ein, um sie damit zu überraschen. Es gab unerwartete Hindernisse. „Wir möchten gern, daß ihr für die Äbtissin eine Szene aus Iphigenie aufführt", sagte mir eine der Damen. Ich platzte damit heraus, daß wir „Wallensteins Lager" eingeübt hätten. Sie war entsetzt. Dieses burleske Stück! Wir waren doch Konfirmandinnen. „Was ist burlesk?" fragte ich die andern. Keine wußte es. Schiller war Schiller. „Zwanzig Tage haben wir geübt, zwanzig Arbeitsstunden für fünfundzwanzig Schülerinnen", argumentierte ich vor der Äbtissin. Diese gestattete die Aufführung – aber nicht in Hosen! Es stellte sich heraus, daß wir die Hosen, lange Pumphosen, immer zum Turnen trugen. Sie wurden erlaubt.

Morgenstern, Lanze, Trommel, Trompete holten wir aus dem Museum. Einige von uns hatten schon in Berlin die ersten Reinhardt-Aufführungen gesehen. Sie waren davon hingerissen! Keine Kulissen mehr! Wir rückten im Raum unsere Schränke ab und behängten sie mit bunten Decken. Ich war der erste Kürassier: Frei will ich leben und frei will ich sterben, niemand berauben und niemand beerben, auf das Gehudel unter mir, frei wegschauen von meinem Tier.

Gerührt schlossen uns die Damen in die Arme. Einige alte weinten. – Nun könnten sie wieder an Deutschland glauben.

Aber ich hatte ja gar kein Tier, auf dem ich reiten konnte! Und wer war das Gehudel unter mir? Für viele Jahre war dieser Spruch mein Leitspruch, der erste Kürassier mein Ideal. „Frei will ich leben und frei will ich sterben." Obwohl wir gern in Heiligengrabe waren, fieberten wir der Freiheit entgegen. Wir kamen in eine Welt der Unruhe und des Umbruchs hinaus. Es war nicht einmal sicher, ob meine Mutter zu meiner Einsegnung kommen konnte. Streiks? Oder Umzüge hungriger Banden? Als sie doch kam, war ich so aufgeregt, daß ich von der Einsegnung nicht viel mitbekam. Ich machte mir auch Vorwürfe: ich hatte in der Kirche nach Marie-Esthers Bruder geblickt.

So verließ der erste Kürassier das Stift. Der werdende Künstler. Die tüchtige Frau. Ich hielt mich für völlig erwachsen. Zu Hause war alles durcheinander. Meine Mutter wurde plötzlich schwer krank, sie mußte in Rostock operiert werden; ich begleitete sie, um sie zu pflegen. In der Mittagsstunde zeichnete ich die alten Tore und die Kirchen. Ich lungerte in den Buchhandlungen herum und bot meine Scherenschnitte zum Verkauf an.

Im Sommer 1920 zogen Gruppen von Landarbeitern von einem Herrenhaus zum anderen und forschten nach Waffen und – Alkohol. Die guten Jagdgewehre und den Wein hatten wir schon längst oben im Haus zwischen den Dielen versteckt. Mein Vater stand unten auf der Freitreppe und empfing die Gruppe, die bei uns anrückte, höflich: sie möchten doch ins Haus kommen und suchen. Sie kamen und klopften an ein paar Truhen und öffneten einige Schränke und zogen errötend wieder ab. Von „unseren Leuten" war keiner dabei. Scharen von Bettlern und von Frauen auf Hamsterfahrt kamen. Der Krieg hatte die Gesichter verändert. Man sah viele Frauen mit ausgemergelten Zügen auf den Landstraßen und in den Städten, in der Straßenbahn, der Eisenbahn. Es war ein neues Gesicht, es ähnelte dem „Kollwitzgesicht", das uns von den vielen Hungerplakaten bekannt war. Die üppige Fülle aus der Zeit vor dem Krieg war verschwunden. Untergegangen das Gelächter, selbst die Stimmen waren schärfer und härter geworden. Es ist möglich, daß mir dieser Wandel besonders auffiel, weil meine Mutter nach der schweren Unterleibsoperation kränkelte und einen Teil ihrer jugendlichen üppigen Kraft verloren hatte. Auch sie hatte sich verändert. Zum erstenmal sah ich Elend. In einem Teil der Schnitterkaserne, der als unbewohnbar galt, hatten sich Flüchtlinge aus Westpreußen angesiedelt. Die Frau war krank. Als ich sie besuchte und sie fragte, was ich ihr bringen könnte, bat sie um Nadel und Faden. Das war das nötigste! Die Frau saß auf dem Fußboden – ohne Bett, Stuhl und Tisch.

Sie zogen bald weiter.

# MEIN VATER

Seit dem ersten Urlaubstag 1915 und einem Treffen in einem Berliner Restaurant 1916 hatten wir unseren Vater bis zum Frühjahr 1919, nach dem beendeten Rückzug der deutschen Truppen aus Frankreich, nicht mehr gesehen. Wir wußten: er hatte den Orden Pour le mérite bekommen, er war an verantwortlicher Stelle gewesen, er war General geworden, aber er war uns seltsam entrückt und fremd geblieben. Nur seine kritischen und pessimistischen Briefe aus dem Feld hatten uns beeindruckt. Seine Rolle im Ersten Weltkrieg habe ich nie begriffen. Ich wußte nicht, wen ich fragen sollte. Chef des Stabes der Heeresgruppe Kronprinz. – 1916 lag die Heeresgruppe Kronprinz vor Verdun festgekrallt, und Verdun scheint uns heute die sinnloseste aller Schlachtereien des Ersten Weltkrieges gewesen zu sein. Als Heerführer hatte ihn wohl sein scharfer klarer Verstand ausgezeichnet, seine Fähigkeit, schnell zu disponieren und entschlossen zu handeln. Seine große Bescheidenheit, seine Lauterkeit und Unbestechlichkeit, seine unermüdliche Hingabe an die Sache hatten ihm viele Freunde gewonnen. Der Vater, den wir 1919 wiedersahen, war bitter und enttäuscht, ein nervöser, gebrochener Mann. Vielleicht hatte ihn der Zusammenbruch darum so schwer getroffen, weil er von Anfang an klargesehen hatte. Er kapselte sich von uns ab und zog sich ganz in den Teil des Hauses zurück, wo sein Wohnzimmer lag. Ein kleines Schreibkabinett schloß sich daran an, dahinter war ein spartanisch nüchterner Schlafraum, der knapp Platz für ein schmales Feldbett und für eine Badewanne hatte.

Wir sahen meinen Vater nur zu den Mahlzeiten, und auch da verbarg er seine Empfindsamkeit hinter seiner Strenge. Wir wagten es nicht recht, meinen Vater anzusprechen, meine Mutter mußte für uns vermitteln.

Für meinen Vater, den preußischen Offizier und Generalstäbler, war mit der Revolution und dem Zusammenbruch eine Welt zu Grabe getragen worden. Die Niederlage Deutschlands, das Ende der Monarchie, die Wirren im Innern, der Verlust des Vermögens, der Position, die Mißachtung des Adels – das alles hatte ihn schwer getroffen. Er schrieb unentwegt, er verfaßte seine Erinnerungen, die den Verlauf des Krieges sehr kritisch behandelten, er hat sie in den dreißiger Jahren abgeändert und gemäßigt. Er hatte eine große Korrespondenz, er wurde gedrängt, am Wiederaufbau mitzuwirken, aber er lehnte ab.

Wie hatten wir Geschwister auf 1918 reagiert?

Der älteste Bruder kam nach Hause, empört über den inneren und äußeren Zusammenbruch Deutschlands. Heini hatte man auf einem Bahnhof die Achselklappen abgerissen. Fritzi und ich stellten uns im Flur vor der Tür der Jungfer auf. Mit schauerlicher Stimme sangen wir ein 1848er Lied: „Schmiert die Guillotine mit det Fett von de Aristokratie." – Sie stürzte entsetzt heraus. Wolfi hatte sich zu einem Freikorps ins Baltikum gemeldet, 1919 kam er zurück.

Der älteste Bruder war von Anfang an im Felde gewesen, Wolfi und Heini seit 1917, Fritzi war offensichtlich zu kurz gekommen. Der Krieg hatte auf ihn nicht gewartet. Im Frühjahr 1919 warb man unter den Schülern Freiwillige für den Grenzschutz Ost. Fritzi meldete sich, er war sechzehn Jahre alt. Seine Truppe kam nicht mehr in den Kampf. Sie lagen im Quartier bei Bauern, die sehr einfach lebten. Pellkartoffeln und Quark. Pellkartoffeln und Stippe. Die Pellkartoffeln wurden auf den Tisch geschüttet, für die Soße gab es im Tisch Vertiefungen. Fritzi bekam die Ruhr und wurde im Spätsommer 1919 entlassen. Auf dem Weg zum Haus in Tressow stand eines Tages ein junger elender abgerissener Soldat. Meine Mutter, von Mitleid gerührt, eilte nach draußen. Als sie näher hinkam – sie war kurzsichtig –, war es ihr eigener Sohn Fritzi.

1920 machte Fritzi sein Abitur und ging mit Wolfi nach Göttingen, um Jura zu studieren. Beide traten bei den „Göttinger Sachsen" im Korps ein. Warum nur habe ich dies als „Verrat" von Fritzi empfunden? Hatte ich gehofft, er würde „rot" werden, wie man es damals nannte?

Heini und Wolfi waren elegant, obwohl alle Brüder ganz wenig Geld bekamen. Man trug damals das Haar länger; enge kurze Hosen und taillierte Röcke waren schick. Man tanzte Jimmy und Tango und begann die ersten Jazzplatten zu spielen.

Wir verachteten Schieber. Im Grunde war uns jeder, der wohlhabend war, erst mal suspekt. Merkten wir denn nicht, daß wir selber wohlhabend waren und gut lebten, auch wenn mein Vater immerzu über die Geldentwertung stöhnte? Wir fanden, Geld sei auf jeden Fall irrelevant. Trotzdem verhökerte ich mit viel Eifer jeden Scherenschnitt, den ich in Wismar, Schwerin und Lübeck loswerden konnte.

Es gab manche Bräuche. „Im Felde macht man das so, Mutter", sagte mein ältester Bruder und griff mit der Hand nach der Wurst, die in Scheiben auf dem Teller lag. Ich weiß nicht, ob ich entsetzt war. Meine Mutter protestierte. Es ist kein Zweifel, daß die Brüder nach dem Krieg so eine Art Schützengrabenstil mitbrachten und sich auch darin gefielen. Je rauher und wilder, desto besser. Alles ging stürmisch zu. Diskussionen, Gelächter, Streitereien. Immer noch war ich das Opfer heftiger Neckereien, die mich sehr quälten. Wahrscheinlich äußerte sich darin eine gewisse Unsicherheit und Unzufriedenheit gegenüber der häßlichen Ente Tisa. Aus der zudem nie ein Schwan wurde. Warum war ich nicht wie die andern Mädchen? Hübsch, einfach, liebevoll? „Hab dich nicht so, du bist ja nicht so", sagten die Brüder, wenn ich beim Trinken und Rauchen nicht mithielt.

Mit zwölf Jahren war ich an den verbotenen Bücherschrank meiner Mutter gegangen und hatte die „Memoiren einer Sozialistin" von Lily Braun gelesen. Sie hatten mich begeistert. Ich las das Buch immer wieder, bis es nicht mehr verboten war. Ich wollte, ohne Zweifel, „rot" sein.

Wann würde mir mein Vater endlich das Kunststudium erlauben? Er ging auf die Frage gar nicht ein. Ich sollte erst Haushalt lernen. Ich wurde zu meinen Verwandten nach Muskau geschickt. Bei dem Koch, dem ehemaligen Koch des Zaren, lernte ich raffinierten Blätterteig und römische Pastetchen und die schönsten Leckereien – das eigentliche Kochen lernte ich nicht. Ich verliebte mich in den einzigen Sozialdemokraten des Städtchens, einen jungen Volksschullehrer. Während meiner Freizeit durchstreiften wir die Wälder. Ich versuchte krampfhaft, mich zu „entlieben", es gelang mir nicht so schnell. Wirklich, auf all diese Probleme war der „erste Kürassier" nicht gefaßt und vorbereitet.

Zudem hatte ich solche Angst, meine Brüder würden verlangen, daß ich den jungen Mann heiraten müsse, weil wir uns geküßt hatten. Meine Blödheit war sehr groß. Aber in den Jahren „ver- und ent"liebte ich mich immerzu. Häufig, ohne daß der Betroffene eine Ahnung davon hatte.

Ein alter Möbeltischler hatte mir gezeigt, wie man mit Stechbeiteln Holz schnitzt. Mit diesen kerbte und kratzte ich an unserem Heizholz herum, an zähen Buchenscheiten. Meistens schnitzte ich abends im Bett; warum ich das Bett zum Atelier erkor, ist mir entfallen. Ich hatte nichts, um die Stücke einzuspannen. So ging es in die Hände, bis sie mit Narben bedeckt waren, es ging wohl auch mal in die Matratze. In Muskau hatte ich viel gezeichnet, doch ohne Anleitung.

Als ich 1921 nach Lemgo kam, um dort weiter Haushalt zu lernen, nahm ich bei einem freundlichen Major Zeichenunterricht.

In der Haushaltsschule war alles recht primitiv. Ich revoltierte gegen vieles. Wir mußten Kohlenkarren für die Heizung selbst durch die Stadt ziehen, sechs bis sieben Zentner schwer. Wir lernten das Kochen des morgendlichen Roggenbreis, den keiner mehr essen wollte. Das Ausnehmen der mageren Kaninchen widerte uns an. Aber die Umgebung und die schöne alte Stadt hatten es uns angetan. Das Rathaus, die Kirchen, das Hexenbürgermeisterhaus. Die kunstvoll geschnitzten Fachwerkgiebel. Eine der Schülerinnen war ein „echter" Wandervogel. Wir stürmten auf die Höhen ringsum und tanzten den Hans Spielmann, der eine einzige Kuh hat.

Wir stampften durch die Straßen und sangen von der Feder, die am Barett schwankt. Unsere Leiterinnen schrieben uns „en bloc" beim Deutschnationalen Jugendbund ein. Bei der ersten Versammlung meldete ich mich und erklärte, daß wir nicht aus Überzeugung zu dem Bund gehörten. Nicht deutschnational wären. „Ach, bleibt bei uns", sagten die Jungens galant. Lemgo ist die Stadt der letzten Hexenverbrennungen in Deutschland. Die Themen der Scherenschnitte: der Wanderer mit der blauen Blume, Ketten rasselnde Männer, Deutschland unter dem Versailler Vertrag darstellend, Karre ziehende Frauen, Holz hakkende Männer und – Besen reitende Hexen en gros. Man war besorgt um mich: War das der Einfluß des Majors? In der Zeichenstunde zeichnete ich eifrig. Der Major und seine Frau machten mich mit der modernen Kunst bekannt.

Sehnsucht aller Sehnsüchte: ein zünftiges Kleid. Wie sollte ich dazu kommen? Nun, auf der Höhe der Inflation war ich im Gelderwerb erfinderisch geworden. Silhouetten zogen nicht mehr. Ich verkaufte meinen ganzen Kinderschmuck: Kettchen, Herzchen, Ringe, Korallen; für das Geld erwarb ich Bücher. In Lemgo schleppte ich alle alten Kleider zum Trödler und kaufte mir vier Meter Nessel. Der ergab, hellblau gefärbt, ein wirklich zünftiges Kleid. Ein Dirndl würden wir heute sagen. Ich wollte so gerne dem strengen „Wandervogel Alt-Kronacher-Bund" beitreten. Dazu brauchte ich vier Zeugen, die mir „zünftiges Benehmen" bescheinigen konnten. Ich fand keine vier! Ich war auch gar nicht gewillt, immer Sandalen zu tragen und niemals Tango zu tanzen. Die Zünftigen tanzten nur im Reigen.

Wir machten einen Ausflug zum Hermannsdenkmal. Im Bimmelbähnchen saß ein Herr im Lodenanzug mit Gamaschen, zünftig. Er kam mit uns ins Gespräch, er stellte sich vor: Arthur Dinter! Autor von „Blut und Boden". Ich kannte das Buch von zu Hause. Ich mochte es nicht. Ich mochte auch den Mann nicht, er kam mir so provinzlerisch-eitel vor. Wie zeigt man seine Ablehnung, wenn man siebzehn ist? Durch eine gekränkte Miene? Wie bekommt man die in einem Haufen gickelnder Mädchen?!

Mit den Leiterinnen unserer Haushaltsschule hatte ich häufig Differenzen. Sie schienen mir bigott. Ostentativ betete ich das Vaterunser nicht mit und gestand vor allen, ich könne nicht mehr daran glauben.

„Mutter, ich stehe den ganzen Tag auf den Hinterbeinen", sagte ich, als ich in den Ferien zu Hause war. Nach einem halben Jahr durfte ich abgehen. Einige Monate verbrachte ich bei Verwandten in Hehlen an der Weser. Ich lernte Melken, Buttern und das Backen des Butterkuchens jener Gegend. Jeden Tag schwamm ich in der Weser und begriff, was es heißt, „gegen den Strom zu schwimmen". Wann immer ich es im Leben tun mußte, habe ich die Weser vor mir gesehen.

Ich verzehrte mich vor Sehnsucht nach der Kunst. Stundenlang saß ich in meinem Zimmer und übte mich im Schreiben alter Inkunabeln, deren Abbildung ich in einem Lexikon gefunden hatte. Ich machte Scherenschnitte, Linolschnitte, Zeichnungen.

Damals wollten wir sparen. Wir zogen im Haus ständig um. Wir wohnten im oberen Stock, wir wohnten im Keller, wo es gemütlich war, doch völlig verqualmt vom Rauch der Zigarren und Zigaretten. Wir bewohnten acht Räume nacheinander, bis die Wahl auf den „gelben Salon" fiel. Dieser blieb Wohnraum bis 1945. Es war ein schöner langgestreckter Raum mit einer verblichenen gelben Seidentapete. Die steiflehnigen gelbseidenen Stühle hatten wir entfernt, nun stand dort ein Sammelsurium von Louis-quinze-Seidenmöbeln, großen Ledersesseln und Gobelinstühlen. Die Fenster gingen nach Süden.

Die hellen Stores gaben dem großen Raum ein weiches Licht. Durch eine Glastür trat man auf die Terrasse, auf der verschnörkelte alte Eisenstühle standen. Hier ließen wir uns in der Sonne braten. Meine Eltern saßen lieber auf der Terrasse an der Nordseite des Hauses, von wo man den See weit überblickte.

In diesen Jahren vollzog sich in meinem Vater der Wandel zum Politiker. Nachdem er einige Zeit ganz für sich gelebt hatte, begann er, sich für alle Fragen der Innenpolitik und des Wiederaufbaus zu interessieren. Sehr viele Besucher kamen, um ihn zu sehen und zu sprechen, Politiker, Landwirte, Offiziere. Sie alle wollten ihn zur Mitarbeit gewinnen. Abenteurer, wie Major Pabst und ein Hauptmann Wolff, hatten ihn für den Kapp-Putsch werben wollen. Mein Vater wies sie ab. Er bekämpfte die separatistischen Tendenzen, die sich nach dem verlorenen Krieg in Mecklenburg und im Rheinland bemerkbar machten. Ihm lag an einer Festigung und Klärung des Reichsbegriffes. General von Seeckt kam mit seiner Frau zu Besuch, sie war beleibt und beredt, er dagegen schweigsam und dünn. Er bewegte sich wie eine hölzerne Marionette. Er zeigte Kunstverständnis und Weitblick, seine Frau erzählte amüsant und interessant von ihren vielen Reisen.

Es besuchte uns auch der ehemalige deutsche Kronprinz. Einmal mit seiner stattlichen Frau, einmal alleine. Er war völlig informell. Die Gedanken, die er äußerte, waren liberal und demokratisch. Aber es war klar, daß Politik ihn nicht sehr interessierte. Auffallend an ihm war die fliehende Stirn, aber noch auffallender seine großen strahlenden Augen von einem eigentümlichen Blau.

Hohenzollern-Augen, sagte man.

Meine Mutter und ich sorgten für das schönste Essen. Ich erinnere mich nur an die Gurkensuppe, eine Spezialität aus einem alten Kochbuch. Der Kronprinz schien nicht auf das Essen zu achten, seine Frau dagegen sehr. Bei dem einen Kronprinzenbesuch war Beck als ehemaliger IA des Stabes der Heeresgruppe und als Freund meines Vaters anwesend. Von Beck war ich sehr beeindruckt. Er wirkte lebendiger und energischer als Seeckt. Natürlich bekam ich nicht alles von den Gesprächen mit, ich hätte sie auch längst vergessen.

## DOLCHSTOSS

Die Brüder kamen, schon aus Geldmangel, in den Ferien immer nach Tressow. Wir waren also sehr oft zusammen. In nicht endenden Gesprächen wurde der verlorene Krieg, der Zusammenbruch, die politische Lage und die Zukunft Deutschlands diskutiert. Wie war es möglich gewesen, daß alles so gekommen war? Wer hatte den Dolch gestoßen? Wer war schuld? Mein Vater wußte, daß der Fehler im blinden Nationalismus der Kriegshetzer gelegen hatte. In dem Siegesrausch der Alldeutschen. Er sah ein, daß man der „Heimat" zu viel zugemutet hatte. Leidenschaftliche Debatten, erregtes Hin und Her am Kaminfeuer bis zum frühen Morgen. Wo hatte der Fehler gelegen? Immer wieder wurde untersucht, ob es nicht nur eine Fehlentscheidung, ein Rädchen gewesen war, das in der Maschinerie versagt hatte und dieses Ende über Deutschland gebracht hatte. Hatte die Front, hatte die Heimat versagt?

Schilfleinene Joppen und bunte Schnupftücher statt Kragen, Jagdanzüge und Wickelgamaschen und Schmierstiefel – die Brüder auf Sesseln hingegossen oder am Feuer hockend, mit einem

Glas Wein in der Hand –, so saßen wir im „gelben Salon". Sollte man mit dem Westen gegen die Russen gehen? Sollte man mit den Russen gegen den Westen paktieren? War der Westen im Untergang, wie Spengler es verkündete? Lagen die nationalen Hoffnungen Deutschlands im Preußentum? War der Sozialismus im Preußentum vorgezeichnet? Wie konnte sich das Preußentum in diesem Umbruch erhalten und bewähren? Wie lange würde Deutschland am Boden liegen?

Die Klage um Deutschland hob an, um nicht zu verstummen, bis der Nationalsozialismus heraufdämmerte.

Wir standen alle, ohne uns dessen bewußt zu sein, unter dem Einfluß meines Vaters. Seine leidenschaftliche Liebe zu Deutschland hatte auch uns gepackt – und sie würde uns packen bis zur Verführung.

Der älteste Bruder brachte die „Weisen von Zion" ins Gespräch, war es nicht möglich, daß die Juden an allem schuld waren? Schattenhaft erinnere ich mich dieser Broschüre, die schon damals sehr umstritten war. Schlechter Druck, die wichtigsten Sätze fett gedruckt. Eben ein Pamphlet. Ich las es und glaubte es nicht.

Angefangen mit den Memoiren einer Sozialistin (von Lily Braun), hatte ich mir meine eigene Welt gebaut. Diese wurde von Max Weber, von Theodor Lessing und Rahel Varnhagen bestimmt. Antiquarisch hatte ich ein Buch über Rahel erworben. Diese anziehende und begabte Jüdin aus dem Berlin des frühen 19. Jahrhunderts fesselte und begeisterte mich. Sie und Max Liebermann prägten meine Vorstellungen von Judentum. – Im Rundbrief unserer Abgangsklasse aus Heiligengrabe wurde die Frage aufgeworfen: „Glaubt ihr, daß die Juden an allem schuld sind?" Manche sagten ja. Manche wußten es nicht. Ich war durch meine „Freunde" gefeit.

Ein seltsames Bild. Ich sehe es immer vor mir, wenn ich an die Tressower Nachkriegsjahre denke. Es war zwölf Uhr nachts, Silvester, wohl 1920/21. Meine Brüder riefen meinen Vater nach draußen auf die Freitreppe.

Klirrender Frost.

Und dann marschierten sie an meinem Vater vorbei, im Parademarsch, die vier großen Söhne und ein Freund. Mein Vater nahm die Parade ab, tränenüberströmt. Es war eine Zeit in Deutschland, die Männer weinen machte. Wolfi zitierte gern den Heine-Vers: Denk' ich an Deutschland in der Nacht, so bin ich um den Schlaf gebracht. Einige Jahre später hätten auch die Tressower Heine um den Schlaf gebracht. Wie kommt Deutschland wieder hoch? – das war die ständige Frage. Millionen waren für das Vaterland gefallen, was machte es, wenn ein paar mehr ihr Leben ließen! Es wurde nicht um Erzberger, nicht um Rathenau geklagt. Auch nicht um den oder jenen, der in geheimer Feme ermordet worden war, von dem hier und da getuschelt wurde. Der Krieg war das erste große Erlebnis der älteren Brüder gewesen, das Erlebnis der Kameradschaft, des Einsatzes. Die große Zeit. Der Älteste fing immer wieder davon an, vom Schützengrabenerlebnis. Wenn er zu Hause war, stellte er das Grammophon an, es wurden alle Märsche gespielt. Heute noch gehen sie mir durch Mark und Bein.

Der Übergang zu einer bürgerlichen Welt wurde nicht geleistet. Der Krieg ging gewissermaßen weiter. Verbrämt mit Versen von Münchhausen und Rilke. Wir hatten alle politischen, militärischen und historischen Bücher aus der großen Bibliothek meines Vaters gelesen. Wir lasen mit demselben Eifer Zola und Balzac wie auch Tolstoi und Dostojewski, Thomas Mann, Stefan Zweig, Fontane. Trotzdem schieden sich an den Büchern die Geister. Barbusse, Romain Rolland mit seinem Buch über Gandhi, waren Fritzis und meine Lektüre, ebenso Kierkegaard, Kafka. Wir lasen dazu alle Bücher über Kunst, die uns erreichbar waren; unentwegt tauschten wir untereinander Bücher aus, um unsere Bibliothek sinnvoll aufzubauen. Regelmäßig prüfte er mich, was ich gelesen hatte. Wir beide gehörten irgendwie zu einer anderen Generation als die älteren Brüder, die im Schützengraben gelegen hatten. Wir hatten etwas von dem Elend und den Schwierigkeiten in der Heimat gesehen, wir hatten an meiner Mutter den sozialen Einsatz erlebt. Allgemein hieß sie nach dem Krieg bei uns im Lande: „die rote Marie". Sozial gesinnt sein war gleich mit „rot" sein.

Das Vorbild von diesem Einsatz sollte uns für immer prägen. Fritzi war, wie meine Mutter, ein glühender Verteidiger der Gerechtigkeit. Von ihr hatten wir das Musische geerbt, aber der Tressower Stil war ein anderer. Die Töne des Flügels, auf dem meine Mutter Chopin, Liszt und Brahms spielte, verklangen im Raum, sie gingen unter in den Männergesprächen, dem lauten Gelächter der „Jungens".

Die jungen Männer, die bei uns zu Besuch erschienen, kamen, um meinen Vater zu sehen, an mir zeigten sie kein Interesse.

Tanzereien wollte mein Vater nicht im Hause haben. Es hätte auch nicht zum Stil dieser „Hochschule für Politik" gepaßt, zu der sich Tressow im Laufe der Jahre entwickelt hatte. So tanzte ich auf den großen Landhochzeiten diverser Freundinnen und Cousinen. Ich machte die Erfahrung eines Mauerblümchens! Einen Abend lang stand ich Stunde um Stunde im Hause reicher Verwandter an der Wand. Keiner holte mich. Ich sammelte all meinen Stolz und blickte auf die Bilder an der Wand und dachte, ich – Ich großgeschrieben – würde nur Impressionisten kaufen. Ich besah die jungen Männer, die tanzten, und dachte, warum erkennt ihr nicht, was in mir steckt? Das Dumme ist: sie erkannten es wohl. „Weißt du, man hat vor dir Angst", sagte mein Vetter Ulrich-Wilhelm Schwerin zu mir. Wieso? wollte ich wissen. „Ja, man weiß nicht, wo man mit dir dran ist, mit deiner Kunst und so." Das war es. Die Jünglinge, mit denen ich nicht über Kunst sprechen konnte, fand ich einfach barbarisch, die kunstinteressierten Jünglinge dagegen fanden mich wohl reichlich barbarisch. Man trug in Tressow, was man gerade hatte. Stiefel der Brüder, Hüte der Brüder und ihre Lodenmäntel. Das kleine Taschengeld, 25 Mark im Monat, reichte nicht hin, um hübsche Kleider zu kaufen. Mit großer Mühe wurde Ererbtes geändert und geflickt. Ich erbte ein Abendkleid aus rosa Tüll über bläulichlila Taft. Verändert ergab es eine Bluse, die ich stets als Höhepunkt der Scheußlichkeit ansah, die Farben ähnelten zu sehr derjenigen meiner Nase. Aber ich trug die Bluse in meiner Not.

Von einem Prinzen, der mit den Brüdern im Corps war, sagten sie: für einen Prinzen ist er sehr nett. Fritzi und ich fragten uns, ob man dasselbe nicht von uns einschränkend sagen würde: für

Grafen sind sie ganz nett. Es war so schwer, fand ich, die eigenen Fehler und Grenzen zu erkennen. Man saß wie auf einem Berg, nichts um uns herum; man saß wie in einem Vakuum, ohne Dialog mit anderen. Ohne Ausgleich. Ich war zu Hause angebunden. Ich schnitt viele Silhouetten, ich zeichnete, soviel ich konnte, und ich las unentwegt: Taine, Ranke, Mommsen, Treitschke.

Die Menschen in den Büchern wurden meine Freunde, vor allem Anna Karenina und Rodion Raskolnikow in Schuld und Sühne. Wer nur mit Büchern lebt, erliegt leicht der Gefahr der Don Quichotterie. „Kinder", sagte meine Mutter zu uns, „ich war genauso wie ihr in meiner Jugend, so geistig hochmütig." Aber wie sollten wir diesen Hochmut überwinden, fragten wir uns. Fritzi und ich. Es hatte sich eine gewisse Vorstellung herausgebildet, wie wir leben wollten. Kompromißlos. Uns nicht kaufen lassen. Uns nicht verführen lassen von Reichtum und guten Dingen. Vom Luxus. Da war es wieder: frei will ich leben, und frei will ich sterben! Daß diese Freiheit wirklich mit dem Einsatz des Lebens erkauft werden mußte, wußten wir damals noch nicht. Doch dabei fallen mir die Worte aus dem Lied ein, die so oft durch das Haus schallten: Wohlauf, Kameraden, aufs Pferd, aufs Pferd – mit dem Schluß: und setzt ihr nicht das Leben ein, nie wird euch das Leben gewonnen sein. Zu dem Einsatz war jeder von uns bereit. Es bildete sich in den Jahren ein Kokettieren mit dem Tod heraus, ein Tändeln mit ihm. Eine Freude an der Gefahr. Ein Mißachten der Gefahr. Wolfi war uns darin voran. Er schwärmte vom Lübecker Totentanz in der Marienkirche. Der Tod ging damals noch um! Die Grippeepidemien nach dem Krieg hatten viele hingerafft, in den Jahren der Inflation hatten sich viele das Leben genommen. Ich machte Scherenschnitte vom Tod und sang das Lied vom Schnitter Tod, der das Messer wetzt. Überheblich, leidenschaftlich, aggressiv. Wir sahen auf die andern herab. Wer waren die „andern"? Alle jene, die nicht politisch interessiert waren und die kein soziales Interesse zeigten.

Ich hatte im Frühjahr 1920 ein gewaltiges rotes Nordlicht am Himmel gesehen. Die rote Krone! Seither trug alles „Rote" einen Reiz für mich. So war ich im Widerspruch zu der militärischen Welt, die mich umgab. Zur nationalen Welt. Ich versuchte also, gegen den Strom zu schwimmen. Das fiel mir nicht leicht. Die Brüder imponierten mir. Da war eine gewisse Ambivalenz aus Anziehung und Ablehnung. In der Kunst sah ich den anderen Ausweg.

Bezeichnend, daß ich davon träumte, „ein Künstler“ zu werden, nicht eine Künstlerin. Wenn ich mich mit den Brüdern gestritten hatte, zogen sie abends vor meine Tür und riefen: „Rosa Luxemburg, Maria Stuart“ als Schimpfnamen. Ich war wütend. Nun, die Tür war gut verschlossen. Mochten sie daran rütteln.

Heute empfinde ich beide Namen als eine ausgesprochene Schmeichelei. Ich habe keins der Vorbilder erreicht.

Fritzi wurde im Studium ein anderer Mensch. Keck, lebhaft, übermütig, geistreich, witzig. Er fand viele Freunde, einige, wie Cäsar von Hofacker, für sein ganzes Leben. Es ging zu Hause nicht immer glatt zwischen ihm und den Brüdern. Wenn er Wein trank – und es gab viel Wein zu trinken in den Tressower Jahren –, wurde er leicht scharf und sagte seine Meinung, mit der er sonst zurückhielt. Er trieb zu Hause immer noch Sport. Das Herz klopfte mir im Halse, wenn ich mittat. Uns allen imponierte er beim Kartenspiel. Wir spielten gegen Streichhölzer, Quinze, ein Glücksspiel. Dann saß er da und bluffte. Er verbarg seine Gefühle hinter einer Maske der Undurchdringlichkeit und Unverforenheit.

„Mach mir ein Exlibris“, bat mich Fritzi damals. Er beschrieb es genau: ein Ritter zu Pferd, auf einem Berg, der Wache hält.

In den Ferien kam er und sagte: „Schlag mit einem Stock an meinem Gesicht vorbei, bis ich nicht mehr mit der Wimper zucke.“ Andächtig stand ich da und schlug und schlug. Später schrieb Fritzi: Ich wünsche, daß ich alles, was Gott mir zumißt, hinnehme, ohne mit der Wimper zu zucken.

Kunst?! Mein Vater sagte immer noch nein zum Kunststudium. Wie stand es denn mit der Kunst? Mit den Scherenschnitten war ich zu einer gewissen Perfektion gelangt, so daß die ursprüngliche Aussage darunter litt. Mit meinen primitiven Holzschnitzereien kam ich nicht weiter. Niemand gab mir Korrektur.

Mein Vater hatte wohl gehofft, daß ich heiraten und von den

Kunstträumen lassen würde. Mit siebzehn Jahren hatte ich stolz versichert: „Ich heirate nie", mit achtzehn Jahren war ich „darauf aus", mit zwanzig Jahren kam ich mir wie ein sitzengebliebenes Mädchen vor. 1924 verlobte ich mich mit Heinz Biel aus Zierow. Wir hatten in allen Ferien mit den Bielschen Kindern gespielt. Ich war überzeugt, daß ich alles zusammen schaffen würde: Mann, Kunst, Kinder. Ein halbes Jahr später löste er die Verlobung, sicherlich zu unserer beider Wohl – ich war völlig zerschlagen.

Mein Vater tat den klassischen Ausspruch: Nun ist ihr einziger Trost die Kunst, und gab seine Erlaubnis zum Studium. Ich war inzwischen auch mündig geworden. Mein Vater war schon seit einigen Jahren der Deutschnationalen Partei beigetreten, sein Einfluß im Land war durch viele Vorträge und Reden gewachsen, 1925 wurde er in den Reichstag gewählt. Nun, argumentierte er, konnte er mir das Studium finanziell ermöglichen.

## KUNSTSTUDIUM

Sieben geschnitzte Buchenscheite polterten auf den Tisch im Atelier von Fritz Klimsch in Berlin, Professor an der Akademie. Ich bat um Auskunft, warum ich nicht zu der Aufnahmeprüfung an der Akademie zugelassen worden war. Warum? Ich hatte Zeichnungen für die Zeichenklasse eingereicht, und man hatte gefunden, daß Zeichnen nicht mein Metier sei. Die Holzscheite gefielen Klimsch so gut; er versprach, mich Ostern 1926 in seine Bildhauerklasse aufzunehmen; das Herbstsemester 1925 hatte gerade begonnen. Er schickte mich zum Bildhauer Alexander Oppler in die Lehre, wo ich bis Ostern 1926 modellierte. Der begabteste Mitschüler war Jobs Wertheim aus Amsterdam. Ostern 1926 begann ich das Studium auf der Akademie. Diese war gerade unter der Leitung von Bruno Paul mit der Kunstgewerbeschule zusammengeschlossen worden. Sie nannte sich „Vereinigte Staatsschulen für freie und angewandte Kunst". Aber wir waren gar nicht so vereinigt! Es gab Parteien: hier die Freien, dort die

Angewandten. Die Freien arbeiteten naturalistisch nach Modell, die Angewandten waren fortschrittlicher, sie begannen, abstrakt zu arbeiten.

Klimsch, Scharff und Kluge waren die Professoren in der Bildhauerei der Freien. Bei den Angewandten war Otto Hitzberger der Lehrer der Holzbildhauer, Gies der Leiter der Goldschmiedeklasse.

In der Klimsch-Klasse modellierten wir in Ton, immer nach Modell, nachmittags und abends konnten wir Akt zeichnen, ebenfalls nach Modell. Wir arbeiteten mit Gefühl und Schwung, impressionistisch bewegt, wir klecksten den Ton an die Form und fanden unsere Arbeiten interessant. Klimsch war ein freundlicher und großzügiger Lehrer.

Ich blieb dennoch unbefriedigt bei unserer Modelliererei. Klimsch erlaubte mir, in die Klasse von Professor Hitzberger zu gehen, um nebenbei Schnitzen zu lernen. Er erlaubte mir sogar, nach drei Semestern in die Klasse von Professor Scharff überzuwechseln, was ungewöhnlich großzügig war. Im Klimsch-Atelier hatte mich nur ein Mitschüler beeindruckt – nicht wegen seiner Arbeiten –, er war ein frommer Jude, er hieß Alexander, und er sang das Sch'ma Israel so schön, daß unsere Atelierwände widerhallten.

Unsere Klassen waren damals klein. Bei Scharff waren wir fünf Schüler. Einer von ihnen war Hermann Blumenthal, einundzwanzig Jahre alt, sehr bescheiden und scheu. Er wurde rot, wenn man ihn anredete. Von Anfang an waren seine Figuren Zeugnis einer hohen Begabung und eines eigenen Stils. Er war damals schon „fertig". Wir bewunderten seine Arbeiten, ihn rührte das nicht sehr.

Ich hatte auf das Bauhaus in Weimar gehen wollen, meine Eltern wollten mich in Berlin haben, das für uns alle so zentral lag. Ich habe es nie bedauert. –

Wo würde ich in Berlin wohnen? Bei wem verkehren? Wem mich anschließen? Mein Vater nahm mich zu verschiedenen Einladungen mit. So waren wir auch einmal zum Lunch beim alten Hindenburg. Hindenburg war freundlich zu uns. Mir fiel seine tiefe Baßstimme auf, und ich betrachtete seine quadratischen Hängebacken. Er machte mir sonst weiter keinen Eindruck, er sah zu sehr aus wie sein eigenes Bild oder wie ein lebendes Denkmal. Auf einem Ball beim alten Reichspräsidenten beachtete ich die Jugend mehr als das Alter.

Der alte Fürst Bülow dagegen, Reichskanzler a.D., den ich einmal in Hamburg getroffen hatte, hatte mich stärker beeindruckt: amüsant, beweglich, intelligent und undurchsichtig. Bei Verwandten hatte ich ein freundliches Ehepaar kennengelernt, das mich in ihr Haus einlud. Sie war sehr elegant, er sah ganz gut aus, das Gesicht ein wenig ausgewaschen, leer. Ihr Haus war sehr hübsch eingerichtet, ein bißchen viel Chintz, wie frisch aus dem besten Einrichtungsgeschäft. Ich sollte ihnen für ihr Wasserbecken Delphine in Keramik machen. Der Mann kam einige Male zu mir in die Akademie, um den Entwurf zu begutachten. Er war immer höflich und zuvorkommend. Er galt als ehrgeizig. Da ich keine Tiere „kann“, langweilte mich der Auftrag, ich ließ ihn schluren und meldete mich nach einer Weile nicht mehr. Der Name des Ehepaares: Herr und Frau von Ribbentrop.

Frau von Schubert, die Frau des Außenministers, war mit meiner Mutter gut bekannt. Ich war ein paarmal dort eingeladen. Die Jünglinge vom Auswärtigen Amt interessierten mich nicht sehr. Ich unterhielt mich am besten mit Harold Nicolson von der englischen Botschaft und mit einem Ehepaar Kiep. Kiep wurde 1944 hingerichtet.

Einmal stand ich neben Frau von Schubert, als die Menge zurückwich und jemand Platz machte, der mit schnellen Schritten auf die Gastgeberin zutrat, um sie zu begrüßen. Ich war gebannt von dem Gesicht. Schmal, elfenbeinfarbig, ein ausdrucksvoller Mund, dunkle Augen von einem ganz besonderen Feuer. Dazu die Farbe des langen Rockes – ein leuchtendes Rot – Nuntius Pacelli. Trotzdem – dies war nicht das Berlin, das ich suchte.

Mein Bruder Fritzi war zu der Zeit als Referendar in der Verwaltungsausbildung in Berlin und Potsdam, später kam er an das Landratsamt in Kyritz. Wir trafen uns ab und zu in unseren Buden, saßen im Romanischen Café. Ich vertrug mich weiterhin gut mit Fritzi, obwohl jeder von uns seine Wege ging und sich seine Welt aufbaute. In den Ferien stürmten wir in Tressow durch den Wald: Hürdenlauf über Tannenreisig, 400-Meter-Lauf um ein Bruch, 100-Meter-Lauf auf sandigem Weg – Speerwerfen, Diskuswerfen, Hochsprung. Frau von Seeckt hatte sich erboten, mich bei sich aufzunehmen, aber ich zog eine richtige Bude vor. Ein Zimmer am Lützowufer im Hinterhaus, vier Stock hoch. Es war die gute Stube eines Chauffeurs, der sich jede Nacht erbittert und lautstark mit seiner Frau stritt. Plüschmöbel, ein Eisenbett, Nippes und ein Bild der büßenden Magdalena.

Vorne hatte der Kunsthändler Alfred Flechtheim in demselben Haus seine Galerie, ich konnte schräg von oben hineinsehen. Ich lernte Alfred bei Hugo Simon kennen, und ich schlenderte in der Galerie herum, wann immer ich Lust hatte. Bei Sarres, in Neubabelsberg, hatte ich Hugo Simon getroffen. Nach einer kurzen Unterhaltung hatte er gesagt: „Sie kommen mir vor wie ein Vogel, der seinem Käfig entflohen ist. Lassen Sie mein Haus einen Käfig sein, der Ihnen Schutz bietet." So wurde sein Haus mir zur zweiten Heimat. Ich wohnte ganz in der Nähe. Ich konnte kommen und gehen, wann ich wollte, angemeldet, unangemeldet.

## DIE GOLDENEN 20er JAHRE

Hugo Simon war Bankier. Seine Frau Trude war eine gute Hausfrau und Mutter. Seine beiden Töchter waren jünger als ich; ich war mit Ursula, die später den Bildhauer Demeter heiratete, viel zusammen.

Hugo Simon stammte, ebenso wie sein Kompagnon in der Bank Dr. Bett, aus dem kleinen galizischen Städtchen Usch. Er erzählte selten von seiner Kindheit. Hugo war mittelgroß und schwarzhaarig, er trug einen „assyrisch" gestutzten Bart. Er hatte für mich den Charme eines älteren, weisen Mannes. Dabei war er höchstens Anfang Vierzig! Er war so völlig anders als alle Männer meiner Umgebung. Besinnlich und gütig und, wie mir schien, voller Weisheit. Er zitierte Goethe gern und viel, ich fragte mich, wann er Zeit gefunden haben mochte, um ihn so gründlich zu studieren. Vielleicht in der Kaserne während des Ersten Weltkrieges. Es war ihm, dem überzeugten Pazifisten, gelungen, zurückgestellt zu werden. Er haßte den Krieg und alles Militärische. Als Sozialdemokrat war er nach 1918 für einige Zeit preußischer Finanzminister gewesen; nun führte er mit Dr. Bett das Bankhaus Bett, Simon und Co.

Er hatte ein großes Interesse an Kunst und Politik.

Paul Cassirer, der Kunsthändler und Sammler, hatte sein Haus eingerichtet. Schöne Cézanne-Aquarelle im Eßzimmer, Impressionisten in den Wohnzimmern; Renoirs Pomone und eine kauernde Frau von Maillol standen in seinem Garten.

Bei Hugo Simon trafen sich wöchentlich Politiker, Künstler, Wissenschaftler, Gelehrte. Der preußische Ministerpräsident Braun, der Berliner Oberbürgermeister Böss, Scheidemann, Heilmann, Breitscheid, Paul Levi, Staatssekretär Weissmann, witzig und geistreich, Staatssekretär Meissner, undurchsichtig, reserviert. Fast alle namhaften Schriftsteller jener Jahre gehörten zu dem Kreis: Brecht, Remarque, die beiden Zweigs, Döblin, Wassermann, Heinrich Mann, Ringelnatz, Max Herrmann-Neisse, Annette Kolb, Else Lasker-Schüler, Zuckmayer. Thomas Mann sah ich nur aus der Ferne als illustren Gast, ebenfalls den Mann mit der Goethestatur: Gerhart Hauptmann. Die bildenden Künste waren durch die Maler Max Pechstein, Hans Purrmann, Rudolf Levi, Kokoschka, Hofer und George Grosz vertreten. Die Bildhauer Belling, Fiori und die Sintenis gehörten dazu.

Ich habe Einstein häufig dort getroffen, man lachte sich an und fragte „Wie geht es?" – nur um die unzähligen Lachfalten in seinen Augenwinkeln zu sehen. Obwohl Einstein sich rege an den politischen Gesprächen beteiligte, fiel mir an ihm die gelassene

Heiterkeit auf, ich möchte sagen, er war wie durch eine Zone einer ihm innewohnenden Heiterkeit von den andern abgegrenzt. Ich wagte nicht, ihn auf die Relativitätstheorie anzusprechen, die ließ ich mir von Dr. Bett erklären. Einstein ist mir von den Spaziergängen mit Dr. Bett in Ferch besser in Erinnerung. Sie waren dort Wochenendnachbarn. Wir gingen viel spazieren, die Herren meistens voran, begleitet von der Katze von Dr. Bett, die jeden Spaziergang mitmachen wollte.

Ich hatte mir die führenden Sozialdemokraten hinreißender vorgestellt. So, als ob sie von den Barrikaden kämen. Zu der Zeit waren sie freundliche, nette Herren, brave Genossen. Der Reichstagsabgeordnete Paul Levi war eine auffallende Persönlichkeit. Wegen eines Lungenleidens im Ersten Weltkrieg war er, der junge Jurist, in der Schweiz gewesen. Dort hatte er Lenin und Trotzki kennengelernt. Lenin schätzte ihn sehr. Paul Levi hatte erst der Unabhängigen Deutschen Arbeiterpartei, den späteren Kommunisten, angehört. Er war mit der Partei in Konflikt geraten, als sie Moskau-hörig wurde. Sie hatten ihn ausgeschlossen. Damit hatte die extreme Linke einen ihrer fähigsten Köpfe verloren. Levi war zum linken Flügel der SPD übergetreten. Aber auch Paul Levi war 1926 kein Barrikadenkämpfer mehr. Ein Kenner guter Weine, ein Sammler schönen Porzellans, geistreich, witzig, beschlagen.

Im Bornsteinprozeß, in den der Reichsgerichtspräsident Bumke verwickelt war, klagte Paul Levi dieses Deutschland der Feme an, das Rosa Luxemburg ermordet hatte. Die deutsche Entwicklung Ende der zwanziger Jahre erfüllte ihn mit tiefer Sorge. Im Fieberwahn einer schweren Lungenentzündung stürzte er sich aus seinem Fenster und starb – am Landwehrkanal. In den Landwehrkanal hatte man Rosa Luxemburgs Leiche geworfen.

Der unerbittliche Friedenskämpfer Helmut von Gerlach, klein, schmal, beredt, eindringlich, prägte sich mir ein; Heinrich Mann, freundlich, interessiert und bescheiden. Doch es ist typisch, daß ich die Bedeutung Heinrich Manns erst rückblickend begriffen habe. Die Schauspieler Kortner und Tilla Durieux, die Verleger S. Fischer, Rowohlt und die Ullsteinbrüder, Theodor

Wolff vom „Berliner Tageblatt“, Alfred Kerr und Leopold Schwarzschild vom „Tagebuch“ waren regelmäßig bei Hugo. Auch der Bauunternehmer Adolf Sommerfeldt stammte aus Usch. Seine Vorfahren waren jüdische Scherenschleifer gewesen, er betonte es voller Stolz, daß er von Handwerkern abstammte. Wenn Dr. Bett klein und zierlich gebaut war, so war Sommerfeldt breitschultrig und kraftstrotzend. Gropius hatte sein Haus gebaut. Es war mit den glatten Türen und schlichten Möbeln ganz modern, nur das Treppengeländer war expressionistisch bewegt geschnitzt mit vielen Ecken und verschachtelten Kanten. Das Ehepaar Gropius und der Magdeburger Bürgermeister Ernst Reuter kamen oft zu Sommerfeldts. Sommerfeldt hatte als kleiner Zimmermann in Berlin angefangen, nun baute er große moderne Wohnsiedlungen wie die „Krumme Lanke“ in Zehlendorf. 1933 schimpften sie ihn einen Bauspekulanten und suchten ihn zu greifen, aber er floh vor dem ersten April 1933.

Ich bewegte mich in dieser Gesellschaft so recht wie der „tumbe Tor“. Augen weit offen, alles in mich hineintrinkend, unfähig, etwas zu verarbeiten. Viel zu sehr mit mir selbst und der Entdeckung des Lebens beschäftigt.

Es liegt an dieser Tumbheit, wenn ich von dem großen Verleger Samy Fischer, den ich ganz besonders schätzte, nur zu sagen vermag, er war ganz reizend, intelligent und witzig, und er hatte viel Charme. Vielleicht ist dieser Charme etwas, was uns in den vierzig Jahren danach weithin verlorengegangen ist.

Die Aufzählung des Kreises um Hugo Simon mag langweilig klingen, wie eine Art Adreßbuch, doch habe ich gar nicht alle aufgeführt.

Man traf sich oft, und man diskutierte bis tief in die Nacht. Das Thema: Politik. Die meisten gehörten der Liga für Menschenrechte oder dem Pen-Club zu. Coudenhove-Kalergi, der schöne Halbjapaner, vertrat lebhaft seine Paneuropa-Idee.

In diesem Kreis glaubte man fest an eine bessere Zukunft, und man war entschlossen, an ihrem Aufbau mitzuwirken. Eben – man glaubte. Es war die Zeit der großen Utopia. Und das hat wohl den goldenen zwanziger Jahren diesen unvergleichlichen Schwung gegeben. Wenn je Menschen engagiert waren, so waren sie es. Die Freiheit vom wilhelminischen Zwang war eben erst errungen. Noch gebrauchte man das Wort Revolution für 1918 – später sackte es zum Begriff „Umschwung“ ab.

In welcher Richtung würde sich alles entwickeln? Man hatte zwischen Ost und West geschwankt, bis die Erkenntnis durchgedrungen war, daß im Osten keine Freiheit herrschte. Nun hatte man sich für den Westen, für Europa entschieden. Für ein starkes Europa. Wir dachten an Europa – hatten wir Deutschland vergessen? Was war mit Deutschland? Wir sahen nach vorn. Wir träumten von einer Zukunft, die nicht gekommen ist. Wir übersahen das Deutschland des „ressentiment“. Oder – wir sahen es durch die Brille der Karikaturen von George Grosz. Eben abstrahiert. Oder – wie den Hauptmann von Köpenick. Es war die Zeit der Freikorps. Es begannen die Saalkämpfe, die Straßenschlachten. Wir nahmen sie nicht ernst. Uns interessierte die Zukunft mehr als die Gegenwart. George Grosz sah klarer. Er sagte mir schon 1928, daß er bald nach Amerika gehen würde.

Aber was macht der tumbe Tor, der von Wallensteins erstem Kürassier träumt, in Berlin. Frei will ich leben, frei will ich sterben. Freiheit habe ich in Berlin genug. Berlin berauscht mich. Die Menschen, die ich treffe. Die Kunstausstellungen mit den Impressionisten, mit der Moderne. Die Theateraufführungen reißen mich hin. Die Bücher, die wir gemeinsam lesen und durchsprechen.

Ich stürze mich in das Berliner Leben wie in einen Strudel. Zum Erobern ist der Kürassier ausgezogen. Zum erstenmal werde ich anerkannt. Männer, die mir imponieren, beachten mich. Dies schmeichelt mir. Es gibt mir Sicherheit. Trotzdem – erobern? Die Stadt erobert mich. Der Strudel verschlingt mich. Alles, was mich bisher gehemmt und gehalten hat, werfe ich hinter mich. Religion, Tradition. Die kindischen Träumereien und Verliebtheiten weichen anderen Beziehungen. Ich bin in keiner Weise auf den Sex, auf seine Verlockungen vorbereitet. Auf diesen Bereich der Lust, den ich jetzt erst entdecke. Es ist etwas anderes, Nietzsche zu zitieren – denn alle Lust will Ewigkeit –, als selber diesen Drang zu erfahren. Wo das Leben am wildesten ist, scheint es mir am schönsten. Der Exzeß ist Trumpf. Hat sich ein Element der Rache eingeschlichen? Durch die Entlobung, die mich sehr getroffen hat? „Keiner soll mir den Laufpaß geben" ist mein Beschluß. Ich werde von einem zum andern gehen, wenn ich es will. Doch – wie ist das – werde ich in der Gosse landen? So nennt man das damals noch. Meine Leidenschaftlichkeit erschrickt mich. Ich bin wie gespalten. Sorgfältig halte ich die Amouren verborgen. Ich führe gewissermaßen zwei Leben. Die Freiheit macht mich nicht frei; ich muß es mir eingestehen. Ich bin wie in einem Netz gefangen. Dem Netz der Triebhaftigkeit. Es ist gut, daß ich im Haus und im Kreis von Hugo Simon Halt habe, und – daß ich meine Arbeit habe. Der erste Kürassier ist gescheitert. Das Ideal verblaßt.

## EIN SEMESTER IN PARIS

Im Sommer 1927 ging ich mit Blida v. Gräfe für ein Semester nach Paris. Flechtheim hatte mir geraten, zu Despiaux zu gehen. Wie sollte ich ihn finden? Im Telefonbuch stand sein Name nicht. Die Kunsthändler Kahnweiler und Bernheim Jeune wußten nicht, wo er wohnte. Sie wiesen mich an die alte Madame Hébrard, Besitzerin einer Bronzegießerei. „Certainement", sagte sie und schlug in einem alten Katalog von 1897 nach. Ich protestiere – ob er denn noch 1927 an derselben Adresse zu finden sei. Aber sicher. – Er lebte in einem jener großen staubigen Pariser Ateliers. Es war angefüllt mit Skulpturen aus vielen Jahren. Despiaux empfing mich mit großer Freundlichkeit. Er besah sich meine armseligen Fotos und Zeichnungen. Da er zu der Zeit noch keine Schüler hatte, wies er mich an die Cola Rossi oder war es die Grande Chaumière, wo ein braver Akademiker, Henry Arnold, unterrichtete. Despiaux nahm sich die Zeit, mir ausführlich seine Auffassung der Plastik zu erklären. Er sah die Formen vom Spiel des Lichtes her. „Comme la lumière coule (Wie das Licht fließt)." Er zeigte mir einen Teil seiner Arbeiten und lud mich ein wiederzukommen. Ich durfte ihm meine Zeichnungen zur Korrektur bringen. Er war hilfreich und anregend; ich wüßte keinen, von dem ich so viel gelernt hätte. Seine Schlichtheit und Bescheidenheit, seine Güte beeindruckten mich tief.

Ein Taxichauffeur hatte Blida und mich gefragt, ob wir nach le Bourget mitfahren wollten, jeder für fünf Franc, Lindberg würde erwartet. Ich hatte den Namen noch nie gehört. Im Auto saß schon ein großer Amerikaner, den man Caldi nannte. Als das Flugzeug mit zehn Minuten Verspätung zur Landung ansetzte, nahm uns der Amerikaner an der Hand und stürmte mit uns nach vorn, um dem Zertrampeltwerden zu entgehen. Wir standen noch lange auf dem Flugplatz und riefen mit der Masse im Rhythmus. Le pilot – au Balcon. Der Amerikaner war ein junger Ingenieur, Alexander Calder, der damals gerade mit seinen Mobiles anfing. Wir haben uns in späteren Jahren noch wiederholt getroffen. – Ich war fest entschlossen, jährlich nach Paris zu gehen, als ich nach Deutschland zurückfuhr. Es hat aber immer nur zu kurzen Besuchen gereicht. Ich hatte mir für Paris vorgenommen, mich zusammenzunehmen. Ich wagte es nicht, mich wie in Berlin gehenzulassen. Ich hielt mich zurück – wirkliche Freiheit gewann ich nicht. Ich sehnte mich nach der „grand amour". Ich glaubte, daß ich in der Ehe und in einer wirklichen Liebe die Lösung von der wilden Leidenschaftlichkeit finden würde.

## EHE MIT FRITZ HESS, EINEM BERLINER JUDEN

Im Herbst 1928 heiratete ich Fritz Hess. Hess gehörte zum Kreis von Hugo Simon. Er war achtzehn Jahre älter als ich. Er war Jude, und seine Ehe war meinetwegen geschieden worden. Fritzi fuhr nach Tressow, um die Eltern vorzubereiten. Mein Vater wollte mich erst verstoßen, aber er traf auf den heftigen Widerstand meiner Mutter. Mein Vater bestand darauf, daß er seine offizielle Erlaubnis verweigern würde. Es kam zu der ersten gründlichen Aussprache in meinem Leben zwischen meinem Vater und mir.

Nach der Hochzeit wollte er Hess kennenlernen. In der Tat haben sich mein Vater und Hess stets gut verstanden und vertragen.

Fritz Hess, 1886 in Wiesbaden geboren, war auf den Namen Siegfried getauft worden. Das „S" im Namen des Enkels sollte den Großvater Samuel ehren. Der Junge wurde Fritz genannt. Der Vater war Schuhmacher, er war ein großer gutaussehender Mann; er vernachlässigte sein Geschäft, da er spielte und trank. Er stammte aus dem Spessart. Dessen Vater war Bauer und Viehhändler. Die Mutter war klein, lebhaft und gütig; sie kam von einem jüdischen Bauernhof im Westerwald. Von der bäuerlichen Großmutter erzählte Hess viel, sie war voller Weisheit und voller „Sprüch". Außer dem Sohn Fritz waren fünf Töchter da; die Mutter mußte sehen, wie sie alles zusammenhielt und wie sie die Kinder durchbrachte. Die Armut war groß, die Kinder litten Hunger. Der kleine Junge wurde oft morgens ins Wirtshaus geschickt, um den Vater zu holen. Er nahm sich vor, daß er sich nie an Spiel und Trank verlieren wollte. Er begann früh, Geld zu verdienen. Er kaufte einen Sack Konfetti und füllte es in kleine Tüten ab, die er weiterverkaufte. Er gab in der Schule Nachhilfestunden. Die Mutter sah in ihm ihre Stütze. Fritz war groß und gut gewachsen, mit seinem runden bäuerlichen Gesicht und den braunen Augen sah er gar nicht „jüdisch" aus, trotzdem hatte er in der Schule viel unter antisemitischen Pöbeleien und Anfeindungen zu leiden. Er war aufgeschlossen, intelligent, und er lernte leicht, der Lehrer wollte ihm ein Stipendium verschaffen, damit er das Abitur machen und studieren konnte. Doch er mußte für die Familie Geld verdienen.

Mit vierzehn Jahren kam er zu seinem Onkel Rosenthal in die Lehre nach Frankfurt in das Textilgeschäft, das vor allem Spitzen und Besätze führte. Mit achtzehn Jahren hatte er als Reisender so viel verdient – Spitzen und Besätze waren en vogue, und wahrscheinlich konnten wenige seinem Charme widerstehen – die Familie war aus dem Elend heraus. Mit einundzwanzig Jahren war er Teilhaber der Firma, die nach Frankreich, Rußland, England Verbindungen hatte, 1914 war er mehrfacher Goldmillionär. Wieso? Er erklärte seinen Erfolg damit, daß er zuverlässig, aufrichtig, peinlich genau und korrekt war. In der Textilbranche gab es damals viele Tricks und Manipulationen, Betrügereien. Ich denke, daß ihm auch sein Geschmack, seine Intelligenz und sein Weitblick zu dieser Position geholfen hatten. Er handelte später mit den großen französischen Modehäusern, die er alle kannte: Coco Chanel, Jean Patou, Jeanne Lanvin. Er sprach fließend Französisch, und er hatte viele Freunde und Freundinnen in Frankreich. Als junger Mann war er entschlossen gewesen, nach Frankreich zu ziehen oder zu fliehen, wenn man ihn in Deutschland zum Militärdienst eingezogen hätte. Er meldete sich zu einem der vornehmsten Regimenter – die keine Juden nahmen –, er wurde zurückgestellt. Seine Schwestern waren nun alle gut verheiratet. Er hatte das Geschäft in Berlin aufgebaut, und er war bald alleiniger Inhaber. Kurz vor dem Ersten Weltkrieg hatte er seine Cousine Stephanie Rosenthal geheiratet. Sie hatten zwei Kinder, Madeleine und Edgar. Hess haßte den Militarismus. Er liebte die Deutschen, aber er lehnte das wilhelminische Deutschland mit seinem Säbelrasseln ab. Es gelang ihm auch im Ersten Weltkrieg, vom Militär zurückgestellt zu werden. In den Jahren kam er mit dem Bund „Neues Vaterland" in Verbindung; dieser Bund unterstützte Rosa Luxemburg und andere Vorkämpfer der Linken. Dort lernte er Hugo Simon kennen. Mit Hugo und mit seinem Kreis blieb er auch später eng verbunden. Er war Pazifist und gehörte der Liga für Menschenrechte an. Nach dem Krieg begann Fritz Hess Bilder zu sammeln. Seine Kunstsammlung begeisterte mich: ein Roger van der Weyden, zwei Grecos, zwei Cézannes, mehrere Renoirs, Braques, Daumiers – ein großer Torso von Maillol, ein Lehmbruck und vierzehn Barlachs. Hess kannte Barlach persönlich, er hatte ihn mehrmals in Güstrow besucht.

Hess war für mich in seiner Großzügigkeit und Güte, in dem seltsamen Gemisch von körperlicher Kraft und seelischer Empfindsamkeit, ja Verletzlichkeit die große Liebe, soweit ich in meiner Ichbezogenheit zu lieben vermochte. Er war sehr sportlich. Max Schmeling kam nach seinem täglichen Trainingslauf zu ihm ins Haus, und sie boxten in der großen Turnhalle zusammen. Er hatte einen Reitstall mit drei Pferden, und er ritt jeden Morgen

vor der Arbeit im Grunewald aus. Stefanie hatte sich von ihm scheiden lassen, nachdem sie von unserer Verbindung erfahren hatte; seine beiden Kinder, Madeleine und Edgar, hatten darum gebeten, beim Vater bleiben zu können.

So zog ich im Herbst 1928 in das schöne Haus in Dahlem ein – das zehn Jahre später vom nationalsozialistischen Landwirtschaftsminister Darré bewohnt werden sollte. Hatte ich nicht alles, was man sich wünschen konnte? Ja – aber. – Ein unterschwelliges Aber meldete sich an, von unerwarteter Seite – ich wehrte mich gegen den Reichtum. Ich wehrte mich aus der Angst, mich daran zu verlieren. Ich wehrte mich gegen das Geld und das Wohlleben, eben weil ich danach begehrte. Nun war ich, sozusagen, in einem goldenen Käfig. Ich weiß nicht, was sich hinter dieser verborgenen Aggression, diesem untergründigen Ressentiment, abspielte. Ich ging morgens zur Akademie zum Schnitzen. Es entstand eine Frau, die voller Schrecken zurückweicht. Bald danach schnitzte ich eine große Gruppe von drei Frauen, die sich in schreiendem Protest übereinanderwerfen.

Endgültig hatte ich mich vom Lande gelöst. Aber war ich innerlich gelöst von dieser Mecklenburger Welt mit ihren Barlachschen Gestalten? Ich hatte sie gegen die Großstadt Berlin eingetauscht. Wie aber sollte ich mir Berlin erschließen? Ich begann mit langen Streifzügen in den Norden und den Osten, im Trenchcoat und mit dem Skizzenbuch. Ohne Maybach und Chauffeur.

Ich irrte durch die Straßen im Berliner Norden und Osten und wollte Arbeiter zeichnen. Die Straßen waren eintönig, grau und leer. Ab und zu traf ich auf eine Frau in einer Kittelschürze, das war alles. Ich war mir darüber klar: diese Welt würde ich nur begreifen, wenn ich ihr Leben teilte, so, wie Käthe Kollwitz es tat. Ich fuhr hin und her mit der Untergrund, tage-, wochenlang und machte Skizzen. Ich fand nicht, was ich suchte. Aber was suchte ich denn? Ein Äquivalent für Tressow? Anschluß an eine lebendigere Welt als unsere wohlanständige, genormte?

Wie die große Arbeitslosigkeit anfing, ging ich auf die Arbeitsämter. Da standen die Menschen in langen Reihen zum Stempeln. Ich drückte mich herum und sah mir die Haltung und die Gesichter der Wartenden an, ich wagte es nicht, meinen Notizblock zu zücken. Es gab keine Brücke von mir zu diesen Menschen. Ich mußte das annehmen. Zu Hause versuchte ich zu zeichnen, was ich gesehen hatte. Aber die Zeichnungen waren weiter nichts als ein hilfloses Geschmiere, ich mußte ja erst zeichnen lernen. In einem Stellennachweis in Moabit fragte ich die Frauen, ob ich sie zeichnen dürfe. Sie erlaubten es. Die kleinen Skizzen haben mich jahrzehntelang begleitet – und verfolgt. Ich suchte weiter.

War der Widerstand gegen den Reichtum echt? In St. Moritz genoß ich die alljährlichen wochenlangen Skiferien mehr als alles andere in meinem Leben. Das Engadin hatte für mich einen unvergleichlichen Zauber. Damals nahm man sich, kaum daß man vier Tage auf Skiern stand, einen Skiführer und machte mit ihm weite Hochtouren und mühevolle Abfahrten. Hier revoltierte ich also nicht! Ein bestimmter Schwarzer Freitag an der New Yorker Börse im Jahre 1929 machte dem Problem des Reichtums sowieso ein Ende. Wir mußten uns einschränken. Das Haus wurde verkauft, die elf Dienstboten entlassen, die Kunstsammlung versteigert. Wir zogen in eine Etagenwohnung und hatten eine „Stütze". War ich nun zufrieden? Die Unruhe saß tiefer und blieb.

Die politische Lage in Deutschland wurde immer bedrückender. Hess hatte sich entschieden von allen linken Träumen abgewandt. Im Herbst 1928 hatte sich der Direktor der Russischen Staatsbank, Scheinmann, von der UdSSR abgesetzt; er wohnte für einige Wochen zurückgezogen in unserem Haus, bis er in die USA auswanderte. In tagelangen Gesprächen erfuhr Fritz Hess, wie es wirklich in Rußland aussah. Hess litt unter der Aussichtslosigkeit, zu der jede Regierung von vornherein, wie es schien, verdammt war. Vor einem andern Forum als in Tressow – gewiß –, aber ebenso lebhaft und leidenschaftlich wurden in unserem Kreis die politischen und wirtschaftlichen Probleme der Weimarer Republik diskutiert. Nun suchte man persönlich das „désengagement". Man träumte vom „einfachen Leben", zurück zur Natur, wie bei Hamsun und Jean Giono. Ein kleines Haus irgendwo, einige Freunde, einfaches Essen, möglichst nur Obst und Gemüse, Sonne und Luft – ein Haus an der Riviera?

Hess wäre gern nach Frankreich ausgewandert, schon 1930.

Ich argumentierte, daß man seine Heimat nicht freiwillig verläßt. Ich schuf mir eine Art Traumheimat. Ich schnitzte eine Holzfigur des Forstarbeiters Schütt – der ja seit 1920 tot war – in der Vorstellung, er würde diese Entwicklung nicht mitgemacht haben. Ein Porträt der alten Frau Cravaak aus Tressow als Bild eines anderen Deutschland. Hatte sie nicht vor meiner Heirat gesagt: „Es ist doch egal, ob es ein Jude ist, wenn es nur ein netter Mensch ist.“ Ich rechnete es den beiden Brüdern von Barner, die Tressower Nachbarn waren, hoch an, daß sie den Verkehr mit uns ostentativ weiterpflegten. Aber – die alte Freundschaft, die mich mit C. U. von Barner verband, flammte wieder auf.

Ich schnitzte und modellierte, und doch fand ich mich mit meiner Kunst in der Isolation. Im elfenbeinernen Turm.

„Ich sitz' im Atelier wie in 'ner Seifenblase, wenn sie platzt, sitz' ich da und weiß von nichts. Mein Name ist Hase. So häng' ich munter in der Luft und finde Schönheit schön. Doch wenn meine Seifenblase zerpufft, dann wird mir Hören und Sehen vergehen vom Falle – und außerdem, wie lern' ich wieder stehen? So hängen wir aber alle.“

Die Bildhauerin Emy Roeder hatte mir geraten, nach Stans bei Schwaz, einem kleinen Dorf im Unterinntal in Tirol, zu fahren. Dort gäbe es noch so urwüchsige Typen zum Zeichnen. Ich fuhr im Januar 1933 hin. Ich zeichnete Frauen und Kinder. Da große Armut herrschte, fand ich genug Modelle. Der Skizzenblock füllte sich, aber ich fragte mich, ob ich mir nun immer lange Reisen in abgelegene Winkel leisten wolle, nur um Modelle zu finden. War es nicht eine Flucht?

Am letzten Tag meines Aufenthaltes war Feuerwehrball. Ich wurde eingeladen. Die Wirtin lieh mir ein Dirndl. Es wurde zünftig getanzt. Um Mitternacht saßen wir alle vor einer Riesenportion Wiener Schnitzel, das den mit Sauerkraut gehäuften Teller bedeckte. Da kam die Nachricht durch, daß Hitler die Macht in Deutschland übernommen habe. Ein Sturm von Begeisterung brach los.

Schnitzelteller und Bier.
Und ich saß da.
Ja, da saß ich!

In der letzten Reinhardt-Aufführung, das Große Welttheater von Hofmannsthal, spielte Paul Wegener den Bettler. Hilde Hildebrandt als Engel sang ihre Rolle, die Melodie war mir gut bekannt. Wie lautete der Text im evangelischen Gesangbuch? „Mache dich, mein Geist, bereit, wache, fleh und bete, daß dich nicht die böse Zeit, unverhofft betrete, denn es ist Satans List, über alle Frommen zur Versuchung kommen!“ Es ging mir durch Mark und Bein. Da und dort begriff ich, daß die Zeit unvorstellbar böse werden würde. Ich war von einer entsetzlichen Angst befallen wie von einem Nachtmahr. „Wache, fleh und bete.“ Ich hörte die Botschaft ganz eindringlich – aber ich hörte nicht darauf. Beten hatte ich schon lange fallenlassen. Ich hatte ein Atelier in der Laubenkolonie in Schmargendorf; einen Arbeitsraum, daneben ein Verschlag mit einer Pritsche. Das Ganze gehörte einem alten italienischen Steinmetz, Mitglied der ersten Internationale. In diesem Verschlag quartierten wir Eduard Fuchs in der Nacht nach dem Reichstagsbrand ein, ehe Hess ihn am frühen Morgen mit dem Auto bis Jüterbog brachte. Einige Stunden später hatte die Gestapo die Laubenkolonie durchsucht, aber – Fuchs war schon weggewesen. Seine Mappe mit der Zahnbürste hatte er im Verschlag vergessen. Der Steinmetz hatte sie gefunden und versteckt. „Hier brauchen Sie nicht zu suchen, hier arbeitet eine Gräfin“, hatte er den Beamten gesagt.

Am Vortage hatte Eduard Fuchs vor unserer Tür gestanden und atemlos gesagt: „Der Reichstag brennt!“ Wir hatten so etwas wie: „Na und?“ erwidert. Er hatte uns erklärt, jeder, der sich „links“ betätigt hätte, würde wie ein wildes Tier gejagt werden. Er hatte recht. Eduard Fuchs, der Sittenfuchs genannt, da er eine Sittengeschichte geschrieben hatte, war ein großer Daumier-Kenner und -Sammler. Er war ein unermüdlicher Vorkämpfer der Linken, ein streitbarer Schwabe.

Sein Haus war in der Nacht umstellt worden. Sozialdemokraten und Kommunisten wurden verhaftet, geschlagen, in die ersten Schutzhaftlager eingeliefert. Der Brand entzündete einen Sturm, der Europa, ja die Welt in Flammen setzen sollte. Es brach los mit der Vehemenz und Härte einer Revolution. Es traf uns alle völlig unvorbereitet. Wir hatten die „Provinz“ nicht ernst genommen. Über die Braunhemden hatten wir gelacht. Auf das „ressentiment" nicht geachtet. Ja, wir alle hatten wie in einer Seifenblase gelebt. Mir schien es unheimlich: jeden Stein und jeden Buckel auf der Skipiste der Corviglia in St. Moritz kannte ich, das eigene Volk kannte ich nicht. Daß Deutsche sich so gegen Deutsche benehmen konnten, war mir unfaßlich.

Unfaßlich der Terror, die Gemeinheit. Es traf nicht nur Juden, es traf jeden Antagonisten schlechthin. Jemand hatte einen Nachbarn, der Jendzura hieß, mit Heil Hitler begrüßt. Der hatte geantwortet: „Ich heiße immer noch Jendzura." Folge: einige Monate Arbeitslager. Noch vermochte man darüber zu lachen. Aber wir lachten nun die Angst hinweg, die einen jede Nacht befiel, wenn man die genagelten Stiefel auf dem Pflaster hörte. Würden sie kommen? Würden sie vorbeigehen?

Auf der Straße traf ich vier große Jungens, die einen kleinen Judenjungen verprügelten. Ich riß die Jungens fort und sagte: „Ist das deutsch? Wie könnt ihr so feige sein? Vier gegen einen!" Die Jungens starrten mich entgeistert an. Ihr Opfer lief weg. Als ich weiterging, begriff ich, wie verfehlt mein Argument war, vielmehr mein Vorwurf. Ja, es war in diesen Tagen deutsch, das Recht des Stärkeren. Auf der Lützowbrücke kam ein Zug mit wehender Fahne vorbei. Werden alle die Hand zum Gruß heben? Ja, jeder hob sie zum deutschen Gruß. Mich befiel eine kindische Angst. Ich wollte die Hand nicht heben. Ich grüßte nicht, und mir geschah nichts. Ja, wirklich, der Sturm brach los. Nichts war mehr sicher. Nirgends war man sicher. Die Freunde und Bekannten flohen. Sie flohen nach Frankreich, England, Schweden, Amerika. 1933 konnte man noch fliehen und fand noch Aufnahme. Es genügte ja schon, SPD zu sein oder Mitglied der Liga für Menschenrechte, und man war verdächtig.

Die Menschenjagd setzte ein. Den hatten sie nachts aus dem Bett geholt, den erschlagen. Den hatten Freunde versteckt, und er war entkommen. Treviranus, der eine Reihe von Jahren im Kabinett des ehemaligen Reichskanzlers Brüning Minister gewesen war, hatte im Rot-Weiß-Klub Tennis gespielt und hatte sie vor seinem Haus vorfahren sehen, im Tennisdreß war er getürmt und in abenteuerlicher Flucht in die Tschechoslowakei gelangt.

Meine Eltern versuchten, mir ihre Fürsorge zu zeigen. Ein Vetter Dohna, der im näheren Stabe von Hitler war, versprach, dafür zu sorgen, daß Hess nichts geschehen würde. Aber wir wußten nur zu gut, wie wenig der einzelne, der guten Willens war, vermochte.

Fräulein von Sänger, meine alte Deutschlehrerin aus Heiligengrabe, bat darum, mich zu treffen. Sie und Ursula von Wiese, die inzwischen den Schriftsteller Guggenheim in der Schweiz geheiratet hatte, waren mein einziger Heiligengraber Kontakt. Es war Sommer 1933. Fräulein von Sänger beschwor mich, die Nazis ernst zu nehmen. Sie nahm mir das Versprechen ab, „Mein Kampf" zu lesen. „Denn", sagte sie, „ich habe die Waschfrauen gesprochen, die die Wäsche der Insassen eines Arbeitslagers oder KZ gewaschen haben, und die Wäsche war voller Blut, wie sie alle bezeugten." Es gab also schon 1933 Menschen, die wußten!

Aber wir hatten die Warnung kaum nötig, wir wußten ohnehin, was geschah. Und es war genug schon an Schrecken und Terror geschehen. Ich las „Mein Kampf", und das genügte mir. Ich erwartete nichts mehr und erhoffte nichts mehr. Die Gruppe der drei schreienden, hilfesuchenden Frauen, die in meinem Atelier stand, paßte gut zu meiner Lage. Meine vier älteren Brüder, mein Vater und meine Mutter waren in jenen Tagen begeisterte Nazis. Wilhelm, dessen Regiment das I. R. 9 war, das nachher so viele Offiziere zum Widerstand stellte, hielt sich abseits. Aber das betraf noch nicht das Tiefste.

Ich selbst hatte mich treiben lassen, war in die alte Beziehung zu C. U. von Barner verstrickt. 1933 forderte die Entscheidung: sie fiel für Hess. Schon vor dem ersten April 1933 hatte er beschlossen zu emigrieren. Er mußte noch viel Geschäftliches regeln, so daß er nicht vor dem ersten November fort konnte. Madeleine, die Tochter, hatte sich schon einige Zeit vorher einer Gemeinschaftssiedlung in Palästina angeschlossen, der Sohn Edgar war seit vier Jahren in Salem auf der Schule und machte erst 1934 sein Abitur.

Die Wahl war auf England gefallen, ich hatte es mir sehr gewünscht. Hess wäre lieber nach Frankreich gegangen, das er so gut kannte. Als ich Hess 1934 im Frühjahr mit Edgar folgte, war von unserem Freundeskreis niemand mehr in Berlin bis auf Dr. Hans Paret mit seiner russischen Frau Mucha. Ich habe mein Glas zum Fenster des Speisewagens hinausgeworfen, als ich Ostern 1934 über die deutsche Grenze fuhr. Ich werde es wohl bezahlt haben. Aber ich wollte alles hinter mich werfen, abwerfen, was mich an Deutschland band. So leicht wirft man seine Heimat nicht hinter sich. Es war Frühjahr 1934. In England gedachte ich an meinem Kinderstubenenglisch und gewissermaßen bei Wicky, jener geliebten ersten Nurse, die längst tot war, anzuknüpfen. Es war aber alles sehr verwirrend und sehr anders. Die Worte fielen einem nicht ein, oder sie blieben einem im Munde stecken. Man war wie gelähmt. Es hatte einem die Sprache verschlagen.

Wir zogen in eine kleine Etagenwohnung in einem „block of flats" in Highgate, im Norden Londons. Edgar Hess begann sein Chemiestudium in London, er hatte eine Studentenbude und kam oft zu uns. Edgar war ein stiller, zurückhaltender Junge – kritisch und nachdenklich, unpraktisch. Er war seinem Vater wegen seiner Neigung zum „understatement" fremd.

## BEGINN IN ENGLAND

England.

Für Hess ist es eine Befreiung.

Seit seiner Jugend hat er sich nach einem Land gesehnt, in dem er nicht von Antisemiten angepöbelt wird. Hier, so hofft er, wird man ihn als Menschen gelten lassen. Durch seine Natürlichkeit, seine Heiterkeit, seinen Charme gewinnt er schnell Sympathien. Er kann kein Wort Englisch. Er büffelt Vokabeln, und es gelingt ihm bald, sich verständlich zu machen. Er übt sich an der „Times", nach einem halben Jahr wird er sie lesen können.

Er würde sich gerne betätigen.

Es werden ihm Patente angeboten, die man auswerten kann, z.B. ein Riesenreißverschluß. Es wird ihm geraten, sein Geld in

Erfindungen zu stecken. Er erkennt nach einiger Zeit die Sinnlosigkeit dieser Versuche. Es ist das klügste, als Rentner von dem Geld zu leben, das er seit Jahren in Holland auf der Bank liegen hat. Später wird er sein Geld in Häusern, die modernisiert oder gebaut werden, anlegen. Für einen Mann von seiner Tatkraft und seiner Befähigung ist die erzwungene Untätigkeit schwer.

Er ist achtundvierzig. Für mich dagegen setzt erst in England die ernsthafte künstlerische Arbeit ein. Alle anderen Ausdrucksformen sind mir genommen, um so stärker ist der Impuls, in der Kunst meinen Ausdruck zu finden.

Die Entwicklung in Deutschland quält und bedrückt Hess. Er kann es nicht verstehen, daß sich die Welt von Hitlers Erfolgen blenden läßt. Mir würgt die Scham die Kehle, die Scham, daß mein Volk das tut. Meine Leute, meine Familie sind dem Verführer verfallen. Es ist lähmend. Man kann nichts dagegen tun. Mit bebendem Herzen verfolge ich die Entwicklung. Schmerz und Empörung bedrängen mich.

Noch ist es kein Haß.

Hess sieht klar voraus, was geschehen wird. Er rät den Juden in Deutschland, das Land zu verlassen. Er sagt den Engländern: „Wenn ihr so weiter dahintreibt, dann wird Hitler eines Tages auf dem englischen Thron sitzen und das Land regieren." Schallendes Gelächter unserer englischen Freunde. Jede Erzählung über die Zustände in Deutschland tun sie als Greuelmärchen ab. Später wird Hess in Duncan Sandys, Churchills Schwiegersohn, einen aufmerksamen Zuhörer finden. – Es ist besser, nichts zu erzählen. Es ist besser, alles hinter sich zu lassen und nach dem Neuen zu greifen, das uns umgibt. Wir wollen beide Engländer werden. Ein anderes Land, andre Leute, andre Sitten. Wir versuchen, uns einzufügen.

Die meisten Engländer lernen wir durch den Architekten Ernst Freud, den Sohn des „alten Freud", kennen. Ernst und seine Frau Lucie haben bis 1933 in Berlin gelebt. In London freunden wir uns mit ihnen an. Ernst ist intelligent, warmherzig, großzügig, sein Wiener Humor würzt seinen Charme. Sie nehmen uns in ihren Kreis von Psychoanalytikern, Ärzten und Rechtsanwälten auf – ihre Freunde werden unsere Freunde. Victor Gollancz macht mir den stärksten Eindruck. Mit Alfred Flechtheim und Dr. Bett bleiben wir nah verbunden.

Hugo Simon besuchen wir in Paris, wo er sich niedergelassen hat.

1935 hatte uns Ernst Freud mit den Eichenbalken einer alten Scheune ein Wochenendhaus in Walberswick gebaut. Walberswick, ein kleines Dorf an der englischen Ostküste, war eine Künstlerkolonie, ähnlich wie Kampen und Hiddensee.

Hier lebten Maler und Dichter.

Der Strand, ein schmaler Uferstreifen mit großen Kieseln und Steinen, war menschenleer bis auf eine kleine Sandstrecke am Hafen. Man konnte von April bis November baden. Der Wellenschlag war in unserem Haus zu hören, das zehn Minuten vom Strand lag. Das Land war wild, Marschwiesen mit Wasser- und Sumpfvögeln, weite Hügel mit duftendem Stechginster und Farn. Die Erde war fruchtbar; aus Stecklingen, die man mir brachte, zog ich duftende Pflanzen, für immer verliebte ich mich in Lavendel.

Mein Atelier war bei einem Steinmetz Tommy Gumbrell. Henry Moore hatte kurz vorher noch dort gearbeitet. Durch John Skeaping, einen anderen Bildhauer, traf ich Moore. Henry war damals schon bekannt, es war Anfang 1935; trotzdem lebte er mit seiner Frau Irena noch zwischen Apfelsinenkisten, die als Möbel dienten. Als ich Henry Moores Arbeiten sah, begriff ich, was Skulptur ist. Ich begeisterte mich für seine Plastiken. Gibt es für jeden Künstler den Augenblick, wo er seine Grenzen klar erkennt? Die Begegnung mit Henry Moore war für mich dieser Augenblick. Henry Moore nahm Anteil an dem, was ich arbeitete. Er besah sich alles und gab in seiner ihm eigenen bescheidenen Weise Kritik. Er verwies mich auf die mexikanischen Masken und Tonkrüge im Britischen Museum. Er riet mir, mehr zu zeichnen. Die Zeichnungen fand er gut, die Plastiken nicht plastisch. Ich wußte es selbst, ich kam mit den Plastiken nicht „herum". Ich blieb beim Relief. Das Relief, eigentlich eine Zeichnung in Holz und Stein oder in Bronze, war meine Leidenschaft.

Gemessen an Moores Arbeiten hatte ich die Mittelmäßigkeit

meiner Plastiken erkannt. Aber die Sehnsucht, mich auszudrükken, trieb mich immer wieder mächtig an. Ich folgerte: der mittelmäßige Künstler soll sich „zerschmettern“ lassen. Sich einsetzen, sich aufgeben. Sprungbrett sein für andere. Ich suchte, so würde man heute sagen, das Engagement. Noch lebte ich in der Vergangenheit, in meinen Träumen sah ich zurück – jetzt duftet es in Deutschland nach Kartoffelfeuer, der Abend ist still, ein milder Herbstabend mit blauen Schatten, der Acker dunkelviolett, und dort gehen die Männer mit den Kartoffelkiepen.

Meine Reliefs: Männer mit Kartoffelkiepen, Frauen mit Schalen, Frauen mit Eimern, Frauen mit Kindern – alles noch mit Barlach-Augen gesehen. Ich wurde das Land nicht los. Ich wollte es überwinden. Zeichnen!

Ich wollte die Zukunft, nicht die Vergangenheit. Neue Bilder, neue Themen. Ziellos streifte ich durch London. Nie vorher, weder in Berlin noch in Paris, war ich solchen Menschenmassen begegnet. Diese strömende Menge, auf der Straße mir entgegenkommend oder im Gedränge mich mitreißend, das war für mich London, das war unsere neue Welt. Im Auf und Ab der großen Rolltreppen der Untergrundbahn wurden Menschen geschoben, gehoben; die Klumpen Mensch auf den Bahnsteigen, in der Bahn – es faszinierte mich. Aber wie eine Straße zeichnen, dieses Geschiebe von Gesichtern und von Hinterköpfen, stets wechselnd, stets sich verändernd?

Im Sommer war Hampstead Heath einfach überbesetzt; an heißen Tagen wußte man auf diesem großen Gelände nicht, wohin man treten sollte. Paare, Familien, Gruppen. Menschen nebeneinander, übereinander, durcheinander. Herrlich dicke Frauen, ungeniert, mit saftiger Lache. Ich zeichnete, zeichnete und berauschte mich an der Menschenfülle. Der „Bankholiday“, der erste August, spie Millionen auf die Bahnhöfe zur Fahrt an die See oder in die Parks. Der ganze Park eine einzige Kirmes, Geschiebe, Gewühle. An der See in Brighton die gleiche Fülle; Fleisch, Unterwäsche, Badeanzüge in wirrem Durcheinander.

Die Skizzenbücher wurden voll, ich blieb unruhig und leer. Hatte ich mich immer noch nicht eingewöhnt? Hatte ich Heimweh nach Deutschland. Nein – so hätte ich damals geantwortet. Nur – nach dem Land, dem Duft des blühenden Roggens, nach den Wäldern, Hügeln und Seen in Mecklenburg.

Dies „nur" verrät alles. Auch das „Land" ist noch vorgeschoben für die Bindung an die Familie, an die Mutter. Ich denke an einen Tagtraum.

Ich bin in Walberswick, gute Freunde sind unsere Gäste. Ich liege auf der Couch und versetze mich nach Tressow. Ich gehe ganz systematisch vor. Ich sehe den See, eingebettet in Grün. Alles ein wenig verträumt im Abendschatten. Ich spüre den leichten Wind. Ich höre die Stimmen von Vater und Mutter, die auf der Terrasse stehen. Vaters Liegestuhl mit unordentlichen Decken. Der älteste Bruder kommt dazu. Ich bin ganz dort, ganz bei ihnen, obwohl die Gesprächsfetzen der Freunde im Walberswicker Zimmer zu mir dringen. Immer weiter steigere ich mich in die Tressower Stimmung hinein. Spüren sie dort, wie sehr ich an sie denke?

Am nächsten Tag das Telegramm: mein jüngster Bruder Wilhelm schwer mit dem Auto verunglückt, zwei Tage später ist er tot. Alles habe ich falsch gesehen. Sie sind an dem Abend in Berlin gewesen, in Schrecken und Entsetzen über das Ende dieses Jüngsten. Wir alle haben diesen strahlenden übermütigen Jungen sehr geliebt. Ich habe sehr an ihm gehangen. Eine solche Träumerei werde ich mir nie wieder erlauben – oder –, nie wieder wird sie mich so überfallen.

Eine Fahrt zur Beerdigung ist mir nicht möglich, ich bin mit Hess auf einem honduranischen Paß, den er sich gekauft hat, registriert. So treffe ich meine Mutter einige Wochen danach in Dänemark. Gemeinsam arbeiten wir an einem kleinen Porträtkopf von Wilhelm. Der Schmerz eint uns, die Politik trennt uns. Noch immer erhofft meine Mutter vom Nationalsozialismus das Schönste und Beste. Ich bringe meine Mutter an das Schiff, mit dem sie nach Lübeck zurückfährt. Durch das Bullauge ihrer Kabine sehe ich ihr Gesicht in Tränen. Der Abschied wirft mich fast um. Ist es der endgültige Bruch mit der Familie, mit Deutschland? Weinend gehe ich durch die Stadt, ich gerate ins Kino; der blöde Film, die Lindenwirtin, macht alles noch schlimmer. Dabei ist es nicht endgültig. Es wird für uns noch ein Wiedersehen geben und auch für mich – ein Deutschland geben.

Nach Wilhelms Tod schien es mir unerträglich, so weiterzuleben. Ich beschloß, mein Leben zu ändern. Was ich so unter „ändern" in den Jahren verstand. Ich wollte es einer Idee widmen. Nicht mehr für mich leben. Ich wollte heraus aus dem „Elfenbeinernen Turm". Wem konnte ich mich anschließen?

Durch eine Ausstellung kam ich mit einer Künstlergruppe in Kontakt, die sehr aktiv war. Sie nannte sich Artists International Association, AIA. Sie waren Antifaschisten. Es waren gute Künstler dabei: Duncan Grant, Mischa Black, Stephen Bone, Julian Trevelyan, Vanessa und Clive Bell von der älteren Generation. Henry Moore, Nicolson und Barbara Hepworth waren fördernde Mitglieder. Ich wurde zu einer Versammlung geladen, stand auf und sprach – plötzlich war ich in den Vorstand gewählt. Alle waren „links", ohne ausgesprochen einer Partei anzugehören. Fellow Travellers. Vorstandsmitglied! Neuer Wind schwellte meine Segel. Wir trafen uns oft. Wir waren sehr aktiv. Ich lernte die korrekte Form einer englischen Debatte kennen, obwohl ich auf deutsche Art vor Ungeduld und eigener Wichtigkeit platzte. „Could the speaker tell me." Die AIA hatte eine Ambulanz in den Spanischen Bürgerkrieg geschickt, drei Mitglieder waren gefallen. Wir schrieben endlos viel Adressen und leckten ebenso viele Briefumschläge, ich habe vergessen wofür. Wir malten Fahnen für einen Umzug, der nachher ausfiel. Wir organisierten Ausstellungen mit einem bestimmten Thema, und die hatten sogar Erfolg. Wir diskutierten, wie man die Kluft zwischen dem Arbeiter und dem Künstler verringern könne.

Öffnete sich durch die AIA für mich die Tür in das England, das ich suchte? Noch immer war mir, als striche ich in der Nacht um ein erleuchtetes Haus, ohne den Eingang zu finden.

Immer noch entwurzelt!

Kannte ich England? Ich kannte nur eine bestimmte Schicht, the upper middle class. Ich argumentierte, daß ich die soziale Leiter kennenlernen wollte – wie im Spiel „Bäumchen wechseln": Kaiser, König, Edelmann, Bürger, Bauer, Bettler. Ich wollte heraus aus meiner „Enge“. Der Arbeiter war der Held meiner Träume. Wie war sein Wesen? Wie lebte er, wohnte er? Ich sollte es erfahren.

## GRAFSCHAFT DURHAM – WELT DER BERGARBEITER

Im Sommer 1936 war ich in Walberswick einer älteren Dame in einer Art Pfadfindertracht begegnet. Sie hatte mich eingeladen, in den Norden Englands, in das Kohlenrevier von County Durham, zu kommen, um dort in den Arbeiterklubs einen Vortrag über Kunst zu halten und um Schnitzvorführungen zu geben.

Im Dezember 1936 fuhr ich hinauf. Es war ein trüber regnerischer Nachmittag, als ich ankam. Ich wurde im Auto abgeholt. Es ging durch hügeliges Land, bergauf, bergab. Die Straßen von verrußten Häusern gesäumt, alle gleich, zwei Fenster, eine Tür, zwei Fenster, eine Tür. Kein Garten, kein Baum, kein Strauch, öde und häßlich.

Ich wurde in einem Heim untergebracht, wo mehrere Menschen wohnten, die sich zu einer Art sozialem Hilfsdienst zusammengetan hatten. Wir hatten in London wohl von dem Elend der Arbeitslosen im Kohlenrevier, besonders in County Durham, gehört, aber wir hatten uns nie eine Vorstellung von den „distressed aereas“, den Elendsgebieten, machen können.

200000 Bergarbeiter waren damals arbeitslos. Sie bekamen Unterstützung – zum Leben zuwenig, zum Sterben zuviel. Einige der Männer waren schon seit zehn Jahren, seit dem großen englischen Bergarbeiterstreik, arbeitslos. Der Streik des Jahres 1926 hatte achtzehn Monate gewährt. Die Männer hatten alle ihre Möbel, ihren ganzen Besitz, verkauft und versetzt, um den Streik durchzuhalten. Die Bergwerke, die sowieso veraltet waren, waren zum Teil ersoffen, zum Teil nie wieder aufgemacht worden. Andere Länder hatten von dem Streik profitiert. In einigen der abgelegenen Dörfer und Flecken dieser Gegend waren die Männer völlig verwildert, es herrschte eine Art Faustrecht. Anfang der dreißiger Jahre waren einige Studenten in dieses Gebiet gekommen, um sich einzusetzen und um zu helfen. Sie hatten eine freiwillige Hilfsorganisation gegründet, den Community Service Council. Städte im Süden hatten Patenschaften übernommen und Geld gestiftet; von diesem Geld wurden in Selbsthilfe Baracken für die Klubs der Männer gebaut. Bill Carruthers, einer der Helfer, erzählte, wie er in einem abgelegenen Ort von wütenden Männern hinter einer Straßenbarriere empfangen worden sei, sie drohten, sie würden ihn kaltmachen, wenn er zu ihnen käme. Sie haben, eben weil er als Freiwilliger kam, ihn dann doch hineingelassen, und sie wurden später seine aktivste Gruppe. In allen Orten wurden Klubs für die Arbeitslosen gegründet. Ich hatte nicht verstehen können, daß so viele Männer frierend, wartend auf der Straße herumstanden. Nun erfuhr ich es: viele hatten keine Bleibe. Sie hatten die schichtweise Benutzung eines Bettes gemietet – über Tag wußten sie nicht wohin. Die Pubs, die Wirtschaften, sind in England nur stundenweise geöffnet. Das Asyl für Obdachlose, das überfüllt war, war von zehn in der Früh' bis zum Nachmittag geschlossen. So standen sie und hockten auf der Straße. Hockten in der typischen Bergarbeiterhaltung auf einer Ferse. In den Klubs konnten sie sich aufhalten. Man hatte verschiedene Kurse organisiert, sie konnten ihre Möbel reparieren, ihre Schuhe besohlen – sich am Ofen wärmen. Im Jahre 1936 war diese freiwillige Organisation vom Staat übernommen worden. Man war auf die Kunst verfallen, um die Männer zu beschäftigen und abzulenken. In London hatte ich meinen Vortrag geschrieben – der Künstler und seine Umwelt. Ich hatte Dias gefunden, Hogarth, Millet, van Gogh. Als ich aber in einer kleinen dunstigen Baracke stand, vor mir elend aussehende Männer mit der Mütze und dem typischen Schal, verschlug es mir die Sprache. Bei den Dias sprang einer der Helfer für mich ein. Nachher, als es an das Erklären des Schnitzens kam und die Männer mir ihre Arbeiten zeigten, ging es besser. Ich wurde in andere Klubs eingeladen, und ich wurde in Wohnungen geführt.

Das Schema: eine Wohnküche, dahinter eine kleine Abwasche und eine Stiege, oben zwei Schlafkammern, alles ungeheizt. Slums!

In einer Wohnküche lag ein Haufen Lumpen in der Ecke, das Bett eines Mannes. Die Fenster hatten keine oder zerbrochene Scheiben, die mit Papier verklebt waren. 1936 gab es schon Umschulungskurse, aber die Männer weigerten sich, in den Süden zu gehen, wo es freie Stellen gab. Sie blieben lieber als Arbeitslose in ihrer Heimat. Sechsundzwanzig Shilling bekam der Mann in der Woche, zwölf für seine Frau, sieben für ein Kind. Damals war der Shilling einer Mark gleich. Wettbüros waren überlaufen, Hunderennen gut besucht. Die Männer wirkten gar nicht verbittert, sie waren humorvoll und gelassen. Sie waren nicht politisch interessiert, die Kommunisten konnte man zählen.

Fast alle Tage waren neblig und trüb, ich sah wenig vom Land. Der Norden Englands ist von wilder Schönheit, besonders zwischen Durham und Northumberland im Osten und Cumberland im Westen. Weite rollende Hügel, Hochmoore, mit Farn und einem kleinen gelben Moos – lichen – bedeckt.

1937 fuhr ich wieder hinauf. Diesmal, im Herbst, sah ich das Land in strahlender Sonne, und ich sah Durham Cathedral, die große alte Kathedrale, deren Bau im neunten Jahrhundert begonnen wurde. Ich war in ein Settlement in Spennymoor, einer kleinen Bergarbeiterstadt, eingeladen. Ein „Settlement" – eine Gemeinschaft von Intellektuellen, die sich in einem Arbeiterviertel ansiedeln und Kontakte suchen. Ein Haus mit einigen Leseräumen und Werkstätten, von einem „Warden" – einem „Wart" geleitet.

Bill und Betty Farrell leiteten das Settlement in Spennymoor. Es war wie eine Volkshochschule im kleinen. Das Geld für die Auslagen kam aus einer Stiftung. Freiwillige Helfer unterstützten ihre Arbeit, gaben Sprachkurse und Vorträge. Hier lernte ich die junge Lehrerin Ann Hodgson kennen, die später Hess heiraten würde. Ich bewunderte den selbstlosen Einsatz von Bill und Betty. Er war Schauspieler gewesen, es gelang ihm, eine gute Laienspielgruppe aufzubauen. Betty war mütterlich, ausgeglichen, großzügig. Ich zeichnete Bergarbeiter, zeigte ihnen, wie man schnitzt; jeden Abend besuchte ich einen der Klubs in der Gegend.

Die Bergarbeiter, ob sie nun arbeitslos oder beschäftigt waren, hatten nur ein Thema: ihr Bergwerk. Diese Welt dort unten hielt sie in ihrem Bann. Ich wollte hinunter. Es war nicht einfach. Ausländer durften nicht einfahren, Frauen durften nicht einfahren.

Schließlich wurde es mir zur Belohnung für den sozialen Einsatz gestattet. Ich mußte es schriftlich geben, daß ich nichts über das Gesehene publizieren würde. Ich fuhr in ein „modernes" Bergwerk ein, in welchem Preßlufthämmer benutzt wurden. Schwärze. Staub. Lärm. Liegende, hockende, kauernde Männer an der Arbeit, liegend bohrten sie, kniend schaufelten sie die Kohle; die vollen Hunde mußten erst eine ganze Strecke geschoben werden, ehe sie an eine Maschine angekoppelt wurden. Man gab mir die Zahlen an: jeder fünfte Mann findet seinen Tod im Bergwerk, jeder dritte wurde schwer verletzt. Das nächste Krankenhaus fünfundzwanzig Meilen entfernt, die Unfallhilfe unzureichend. In diesen Bergwerken bildete sich kein Gas, die meisten der Unfälle entstanden durch mangelhafte Verstrebung und durch fehlende Vorsichtsmaßnahmen, also durch Steinschlag und durch Quetschungen. Die vollen Hunde, die durch die schmale Strecke gezogen wurden, schlingerten und schleuderten. Es gab „manholes", in die man sich vor den schleudernden Wagen retten konnte. Diese Nischen waren verfallen und verwahrlost – daher die Quetschungen.

Es gab keine Waschkauen.

Die Männer fuhren schwarz, wie sie waren, nach Hause, wo ihre Frauen mit dem Wasserkessel bereitstanden, um ihren Männern den Rücken zu schrubben. In Deutschland sei es längst anders, versicherten mir die Männer. Ja, schon in den „midlands" seien die Zustände erträglicher. Hier war fast jedes Bergwerk noch im Familienbesitz, durch den Streik waren auch die Besitzer verarmt; es war ihnen gar nicht möglich, alles modern auszubauen. Für veraltete Bergwerke gab es von der Regierung keine Zuschüsse.

An einem anderen Tag nahm man mich in ein Bergwerk mit, wo wertvolle Anthrazitkohle gewonnen wurde, dort lief man direkt – fast eine halbe Stunde lang – durch niedrige Gänge in den Berg hinein. Mehrmals rammte ich mir den Kopf, Schutzhelme für Besucher kannte man nicht. Hier war es totenstill. Man hörte nur ein ständiges, unaufhörliches Tropfen. Wasser rieselte von den Wänden. Schließlich hörte man von weitem ein helles Pick-Pick. Die Männer arbeiteten hier noch mit dem „Pick", dem Pikkel. Wir kamen hin und begrüßten einen Mann, der in meinem Vortrag gewesen war. Er hockte in einer Wasserpfütze. An seinem Arbeitsplatz stand das Wasser oft bis zu dreißig Zentimeter hoch, erzählte er mir; darum war er schon mehrmals an schwerer Bronchitis erkrankt. Nun verstand ich, warum die Männer diese Hockhaltung einnahmen, die für den Bergarbeiter typisch ist. Was ich gesehen hatte, warf mich um. „Was sagt Ihre Frau dazu, daß Sie hier unten arbeiten?" fragte ich einen Obmann. „Meine Frau", antwortete er, „dürfte dies hier niemals sehen. Sie würde mir nicht erlauben, hier weiterzuarbeiten." Ich begann das typische Bergarbeitergesicht zu verstehen. Die großen Augen, die zwei scharfen Falten von der Nase zum Kinn und vom Auge zum Kiefer hinunter. Zeichen schwerster Anstrengung. Warum wußte man oben nichts von der Härte dieser Arbeit? fragte ich mich. Diese Männer waren täglich wie in einer Schlacht: voller Gefahr, Anstrengung und Schwierigkeiten.

Im Zug nach London sah ich immer noch alles vor mir. Monatelang zeichnete und schnitzte ich Bergarbeiter. Mein Herz war geteilt. Selbst beim Skilaufen in der Schweiz, in der weißen Schönheit, sah ich die Schwärze und die Finsternis vor mir, in der die „miners" sich abmühten. Mit einigen Männern und mit Farrells blieb ich in brieflicher Verbindung – mir war, als hätte ich nun eine Heimat, eine Aufgabe gefunden. Als habe sich für mich „die Tür geöffnet". 1938 fuhr ich wieder nach Durham, wieder zu Schnitzkursen, diesmal sollte ich die Lehrer der Werkstätten schulen. Nun warf der drohende Krieg seinen Schatten voraus. „Will there be a war?" (wird es Krieg geben?) wurde ich überall gefragt. Viele Männer hatten wieder Arbeit gefunden. Mich forderte man auf, 1939 im ganzen Distrikt als Kunstberater zu wirken.

Zog mich das Bergwerk so an, weil ich mich in der Finsternis befand? Im Dunkeln tappte? In mir war Unruhe, in meinem Leben Unordnung. Ich glaubte an die Existenz eines Gottes, aber ich wehrte mich gegen die christliche Verkündigung. Ich hielt eine Seelenwanderung für einleuchtend, aber, so sagte ich mir, dann werde ich als Hund wiedergeboren; denn ich habe meinen Auftrag verfehlt. Der Auftrag: meine Sinnlichkeit zu überwinden. Ich fand mich im alten Netz meiner Triebhaftigkeit verstrickt. Ich war nicht frei, und ich kam nicht frei, meine Arbeit war mein einziger Halt. Hess konnte mir nicht helfen. Ich entglitt der Gemeinsamkeit. Ich wandte mich nach links, er tendierte nach rechts, ich war im Widerspruch gegen ihn, gegen unser Leben. Auch hier: der Auftrag verfehlt. Der Auftrag, ihm, dem Vertriebenen und Verfolgten, eine Heimat zu geben. Die Treue zu halten.

Ich zeichnete Stürzende, Fallende.

„Doch uns ist gegeben,
auf keiner Stätte zu ruhen,
es schwinden, es fallen
die leidenden Menschen
blindlings von einer
Stunde zur andern
wie Wasser von Klippe
zu Klippe geworfen
jählings ins Ungewisse hinab."

Dieser Hölderlin-Vers war mir immer in Gedanken: Unbefriedigt suchte ich in Seitensprüngen Befriedigung, um immer unruhiger zu werden. Ich rannte Chimären nach und träumte von Bindungen, die gar nicht bestanden. Ich ging in eine psychoanalytische Behandlung, um unsere Ehe zu retten. Ich wollte von den verborgenen Ängsten, von der Auflehnung und von all den unkontrollierbaren Trieben freikommen. Ich war schon von 1933–34 in Berlin bei einer Psychoanalytikerin in Behandlung gewesen. Diese hatte mir geholfen, meine Mängel klarer zu erkennen, trotzdem wurde ich mit dem Durcheinander in meinem Innern nicht fertig. Ich wartete auf den Tag, wo ich Hess allein lassen könnte. Wo er mich freigeben würde. Seit 1936 hatte ich ihn um die Scheidung gebeten. Es schien mir die einzig mögliche

Lösung. 1938 willigte er ein. Wir trennten uns am 15. Oktober 1938. Ein schreckliches Datum! Drei Wochen später brach der Schlag der Kristallnacht in Deutschland über uns alle herein. Dies hätte mein Fortgehen aufgehalten, die Ehe nicht mehr gekittet. Es gelang Hess, seine Eltern nach London zu bekommen; eine seiner Schwestern kam mit ihrem Mann nicht mehr heraus, sie wurden umgebracht.

## TOD DES VATERS

Ich saß auf dem Scherbenhaufen meiner Träume. Wir hatten uns gewissermaßen unsere Freunde geteilt: du nimmst die, ich die. Edgar Hess bat mich, ich möchte mich nicht von meinem Stiefsohn scheiden. Wir blieben Freunde. Hess hatte mir großzügig das Haus in Walberswick geschenkt, ich mußte es verkaufen. Der Abschied von Walberswick war unerträglich. Ich weinte, weinte. Lief weinend am Strand entlang und durch das Dorf. Immer wieder träume ich seitdem: ich bin am Strand von Walberswick und sehe nach Dunwich hinüber. Dunwich, das als versunkene Stadt gilt. Auf der hohen Steilküste stehen die zerfallenen Reste einer alten Abtei. Ich wate im Traum durch tiefen Sand, ich komme nicht vorwärts, ich komme nie an mein Ziel.

Wir hatten uns in Frieden getrennt, was die Scheidung keinesfalls leichter machte. Eine Erklärung auf der Botschaft, daß ich mich von meinem jüdischen Mann trennen wollte, hätte zu einer „deutschen" Scheidung genügt. Das hatte ich nicht gewollt. Ich wollte den normalen Rechtsweg. Solange die Scheidung nicht vollzogen war, hatte ich keinen gültigen Paß. Meine englische Aufenthaltsgenehmigung lief Ostern 1939 ab, sie mußte jedes Jahr erneuert werden. Würde man sie mir erneuern? Ich hing gewissermaßen in der Luft. Dazu saß mir die entsetzliche Angst vor dem kommenden Krieg im Nacken. Und mit ihm die Not über den Konflikt mit meiner Familie. Waren sie nicht alle Nazis? War ich bereit, gegen sie zu kämpfen?

Meine Mutter hatte im Sommer 1938 einen Schlaganfall gehabt. Die Schlaganfälle wiederholten sich. Sie schrieb mir zittrige Briefe. Dann erhielt ich die Nachricht von der schweren Erkrankung meines Vaters an Alterstuberkulose. Er lag in einem Sanatorium in St. Blasien. Es kamen Karten mit den Fragen meiner Mutter: wann kommst du? Wann? Ich wartete noch auf den Paß. Die Brüder schrieben: wann kommst du? Es war ein Wettlauf mit dem Tode. Es setzte mir so zu, daß ich mitten auf der Straße losweinte. Dame im Pelzmantel weint. Würde ich den Paß zur Zeit erhalten? Ich war entschlossen, nach Deutschland zu fliegen, sowie ich den Paß hatte. Die Angst vor der Zukunft bedrängte mich immer wieder. Was würden sie in England mit den deutschen Emigranten tun? Sie einsperren? Sie verschicken? Wer würde gegen wen kämpfen? Wer wen schlagen? Gas, Bazillen, Bomben – welche Schreckenswaffen würde man einsetzen?

Das Alleinsein ertrug ich schwer. Mein Leben war triebhafter denn je. Ich hatte Zeit zur künstlerischen Arbeit, und ich brachte nichts zustande. Ich hatte keine Ruhe. Verabredungen und Begegnungen in einer Tour. Was lag vor mir? Vor uns allen? Der Vers: Mache dich mein Geist bereit, wache, fleh und bete, daß dich nicht die böse Zeit unverhofft betrete, verfolgte mich. Ich erzitterte vor der „bösen Zeit", die auf uns alle zukam, aber ich habe nicht gewacht, nicht gefleht, nicht gebetet. Ich wußte nicht, wie ich beten sollte. Ich hatte es seit fünfzehn Jahren nicht mehr versucht. Ich hatte bei allen langen Autofahrten, wenn ich allein war, die vielen Gesangbuchlieder, die ich kannte, durchgesungen. Immer, auf jeder Reise, in die Berge, nach Walberswick, ins Kohlengebiet, die Bibel mitgeschleppt und wahllos darin gelesen. Aber beten! In England hatte ich nie einen Gottesdienst mitgemacht. In St. Moritz hatte ich viele Stunden in der kleinen katholischen Kirche gesessen, weil ich wegen der Ehekrise so verzweifelt war; ich hatte keinen Rat, keinen Trost gefunden. Im Frühjahr 1939 machte ich eine Wanderung entlang der Küste von Cornwall. Hohe, felsige Klippen, schäumende Brandung, wilde Einsamkeit. Ich benutzte den alten Schmugglerpfad, der direkt an der Küste verläuft. Ich nächtigte in Jugendherbergen und in kleinen billigen Unterkünften. Das Wetter war schön, Sturm und Sonne.

Ich saß Ostern auf einem bizarren Felsenriff in einem kleinen Fischerhafen und konnte an nichts anderes denken als an den Krieg. Wann würde er kommen? Wie konnte man sich wappnen gegen das Entsetzliche, das auf uns zukam? Mir war klar, daß scheele Blicke mir folgten. War ich ein Spion? Suchte ich Unterschlüpfe für U-Boote oder Landungsplätze in den unzähligen zerklüfteten Grotten des Landes? Auf der Rückfahrt nach London wohnte ich bei Bekannten, die auf einem schönen Besitz, White nights – Weiße Nächte –, lebten. Sie waren Quäker, ich war mit der Tochter befreundet.

Es war auch so eine weiße Nacht. Ich stand auf dem Balkon vor meinem Zimmer und sah auf den Park mit den blühenden Kirschbäumen. Der Mond schien. Ein Pony graste. Alles in Frieden. In mir war ein unerträglicher Aufruhr. Was war ich? Wozu lebte ich? Wo war der Sinn? War nicht alles verspielt, vertan? Ich sah auf die Terrasse unter mir, warum machte ich nicht mit dem allen ein Ende? Der Gedanke, dort unten halb zerschmettert herumzuliegen, war grotesk und lächerlich. Bestenfalls peinlich. Würden die Eltern noch leben, wenn ich endlich den Paß bekam? Würde man mich in Deutschland verhaften? Ich war am Ende. Ausgeweint, leer. Ich kniete nieder und suchte nach den Worten des Vaterunsers, sie kamen mühselig wieder. Doch nach dem einen Vaterunser war alle Spannung gelöst. Ich schlief ein. Mittags kam ich nach London zurück, nachmittags erhielt ich – nach sechs Monaten Wartezeit – meinen Paß an der Deutschen Botschaft. Am Morgen darauf, um halb zehn Uhr, kam ein Telegramm, daß mein Vater im Sterben liege, um ein Uhr saß ich im Flugzeug. Wie ich in St. Blasien ankam, ging es meinem Vater wieder besser. Die Brüder waren aus allen Ecken Deutschlands zusammengekommen. Mein Vater lag seit vier Monaten im Sanatorium. Er litt entsetzliche Schmerzen. Er schrie und wimmerte. Es war, sozusagen, ein gewaltiges Sterben. Der Arzt wußte nicht, ob ein Magenkrebs dazugekommen war oder ob die Schmerzen von den faustgroßen Wunden kamen, wo er sich durchgelegen hatte.

Mein Vater war nur noch von Zeit zu Zeit geistig klar. Man gab ihm Morphium gegen die Schmerzen, es wirkte kaum. Mir imponierte die Lebenskraft, die sich in diesem Sterben manifestierte. Hatte ich meinen Vater, der immer so diszipliniert und beherrscht war, nicht gekannt? Er hielt uns alle in Atem. Er dominierte noch.

Meine Mutter, die nach ihrem Schlaganfall viel liegen mußte, wurde auf der Bahre neben das Bett meines Vaters getragen, dann hielt sie seine Hand, und er war ruhig. Er phantasierte: Sieh nur, die perlgrauen Hirsche – sagte er ganz glücklich zu ihr. Meine Mutter war völlig klar, nur körperlich sehr schwach. Mein Vater erkannte mich, als ich kam. „Was macht der Mann mit dem Regenschirm?" fragte er mich.

Er meinte den englischen Premier Chamberlain. „Wie wird das ausgehen?" fragte er. „Wird sich nicht alles rächen, was wir den Juden angetan haben?" Doch nach diesen Fragen schweifte sein Geist wieder ab. Würde ich meinen Vater noch einmal richtig sprechen können? Ich sehnte mich danach; ich muß gestehen, nicht um mich zu entschuldigen, sondern weil ich fand, alle hätten mir unrecht getan. Alle – die Eltern, die Brüder. – Mit den Brüdern kam es nie zu einem rechten Gespräch, denn ich attakkierte sie wie ein kläffender Terrier, griff alles an: Hitler, die Partei, die Politik. Sie hoben entsetzt die Hände, wenn ich „Herr Hitler" sagte, wie ich es von den englischen Zeitungen her gewöhnt war. Sie hofften, mich bald wieder in England zu wissen, in sicherer Entfernung.

Ich hoffte es auch.

Mit wilder Vitalität sträubte sich mein Vater gegen den Tod. Er hatte in Tressow sterben wollen. Er wimmerte: helft ihm, helft ihm, helft ihm; dies konnte sich zu lauten Schreien steigern, so daß das ganze Sanatorium zusammenlief. Er redete irr, er redete klar, alles durcheinander. Generaloberst Beck kam, um meinen Vater zu besuchen. Er war sehr erschüttert, daß meines Vaters Krankheit hoffnungslos war. Fritzi bestand darauf, im kleinen Wirtshaus mit Beck allein zu essen. Es fiel mir auf, wie gut sich beide unterhielten, später erst wurde mir klar, daß sie damals schon Verschwörer waren.

Die Nächte meines Vaters waren unruhig, er wehrte sich gegen die zwei Wärter, die er nicht erkannte und von denen er glaubte, daß sie ihm etwas antun wollten. Ich schlief darum auf einer Rohrchaise auf dem Balkon, von Pelzen zugedeckt; es war nachts bis zu null Grad. Strahlender Sternhimmel und von drinnen das Gewimmer des Kranken. Ich sah von Zeit zu Zeit hinein, damit mein Vater wußte, daß ich in der Nähe sei. Eines Nachts rief er mich. Der Wärter wollte mich fortschicken. „Elisabeth, kannst du deinem Vater nicht gehorchen?“ Ich ging zu ihm. Und es kam zum Gespräch. „Warum hast du dich von Hess getrennt? Er war doch ein so edler Mensch. Könnt ihr euch nicht wieder aussöhnen?“ Ich erklärte, wir hätten uns in allem Frieden getrennt. Nun wollte mein Vater wissen, was ich vorhätte. Ich hatte nicht den Mut, ihm zu sagen, daß ich nach England zurückgehen wollte, ich sagte ihm, daß ich erst wohl bei Mutter bleiben würde. Da riet er mir, nicht in Mecklenburg zu bleiben: „Bei der Engherzigkeit unserer Heimat wirst du dort nicht bleiben können, aber es wird sich ja noch ein anderes Fleckchen finden lassen ...“

Das wäre Punkt eins und Punkt zwei. Aber da sei doch noch etwas? Ich versuchte ihn zu beruhigen, da sei nichts mehr zwischen uns. Dann sagte er: „Ob eins meiner Kinder links ist, das ist mir egal, aber ihr müßt Frieden miteinander halten.“ – Ich mußte es ihm versprechen. „Politik ist mir nicht mehr wichtig“, sagte er. „Sie haben mich zu ihrem ‚Pflegling‘ gemacht“, damit wies er verächtlich auf ein Himmlerbild. Noch einmal beschwor er mich, ich müsse mich mit den Brüdern vertragen. Dann forschte er weiter – ob nun alles in Ordnung sei zwischen ihm und mir, ich sagte ihm immer wieder – nun sei alles gut. Alles in Frieden. Ich brachte es nicht über mich, ihn um Verzeihung zu bitten. Nach diesem Gespräch schlief er ein, er verdämmerte noch einen Tag und starb in der Nacht darauf, ohne das Bewußtsein wiederzuerlangen. Im Tode sah mein Vater sehr schön aus.

Das schmale vergeistigte Gesicht, die hohe Stirn, die stark hervorspringende Nase, der ausdrucksvolle Mund – über seinem Gesicht lag tiefer Frieden.

Meine Mutter hatte einen leichten Schlaganfall erlitten, sie wäre gerne zusammen mit meinem Vater gestorben.

Sie hatten meinen Vater, den alten General der Kavallerie, ehrenhalber zum SS-Obergruppenführer ernannt. Ich erfuhr es erst in St. Blasien. Vor dem Elend seines Sterbens verstummte jede Kontroverse. Himmler hatte die Bezahlung der Sanatoriumskosten übernommen. Er hatte auch zwei SS-Pfleger zur Pflege meines Vaters abkommandiert.

Himmler fühlte sich meinem Vater in Freundschaft verbunden. Wieviel meinem Vater an dieser Freundschaft gelegen war, weiß ich nicht. All dies mag das merkwürdige Wort von dem „Pflegling" erklären. Jahre später wurden Abschnitte aus einem Brief meines Vaters an Beck vom August 1934 veröffentlicht.

„Meine Forderung, aus dem aktiven Dienst der SA im Herbst auszuscheiden, ist angenommen. Ich bin von einem Alpdruck befreit, daß ich aus der Zwangsjacke heraus bin, wo, von der für mich unerträglichen und unwürdigen Stellung ganz abgesehen, ein Kadavergehorsam verlangt wurde, der weder im Heer noch in der Beamtenschaft jemals möglich war ..."

1932 hatte mein Vater durch die Brüder Hitler kennengelernt. 1933 muß er in die SA eingetreten sein. Der Aufbau der SA wurde vom Militär mit Argwohn beachtet. Da mein Vater mit Generaloberst Beck und dem Oberbefehlshaber des Heeres, Fritsch, befreundet war, sollte er die Verbindung von der Reichswehr zu Röhm, dem Führer der SA, herstellen. Er traf Röhm häufig.

Kurz vor Röhms Ermordung 1934 sagte mein Vater meiner Schwägerin in Tressow: nun sei es geschafft. Fritsch, Oberbefehlshaber der Wehrmacht, Röhm als Führer der SA und mein Vater als Vermittler hätten eine Vereinbarung unterschrieben, welche die Übernahme der SA in die Wehrmacht regeln würde.

Die Zusammenhänge werden sich nicht mehr feststellen lassen.

Nun, wo er tot war, wurde seine Leiche beansprucht. Das Staatsbegräbnis sollte in Potsdam sein. Nach dem militärischen Staatsakt in Potsdam wollte die SS ihrerseits für ihren Obergruppenführer das Begräbnis in Tressow gestalten. Ich blieb bei meiner Mutter in St. Blasien, bis sie transportfähig war und nach Travemünde gebracht wurde.

Dann fuhr ich nach Berlin.

In Berlin wohnte ich bei Fritzi, der seit einem Jahr Vizepolizeipräsident von Berlin war. Er lebte in einem kleinen Haus am Rand des Grunewalds. Mit seiner Frau Charlotte hatte ich mich immer gut verstanden. Sie hatten schon drei Kinder: die Töchter Schuschu und Beba und den Sohn Fritz. Bei ihnen wirkte der gute Hausgeist Klara, das getreue Mädchen für alles.

Wolfi war zu Besuch gekommen. Er sagte mir, daß die Brüder das Erbe meines Vaters mit mir teilen wollten, obwohl im Testament nichts für mich vorgesehen war. Nur, eine Bedingung! Ich sollte schriftlich versichern, daß ich mit diesem Geld niemals etwas gegen Hitler unternehmen wollte. Eigentlich eine Ehrung! Ich war außer mir. Ich wies das Geld zurück – aber ich spürte, wie sehr ich es begehrte. „Das sind ja KZ-Methoden", mehr vermochte ich nicht herauszubringen. Ich wiederholte es immerzu. Wolfi verstand mich gar nicht. „Weißt du denn nicht?" fragte ich ihn. Ich erklärte, daß man im KZ bei der Entlassung unterschreiben müßte, daß man nie etwas gegen die Partei unternehmen würde – so hatte es uns Ernst Reuter, der spätere Oberbürgermeister von Berlin, in London nach seiner Entlassung erzählt. Wolfi wußte nicht.

Er ließ die Bedingung sofort fallen. Dann ging er fort. Was dachte Fritzi?

War dies mein Abschied von Deutschland?

Ich stand mit Fritzi am großen Fenster seines Wohnzimmers. Wir sahen in den Garten, wo Schuschu und Beba Puppenwäsche hielten. Fritzi sprach auf mich ein. „Ich konnte dir eben nicht beistehen", sagte er, „sonst würden die Brüder etwas merken." Er erklärte mir, daß er gegen Hitler sei, daß er und mehrere andere sich zusammengetan hätten, um Hitler umzubringen. „Wir sind entschlossen, ihn zu töten."

Er gab mir den Rat, vorläufig nach England zurückzukehren. Der Ausbruch des Krieges war, seiner Ansicht nach, unvermeidlich. Der Krieg aber würde nicht lange dauern, da Hitler bald tot sein würde. Dann könnte ich nach Deutschland zurück.

Fritzi erzählte vom Begräbnis meines Vaters in Tressow. Mein Vater hatte in seinem Testament den Verlauf seiner Beerdigung bis ins kleinste Detail bestimmt. Der große Zapfenstreich, die

Kirchenlieder, die Gebete, die Länge der Predigt. Die SS aber forderte eine Beerdigung ohne einen Geistlichen. Fritzi hatte aber einen Geistlichen aus Potsdam mitgebracht. So, der SS zum Trotz, predigte dieser und sprach die Gebete. Hatte Himmler, der zu meines Vaters Beerdigung nach Tressow gekommen war, Fritzis Einstellung bemerkt? Nein. Daß ein Nationalsozialist sich gegen Hitler auflehnen konnte, war unvorstellbar. Auch mir war es kaum vorstellbar. Hatte ich Fritzi nicht als glühenden Nationalsozialisten gekannt? Ich sollte erst später erfahren, was ihn zum fanatischen Gegner gemacht hatte.

Nun war ich voller Hoffnung.

Zugleich war die Fremdheit zwischen uns ausgelöscht, die Fremdheit von vielen Jahren! Wir waren verschwistert, verbunden, befreundet wie einst als Kinder.

Am zweiten Juni 1939, an einem strahlenden Sommertag, flog ich von Köln nach London. Gegen elf Uhr war ich in Croydon.

Ich hatte Angst vor dem Immigration Officer. Wer von uns hatte dort an der Sperre keine Angst!

Der Gedanke, daß ich nicht nach England zurück könnte, hatte mich alle Tage in Deutschland verfolgt. Der so oft geträumte Traum: ich bin in Tressow. Ich will wieder in mein eigenes Leben zurück. Fort von den Brüdern. Fort von der Familie. Dieser Traum saß mir in den Knochen.

Im Traum war dann immer etwas geschehen, eine Tür zugeschlagen, ein Weg zu schwer, ein Zug versäumt, ich war nicht fortgekommen. Das Gespräch mit dem Immigration Officer! Die Reihenfolge der Fragen ist mir entfallen. Der Tonfall ist mir noch im Ohr. Es war mir klar, daß mich das Home Office mit Argwohn betrachten würde. Ich war von meinem jüdischen Mann geschieden worden, ich hatte meinen Mädchennamen wieder angenommen, ich war nach Deutschland gefahren.

Was auch gefragt werden würde, ich hatte mir vorgenommen, peinlich genau bei der Wahrheit zu bleiben. Die Schlüsselfrage, die der Beamte an mich richtete, war diese: Ist Ihr Leben in Deutschland in Gefahr? Ich antwortete: „Mit einiger Intelligenz und mit der Hilfe meiner Brüder wird es mir wohl gelingen – to keep out of the concentrationcamp –, nicht ins KZ zu kommen."

Er war betroffen.

„Madam, what do you mean by that?“

Wie meinen Sie das? – Ich erklärte, daß meine Brüder einigen Einfluß hätten. „Sie sprechen Englisch wie eine Engländerin“, sagte er vorwurfsvoll. Ich erzählte von Miß Bull, doch ich spürte seinen Argwohn – war ich ein Spion? Ich konnte glatt untertauchen. Hatte ich Briefe, Referenzen bei mir?

Aus meinem Koffer förderte ich Briefe zutage, zugleich fielen einige Zeitungsabschnitte heraus. Was ist das? fragte er. Es waren Zeitungsausschnitte vom Staatsbegräbnis für meinen Vater. In Potsdam. Hitler schüttelt den Angehörigen die Hand ... Er war sichtlich entsetzt. Ich mußte ihm alles erklären. Ich versicherte ihm, daß ich nicht dabeigewesen war. Warum nur hatte ich diese Ausschnitte mitgenommen, fragte ich mich.

Wen kannte ich sonst? Mit wem verkehrte ich? Ich erwähnte meine Arbeit in der AIA, unsere Ausstellungen, unsere Pläne. Ich erzählte von meinen Fahrten nach Durham und von meiner Arbeit dort in den Klubs. Ich wußte nicht, worauf er hinauswollte. War ich ihm zu rechts? Zu links? Es war wie ein Tanz zwischen rohen Eiern.

Kennen Sie prominente Kommunisten?

Ich kannte keine.

Vor der KPD hatte mir immer gegraut. Getreu der Lektüre eines Buches von Vera Figner, einer russischen Sozialrevolutionärin, hatte ich die Vorstellung, daß man dort auf Befehl gehorchen mußte, auf Befehl jemand umbringen mußte. Ich hatte keine Lust zum Gehorchen.

Es war weit über Mittag. Der Raum war inzwischen leer geworden. Ich war allein übrig. Der Beamte bat mich zu warten, er müsse in London Erkundigungen einziehen. Ich wartete. Es war ein häßlicher Raum. Durch die Fenster sah ich weiße Wolkenfetzen, blauen Himmel, Sonne. Ich grübelte.

Meine Freunde und Bekannten waren alle in London. Meine Arbeit dort und in Durham. Mein ganzes Leben – in London.

Deutschland war für mich – der Rachen des Löwen! Das absolut Entsetzliche!

Das Gefürchtete.

Hatten nicht alle englischen Freunde, hatte nicht Hess vor diesem Flug nach Deutschland gewarnt? Diese Fahrt aber hatte mich mit meinem Vater ausgesöhnt, mit meiner Mutter neu verbunden und – Fritzi war kein Nazi.

Während der Wartezeit las ich Oden von Keats und lernte sie auswendig. To autumn. Ode on Melancholy. Ich war ganz ruhig, als der Beamte wiederkam. Ob diese Ruhe seinen Verdacht bestärkte? Ich hätte wohl schreien und weinen sollen. „You have been refused entry!“ sagte er. Die Einreise ist Ihnen verweigert. Es war zwischen zwei und drei nachmittags. Er ging auf kein Argument mehr ein. Das Flugzeug flöge um halb fünf. Zurück nach Köln! Und wenn ich mich weigere? fragte ich. Dann werden die Wachen sie in das Flugzeug bringen. –

Ich sah das Bild vor mir: Wachen zerren mich in das Flugzeug.

In Köln bei meinem Bruder Heini. Aufgewühlt. Verzweifelt. Briefe und lange Telefongespräche nach London. Tage der Ungeduld. Des Haders mit meinem Geschick. Tage des Wartens. Brutheiße Sommertage. Ich verwartete auch die Nächte. Ich fand keinen Schlaf. Auch nicht mit drei Phanodorm. So las ich irgendwelche Romane, manchmal drei in einer Nacht. Am Tag ging ich in die schönen alten Kölner Kirchen, in die Museen – ich sah –, und ich sah nicht. Ich sah nur eins vor mir: die Sackgasse. The dead end. Das tote Ende – wie der Engländer sagt. Wie kam ich heraus? Überall Wände, Zäune, Verbote. Würde es mir helfen, in die Schweiz zu fahren? Und was dann? Bei Kriegsausbruch würde dort ein Lager auf mich warten, oder man würde mich wieder nach Deutschland abschieben.

Meine Mutter hatte wieder einen Schlaganfall gehabt. Ich fuhr zu ihr nach Travemünde. Es war vorauszusehen, daß sie nicht mehr lange leben würde. In Travemünde begegnete ich den Brüdern C. U. und M. F. von Barner, meinen besten und einzigen Freunden in Deutschland. C. U. und ich hatten einander nie mehr sehen wollen. Die alte Anziehung war wieder da. Beide Brüder nahmen sich meiner an. Wo würde ich wohnen? Sie fuhren mich im Auto nach Tressow.

Eine Fahrt durch blühende Roggenfelder. Nach dem Duft

blühenden Roggens hatte ich mich so viele Jahre gesehnt. Es war aber nicht darum, daß ich auf dieser Fahrt fassungslos geweint habe. In Tressow kam ich tränenüberströmt an. Den Kopf mußte ich mehrmals in die Waschschüssel stecken, ehe ich fähig war, anderen Menschen entgegenzutreten.

Mit triefendem Gesicht stand ich am Fenster und sah auf die Tressower Landschaft in ihrer Sommerschönheit. Die Erinnerung bleibt ja für den Emigranten seltsam statisch. Hatte meine Sehnsucht das Tressow meiner Jugend gesucht, so begegnete mir jetzt ein anderes Tressow. Das Tressow der nächsten Generation. Der Leiter der Gestapo in Schwerin, Oldach, war zu Gast, ein milder, freundlicher, farbloser Mann. Bei Tisch wurde viel von „Friedrich“ gesprochen. Wer war es? Der Gauleiter von Mecklenburg, Friedrich Hildebrandt, der mit meinem Vater und dem ganzen Hause Tressow befreundet war und häufig dorthin kam.

Die Nachrichten aus England klangen immer deprimierender. Die meisten Beamten hatten Sommerferien, so daß vor Ende Juli nichts geschehen würde. Der Krieg rückte bedrohlich näher.

Ende Juli kam meine Mutter nach Tressow zurück. Die Beziehung zwischen meiner Mutter und mir war ungetrübt. Ich brachte es nicht über mich, mich bei ihr für die vielen Schmerzen, die ich ihr bereitet hatte, zu entschuldigen. Das nicht. Sie hat trotzdem gewußt, wie sehr ich an ihr hing.

Am 25. August hatte meine Mutter in der Nacht eine schwere innere Blutung. Sie wurde in Lübeck operiert, aber es ging mit ihr zu Ende. Ich saß bei ihr, bis sie am Nachmittag eindämmerte. Vor dem Krankenzimmer stand ein großer Birnbaum, voll mit reifen Früchten. Ich sah auf ihn, während ich still das Vaterunser betete. Dazwischen sprangen mich die Hölderlin-Verse an: Mit gelben Früchten hängt und voll mit wilden Rosen das Land in den See …

Der Tod meiner Mutter stand für uns alle schon ganz unter dem Zeichen des herannahenden Krieges.

Der Totentanz begann. Heini sagte in Lübeck halb lachend: „Mit mir ist es aus. Ich habe ja doch Krebs.“ Er hatte sich untersuchen lassen, er hatte Dickdarmkrebs. Meine Mutter hatte es nicht mehr erfahren. Er mußte in Köln operiert werden; er starb

1940 unter großen Qualen. Ich habe ihn nicht mehr wiedergesehen. Wolfi war schon seit mehreren Jahren im Reichssportministerium tätig. Er konnte sich seinen Truppenteil selbst wählen. Wegen seines kurzen Beines und seiner schwachen Lunge hatte er die Fallschirmjäger gewählt. Er wählte, ohne es zu wissen, die Einheit, die seinem wilden, kühnen Wesen am meisten entsprach.

## FRITZI

Fritzi traf erst nach dem Tode meiner Mutter in Lübeck ein. Wir gingen zusammen in den Dom, den wir so sehr liebten. Fritzi war seit 1933 ein anderer geworden. In seiner überaus glücklichen Ehe war er zum Mann gereift. 1933 hatte er noch verhalten und jünglinghaft gewirkt, nun war er sicher und gelassen. Er war breiter und gesunder geworden, aber er hatte sich noch seine tänzerische Beweglichkeit erhalten. Er sah nicht so gut aus wie Wolfi, der groß und schmal war. Fritzi war wohl 1,79 Meter. Sein Kopf bestand aus lauter Ecken und Kanten, er hatte eine gewölbte Stirn, die Stirn meiner Mutter. Das Gesicht war schmal, die Nase stark verbogen, knorpelig, jemand hatte hineingehauen, wie Wolfi bei einer Mensur sekundiert hatte und eben als Bruder – nicht sekundierte.

Seine Augen, unter starken Bogen, waren von einem wechselnden Blau, manchmal strahlend, manchmal verhangen. Sein Mund beweglich, gefühlvoll. Doch der Mund verriet den Humor, den Fritzi bis zur Eulenspiegelei trieb. Von Natur aus kritisch, konnte er scharf und schroff sein, wenn er jemand verurteilte. Er sprach leise, ihm lag die schnelle, schneidende Replik. Was mir in den Tagen auffiel, waren seine große Ruhe und Selbstbeherrschung, seine Selbstdisziplin. Er ließ sich nicht gern „in die Karten sehen". So offenherzig und freundschaftlich er zu Freunden und Verwandten war, so zurückhaltend und verschwiegen konnte er mit Fremden sein. Er konnte sich eine „Maske" zulegen, um sich dahinter zu verbergen, um andere irrezuführen. Ihm lag Verwegenheit und Bluff. Das Training in den Kartenspielen unserer Jugend kam ihm zugute.

Er hatte etwas von der Geschmeidigkeit des Fechters, der jede Finte zu nutzen weiß. Eben dies: seine Geschmeidigkeit und seine Entschlossenheit befähigten ihn zu dem Kampf, in dem er stand. Ich wußte, er würde sein Ziel unbeirrbar verfolgen und nicht nachlassen, ehe er es erreicht hätte.

War es an dem Tag in Lübeck, daß er mir von seiner Unterhaltung mit Himmler erzählte? Himmler hatte ihn aufgefordert, in die SS einzutreten. Wollte er ihn kaufen?

Fritzi hatte geantwortet: „Vierzehn Jahre lang habe ich den schlichten Rock des preußischen Beamten getragen, und ich halte es nicht für opportun, ihn jetzt zu wechseln." Himmler war verblüfft und geblufft gewesen. Offenbar war er der Meinung, daß die Beamten tatsächlich Uniform trugen. Bei der Fülle der damaligen Uniformen wäre das ja auch möglich gewesen. Er kannte sich wohl selbst nicht mehr darin aus.

Seit 1928 hatte ich Fritzi selten gesehen. Nach einer Tätigkeit von 1928 bis 1932 als Regierungsassessor in Recklinghausen war er nach Königsberg versetzt worden, wo er 1933 Regierungsrat am Oberpräsidium wurde. Bei Fritzis Hochzeit im März 1933 war mir aufgefallen, wie offen ich mit seinen anwesenden Freunden reden konnte: mit Cäsar von Hofacker, mit F. von Werder und mit Natzmer.

Sein Vorgesetzter in Königsberg war der Gauleiter Koch gewesen. Sie hatten erst miteinander harmoniert. Das protzige Auftreten von Koch sowie seine Korruption hatten Fritzi dann abgestoßen. Er hatte dagegen Stellung genommen. Später erfuhr ich, daß er schon 1934 ein Schwarzbuch der Übergriffe und der Korruption in der Partei gesammelt hatte. Innerhalb der Partei hatte er Freunde gefunden, die mit ihm gegen diese Art der Parteiführung opponierten. Sein Schwarzbuch hatte er führenden Männern in Berlin vorgelegt, in der Hoffnung, daß sie darauf eingehen würden. Er war bei keinem „damit gelandet".

Fritzi war von der sittlichen Idee des preußischen Beamtentums überzeugt: Sparsamkeit, Lauterkeit, selbstloser Dienst am Staat. Grade diese Idee wurde, wie er feststellen mußte, von den Bonzen verraten. So hatte sich sein Widerstand zunächst auf die

Mißstände in der Partei bezogen, auf das persönliche Auftreten der Parteileute.

Schwierigkeiten mit Koch hatten ihn veranlaßt, wie er sagte, sich nach Fischhausen im Samland als Landrat abzusetzen, wo er von 1934 bis 1937 tätig war. 1937 wurde er zum Vizepolizeipräsidenten von Berlin ernannt. Aus den Tagen ist ein Wort von ihm durch August Winnig überliefert: Er nähme den Posten an, da er der Fouché Hitlers werden wolle. Nun, Ende Augst 1939, war er zum Regierungspräsidenten der beiden Schlesien ernannt worden.

Mir gab er genaue Verhaltungsmaßregeln. Ich dürfe nie die Nazis provozieren, nie auffallen. Ich müsse allen Auseinandersetzungen, soweit wie möglich, aus dem Wege gehen. Wenn ich für mich persönlich Widerstand triebe, gefährde ich ihn und – was noch schlimmer sei – die Sache. Ich müsse überaus vorsichtig sein, um ihn nicht zu belasten. Mit niemandem, wer es auch sei, dürfe ich über meine Ansichten sprechen. Am Tage des Kriegsausbruchs wurde C. U. von Barner eingezogen. Am Abend desselben Tages ließen wir uns standesamtlich trauen. Sein Bruder M. F. meldete sich beim Militär, er verschwieg sein Lungenleiden und wurde angenommen.

Für kurze Zeit lagen beide Brüder noch in Schwerin und hatten oft Urlaub, um alle Angelegenheiten auf dem Gut zu regeln. Einige strahlende Herbsttage mit Tennisspielen und Baden im See, dann wurden die Brüder versetzt. Ich war allein. Langsam überwand ich die Schlaflosigkeit, die mich seit Croydon verfolgt hatte. Langsam kam ich zu mir. Trebbow war nicht nur dem Namen, sondern auch der Landschaft nach sehr ähnlich wie Tressow. Es lag in einer bewaldeten hügeligen Senke. Das Haus stand in einem schönen Park nahe an einem See. Der Park zog sich am See entlang; an dem hohen Steilufer wuchsen mächtige alte Eichen und Buchen mit weit ausladenden Ästen, durch die man das Wasser schimmern sah.

Durch die Dorfstraße fuhr man auf das Haus zu. An den beiden Seiten lagen die „Katen“ mit ihren kleinen Vorgärten.

Die Katen ähnelten den Tressower Katen meiner Kindheit, durch die kleine ziegelgepflasterte Küche trat man von draußen in die Wohnung. Zwei oder drei Stuben, eine ausgebaute Kammer unter dem Dach. Vor dem Haus – auch Schloß genannt – war ein großer runder Rasenplatz, an dem mächtige alte strohgedeckte Scheunen lagen. Zur linken Seite der Hof und der Gemüsegarten, zur rechten der Park. Man war in den Betrieb auf dem Hof mit hineinbezogen. Zum Arbeitsbeginn hörte man den scheppernden Schlag des Hammers auf einer alten Pflugschar, die an einer Scheune hing.

Das Gut hieß Klein-Trebbow. Drüben, auf der anderen Seite des Sees, lag Groß-Trebbow mit der alten kleinen gotischen Kirche, mit einigen Bauernhäusern und mit der Schule.

C. U., gütig und großzügig, spielte sehr gut Klavier, er war Künstler durch und durch; er lebte ganz seiner Musik. Er war mit dem Bildhauer Casper befreundet, dessen klassischen Stil er bewunderte. Mit meiner gefühlsbetonten Kunst konnte er dagegen nicht viel anfangen.

Die Brüder waren nie der Partei oder einer ihrer Nebenorganisationen beigetreten, obwohl man es ihnen nahegelegt hatte. Die Partei war ihnen zuwider, und sie konnten sich diese Unabhängigkeit leisten, da beide Betriebe Trebbow und Bülow mustergültig geführt wurden.

C. U. und M. F. hatten mich mit der Oberleitung des Gutes betraut. Ich verstand nichts von Saatfolge und Arbeitseinteilung, die landwirtschaftliche Verwaltung lag in der Hand des Inspektors, für die Verwaltung des Geldes und für die personellen Fragen im Betrieb war ich verantwortlich.

Das Ganze war völlig unwirklich.

Ich kam mir vor wie jemand, der auf einer Bühne steht und eine Rolle spielt: die Rolle der Gutsherrin. Ich befand mich im Geiste aber noch auf einer anderen Bühne. Die Zuschauer: meine deutschen jüdischen Freunde, die englischen Freunde, die Mitarbeiter aus der AIA, der Artists International Association. Da saßen sie im Parkett und beobachteten mich genau, wie ich mich benahm.

Ob ich mich bewährte?

Der Antifaschist? Das Mitglied des Komitees! Oder heulte ich mit den Wölfen?

Da saß im Grunde mein ganzes Leben, mein Ich – und sah mir zu. Wie würde ich mich verhalten?

Ich war allein.

Allein auf einer vielschichtigen Bühne.

So kam es zu Selbstgesprächen. Diese wurden in englischer Sprache geführt. Ich sprach mit den englischen Freunden. Ich gab Rechenschaft über meinen Tag und über meinen täglichen Kampf. Im Grunde drehte sich alles um diesen Kampf, um die Bewährung im Politischen. Ich prüfte und revidierte jede Tat und jedes Wort des Tages auf die Frage hin, ob ich mich bewährt hatte.

Als Antifaschist? Als echtes Mitglied der AIA? Diese Prüfung war für die Selbstachtung unerläßlich. Oder sagen wir: für die Selbstrechtfertigung. Vor der eigenen Feigheit hatte ich am meisten Angst. Davor, daß sie mich demütigen und zerbrechen würden! Wer konnte für sich gutsagen? Wie würde man sich in der Prüfung bewähren? Das waren die bohrenden Fragen. Darum galt die peinlichste Sorgfalt dem Verhalten mit den Leuten auf dem Hof, mit den Beamten in der Stadt. Dieser Kampf um die politische Reinheit – oder um die menschliche Würde – war mir so wichtig, daß ich über meine sonstigen Fehler und Schwächen nicht weiter nachdachte.

Die Kunst?! Die Kunst, die lag darnieder! Ich konnte nicht bildhauern. Ich war wie gelähmt. Es war mir unmöglich. Die Kunst beschränkte sich auf viele Zeichnungen. Ich saß abends vor den Notizbüchern aus Durham und versuchte mit Pinsel und Tusche, die englischen Bergarbeiter zu zeichnen. Ich machte Skizzen der arbeitenden Menschen auf dem Hof. Es kam nichts dabei heraus.

Ich war ganz auf mich gestellt.

Was waren die *Gegebenheiten*?

Mecklenburg und Berlin.

Jeder Besuch in Berlin wühlte alles auf, alle Wut. Alle waren fort. Berlin war für mich eine fremde Stadt, völlig verändert, fremde Gesichter. Voll der Typen jener Jahre: breit, untersetzt, schwer. Backenknochen, Kinnbacken, starrer Blick. Ich ging an den Wohnungen von Betty Flechtheim, von Salomea Kempner, der Analytikerin, vorbei – kein Namensschild, keine Spur. Der Portier sah mich verständnislos an.

Ich ging weder ins Theater noch ins Kino.

Ich wollte nicht.

Berlin war nicht zum Aushalten!

In Mecklenburg? Nach Mecklenburg hatte ich Heimweh gehabt, nach dem üppigen schönen Land der vielen Seen. Nach den Wäldern, den Hügeln und Kuppen. Ich hatte die Menschen idealisiert. Ich hatte gedacht, sie würden dem „System" Widerstand leisten. Sie waren passiv. Dieses Land, das ich nun wieder kennenlernte, war nicht mehr das Land meiner Kindheit, meiner Heimwehträume.

In diesen sechs Jahren hatte sich alles verändert. Das Deutschland, das ich gekannt und geliebt hatte, war für immer versunken. Was ich sah, war ein Bild wie in einem Zerrspiegel. Verzerrt – verrückt – vergiftet. Sechs Jahre hindurch hatte man Haß gesät. Die Saat war aufgegangen. Haß und Aggression waren an der Herrschaft. In ihrem Gefolge: Mißtrauen, Argwohn, Angst. Selbst in den nächsten menschlichen Beziehungen konnte das Mißtrauen lauern: Wer wird mich verraten? Wer ist ein Nazi? Wer ein Gegner? Wer, selbst als Nazi, ist anständig? Und wer von denen, obwohl Gegner, wird umfallen und einen anzeigen? Auf wen war Verlaß?

Im Deutschland von 1933 hatte man noch genügend Kritik gehört, 1939 war sie verstummt. Jeder hütete sich davor, ein abfälliges Urteil über die Partei auszusprechen. 1933 mußte der Gegner der Nazis Mut aufbringen, 1939 gehörte Heroismus zum Widerstand.

Am Tage des Kriegsausbruchs hatten Männer und Frauen auf der Straße gestanden und stumpf, trüb, entsetzt vor sich hin gesehen. Der Unterschied gegen 1914 war auffallend. Die ersten Kriegserfolge aber hatten in den meisten das Vertrauen geweckt: Hitler würde es schon richtig machen. Es hatte doch bisher alles geklappt. Österreich, Sudetengau, Tschechei. Was für eine Erfolgsliste! Rechtfertigte nicht der Zweck die Mittel? Was hatte

Politik mit Moral zu tun? Selbst die Hitlergegner waren schwankend: Hatte er nicht Deutschland großgemacht? Waren nicht alle Wünsche in Erfüllung gegangen? Die Arbeitslosigkeit überwunden? Soziale Unterschiede beseitigt? Hitler wurde bewundert und gelobt, wohin man auch kam. Nach jedem Gespräch mußte man sich fragen: Meinen die es wirklich so? Haben sie Angst? Wollen sie ihre wirklichen Ansichten verbergen? Die Lobhudelei war mir unfaßlich und unerträglich. Ich kam mir vor wie ein Verrückter, der die Sprache der anderen nicht versteht. Die Sprache war keine Brücke mehr zum anderen. Sie wurde eher zum Verbergen als zum Sicherschließen benutzt. Jeder war auf der Hut vor jedem. Jeder schwieg auf seine Weise – abgesehen von den Fanatikern der Partei. Die Wahrheit war verborgen, verhüllt. Justitia – das Recht – mit verhülltem Haupt. Es wurde nicht weitererzählt. Die Menschen scheuten sich sogar davor, in Gruppen zusammenzustehen und zu sprechen. Wenn sie es taten, wurde nur geflüstert. Sie gestanden es nicht vor den andern und nicht vor sich selbst ein, was geschah. Sie schalteten ab. Sie wollten nicht hören, nicht sehen, nicht sprechen. Dieses Schweigen, das über dem Land lag, hatte etwas Böses, etwas Tödliches. So, als ob ein riesiges Leichentuch das ganze deutsche Land bedeckte. Es bedeckte die Lager, die Gefängnisse, die Keller der Gestapo. Dieses Schweigen bewirkte, daß man nichts erfuhr. Als Emigrant war ich besser informiert gewesen! Doch – da war das Radio!

Der Apparat stand an meinem Bett; im Schlafzimmer waren gepolsterte Doppeltüren. Jede Nacht kam der Freund dieser Jahre, der englische Sender. Jede Nacht erwartete ich die Stimme: This is the BBC-Homeservice and it is ... speaking. Ich erwartete sie wie die Stimme eines Geliebten. Um ein Uhr nachts war die Übertragung am besten zu hören, gegen morgen wurde sie undeutlicher. Später hörte ich außerdem den Soldatensender West, eine englische Sendung in deutscher Sprache, deren Qualität allerdings nicht dem Homeservice entsprach.

Diese Kriegsnächte sind unvergessen. In der Nacht lag es wie ein Alpdruck auf einem, wenn man der Fallenden und Sterbenden gedachte, der Gefangenen, Gefolterten, Gemarterten! Die ohnmächtige Empörung steigerte sich von Jahr zu Jahr. Das alles war noch paradoxer, wenn man es gegen die Stille und Schönheit einer solchen Nacht auf dem Lande setzte, wenn der Fliederduft hereinwehte oder das Käuzchen schrie.

Es war die Zeit der Gewissenserforschung, hatte ich mich gegen das Unrecht genügend zur Wehr gesetzt? Noch erwartete ich, daß ich von Schuld freibleiben könnte. Daß ich mir den Luxus der Handlungsfreiheit leisten könnte. Ich wollte das „Böse" von Trebbow fernhalten. Es sollte eine Insel des Guten und des Friedens sein, inmitten einer Welt der Korruption und der Verderbnis. Die Hitlergegner sollten Hilfe finden, die Heimatlosen ein Heim, die Armen Schutz. Am Anfang sah ich noch nicht, daß Kompromisse unvermeidlich sein würden. Ein großer Betrieb existiert nicht in einem Vakuum. Auch ich wurde hineingeflochten in das Geschehen, ob ich wollte oder nicht. Jeder Kompromiß schien mir wie eine verlorene Schlacht. Es gab viel verlorene Schlachten. Der ganze Betrieb war angezeigt worden, daß wir nicht mit „Heil Hitler" grüßten. Wir wurden verwarnt. Wir wurden aufgefordert, den Hitlergruß einzuführen. Ich schlenkerte die Hand ein wenig und sagte die letzte Silbe „tler", womit die Tatsache, daß ich nachgegeben hatte, nicht aus der Welt geschafft war. Später kehrte ich zum Gun-dag-ook zurück. Der Hitlergruß ergab komische Situationen. Man stand vor dem andern und streckte ihm die Hand hin, der aber mußte erst seine Hand eifrig nach oben schnellen und die Hacken zusammenschlagen, meine Hand hing zum Gruß nach vorn – wie im leeren Raum –, bis sie ergriffen wurde. Dabei wird mir klar, wie wenig Frauen mich mit dem Gruß begrüßten, da mir die knallenden Hacken so gegenwärtig sind.

Es hatte immer fremde Saisonarbeiter auf dem Gut gegeben. 1939 waren es Slowaken gewesen. Ihnen folgten bald polnische Gefangene, an die ich mich nicht weiter entsinne.

Ich erinnere mich aber sehr wohl an den einen Morgen, als ich zum Fenster hinausblickte und eine Gruppe französischer Gefangener beim Heumachen sah.

Ich stürzte hinaus. Der Wachmann: ein Österreicher. Es war anzunehmen, daß er kein Französisch verstand. Ich hielt eine kurze Rede; daß es mir leid täte, daß sie Gefangene wären, daß

sie bei uns arbeiten müßten, daß auch ich mich mehr oder weniger zu den Gefangenen zähle, zum mindesten zu denen, die unfreiwillig in Deutschland seien, daß ich alles tun wolle, um ihnen zu helfen.

Der französische Obmann André Simonin war ein junger Philosophiestudent. Achtzehn Jahre alt, klug und besonnen, wurde er von den andern als ihr Wortführer anerkannt, er wurde auf dem Hof respektiert. So sehr ich mit den eigenen Leuten auf dem Hof auf das Schweigen achten mußte, so offen konnte ich mit André reden. Die Franzosen wurden Forstarbeiter; im Wald war es leichter, wie im Vorbeigehen ein paar Worte zu wechseln. Es bildete sich im Laufe des Krieges eine richtige Technik der schnellen Verständigung heraus, einige Sätze, zwischen Anweisungen eingestreut.

Ich konnte den Franzosen helfen.

Im Park war eine alte Familiengruft auf dem kleinen Begräbnisplatz. Diese war im kalten Winter 1939, von Schnee und Eis bedeckt, eingesunken und eingestürzt. Es war ein ziemlich schauerlicher Anblick. Geborstene Särge, Knochen, die umherlagen, eine Wüstenei von Ziegeln, Sand und Gebein im dunklen Gewölbe. Kein Mecklenburger wäre bei Nacht aus Angst vor Spuk dahin gegangen, und bei Tag betrat niemand den Park. Dorthin brachte ich Brot und Wurst und warme Sachen für die Franzosen. André schaffte es, nachts die Sachen zu holen. Die Franzosen waren über die politischen und militärischen Ereignisse gut informiert, sie hatten ständigen Kontakt mit den Fremdarbeitern auf den Höfen in der Umgebung.

Ich ergriff also im eigenen Land die Partei unserer Feinde. Ich sah in den Feinden unsere Befreier.

Für viele andere im Widerstand ist dies eine quälend schwere Entscheidung gewesen, zu der sie sich nur mühsam durchgerungen haben. Aber, es handelte sich um die Frage: wollte ich, daß Hitler siegte? Nein! Es gab für mich nur diese eine Angst! Daß Hitler siegreich sein könnte. Daß er in England einmarschieren würde. Daß ganz Europa von uns besetzt sein würde. Es gab für mich nur einen Wunsch und ein Gebet: Gott, laß uns nicht siegen. Es gab nur eine Entscheidung: gegen meine Familie, gegen mein Land – um meines Landes willen. Die vom Widerstand mußten sich zu einer Haltung durchringen, die den Nationalismus überwunden hatte. – Recht ist, was Deutschland nützt? – Welches Deutschland war gemeint? Das der Dichter und Denker? Das war längst versunken. Das der Folterer und ihrer Knechte? Fritzis Entsetzen über die Greuel in Polen ist mir deutlich in Erinnerung. Auch wenn ich nicht alles wußte und nicht alles erfahren konnte, ich konnte es mir zusammenreimen, wie die SS sich in den besetzten Gebieten benahm. Einiges sickerte durch. Einiges konnte ich zwischen den Zeilen lesen. Was man während des Krieges wußte, genügte, um von Scham überwältigt zu werden. Mein größter Feind war der „Haß". Ich hatte eine panische Angst, daß ich dem Haß erliegen würde. Ich wußte, daß ich nicht besser als die Nazis war, wenn ich dem Zorn und dem Haß nachgab.

Ein Nazi mit umgekehrten Vorzeichen – hatte Hess einmal zu mir gesagt. Ich versuchte, wie ein Christ den Nächsten zu lieben – ohne Christ zu sein. Ich machte mir etwas vor. Ich haßte Hitler, soviel ist sicher. Wie ich Jahre später versuchte, für ihn zu beten, wurde ich immer noch rot vor Zorn.

Ich wollte also den Haß niederringen. Der Haß war mit Angst gepaart. Es handelte sich darum, diese Angst zu überwinden.

Ich beobachtete alle Nazis, die ich kennenlernte, genau. Sie waren gar nicht anders als wir alle. Einige nett, einige weniger nett, einige gutmütig, hilfreich, einige selbstherrlich, hart. Die meisten, die ich kennenlernte, brav und mittelmäßig; keiner von bedeutendem Format. Ich begegnete ihnen in Schwerin in den Ämtern, ich traf sie in Tressow. Meine eigenen Brüder waren ja Nazis, und sie waren nicht anders als andere. Ihnen freilich verübelte ich es, bei anderen lernte ich, es hinzunehmen: der ist eben so. Es waren die Begriffe verschoben: was ist recht? Was unrecht? Recht ist, was Deutschland nützt und was die Partei sagt. Am besten konnte ich Hanke, unseren eigenen Förster und Ortsgruppenleiter, studieren. Mittelgroß und stämmig, der geborene Jäger und Heger, ein Mann der Natur, des Waldes. Gutmütig, beharrlich, seinen Herren, den beiden Brüdern, treu ergeben. Ein Mann mit den besten Vorsätzen. Er glaubte wörtlich alles, was die Partei sagte.

Er hatte, sozusagen, ein Parteigewissen und kein anderes. Ich war in seinen Augen suspekt. Er hatte eine anonyme Postkarte erhalten, daß ich Kommunist sei, dies hatte er meinem Mann zögernd mitgeteilt. H. und ich gerieten bald aneinander.

Die Anlässe dazu waren geringfügig. Ich hatte den russischen Gefangenen Lebensmittel geschickt. Man hatte es im Dorf gesehen. Im Dunkel der Nacht hatten sie Säcke mit Erbsen bekommen.

Es war mehr als einmal geschehen. Ich verteidigte mich: wir brauchen Arbeitskräfte. Ich hatte die Zuckerprämie falsch verteilt, ohne ihn zu fragen. Der Pastor mit seinen sieben Kindern hatte zusätzlich Milch bezogen. Die Gartenfrau war Polin, man durfte ihr nicht erlauben, in den Gottesdienst zu gehen. Sie lebte seit 1914 auf dem Gut!

Ich hatte dies, ich hatte das, er suchte einen Anlaß, um mich festzunageln. Wir standen wie Boxer in einem Ring und umtanzten uns, ehe der eigentliche Kampf losging. Bei diesem Kampf sah das ganze Dorf interessiert zu. Es ergriff nicht Partei. Weder für den einen noch für den anderen.

Bei einer dummen Auseinandersetzung wurde es mir zu bunt. Handelte es sich um die Abgabe der Bettwäsche? Die Partei hatte eine Sammlung veranstaltet. Ich hatte unsere Schränke geplündert und alles beim Roten Kreuz abgegeben. Hanke war empört gewesen, denn ich hatte die Partei über- oder umgangen. Danach hatte ich mich beim Gauleiter Friedrich Hildebrandt, dem Freund des Hauses Tressow, angesagt. Ein großer langgestreckter holzgetäfelter Raum, der Schreibtisch ganz hinten in der Ecke. Hildebrandt stand auf und kam mir entgegen. Wieder ergab sich das komische Theater mit der erhobenen Hand des Grußes und der ausgestreckten Hand zur Begrüßung. Er war mittelgroß, massig, stiernackig. Natürlich ganz in Braun. Er schien mir ein typischer Mecklenburger zu sein, unkompliziert, nicht sehr gewandt, nicht sehr intelligent, gutmütig, hilfsbereit.

Ich beschwerte mich bei ihm über seinen Ortsgruppenleiter.

Ich setzte ihm auseinander, daß Hanke meine Autorität auf dem Betrieb untergrabe, daß er behaupte, daß ich Kommunist sei. Da ich fünf Jahre im Ausland gelebt hätte und jetzt Krieg sei, wäre es mir unmöglich, den Gegenbeweis zu führen. Was Hildebrandt sich dabei gedacht hat, weiß ich nicht. Mein Gegenargument war ja nicht sehr einleuchtend.

Er forderte mich auf, bei allen Konflikten direkt zu ihm zu kommen. Ich wußte, daß ich seine zuvorkommende Haltung seiner Freundschaft mit meinem Vater verdankte. Ich war zu ihm gegangen, weil ich neugierig war, weil ich Unterstützung suchte und – ihn trotzdem spüren lassen wollte, daß ich politisch anderer Meinung war.

Nun berief ich mich bei allen Differenzen mit Hanke auf den Gauleiter. Trotzdem verlief nicht eine Woche, wo es nicht einen neuen Anlaß zu Zwisten gegeben hätte. Im Grunde war es der Kampf um die „Macht" auf dem Gut. Wer sollte das Sagen haben? Hanke wußte genau, daß ich ihn, Sondergesetzen zufolge, nicht entlassen konnte. Außerdem war er als Ortsgruppenleiter unabkömmlich. Zu Anfang hatte ich noch das Gefühl, die Oberhand zu haben. Dies änderte sich, als uns plötzlich zwanzig polnische Mädchen zur Landarbeit vom Arbeitsamt zugewiesen worden waren. Es war mitten im Winter. Stenotypistinnen, Verkäuferinnen, junge Dinger, die man irgendwo in einer Stadt zusammengetrieben hatte und nach Deutschland verladen hatte – von der Straße weg, wie sie sagten. Sie sollten beim Dreschen helfen. André Simonin machte mich darauf aufmerksam, daß Hanke die Mädchen verprügelt hatte. Ich stellte ihn zur Rede. Er erklärte, sie seien völlig hysterisch gewesen, sie hätten geweint, geschrien, sich beschmutzt – er habe anders nicht Ordnung schaffen können. Ich machte ihm Vorwürfe. Sie machten ihm keinen Eindruck.

Dieser Vorfall zeigte mir, wie machtlos ich war. Daß das Funktionieren des Betriebes von fremder Arbeit, und zwar von Sklavenarbeit, abhing. Die „gute Insel" war eine Illusion. Eines Tages dachte ich, einen geschickten Schachzug zur Tarnung zu tun; ich meldete mich bei Hanke, sagte ihm, ich wolle in die Frauenschaft, eine Parteiverbindung, eintreten.

Fritzi hielt dies für unklug. Ich traf mich mit den Frauen des Dorfes zum Nähen von warmen Westen für die Winterhilfe. Mit dieser Hilfe wollte man die Tatsache verschleiern, daß die Soldaten ohne Handschuhe, ohne Mäntel in den russischen Winter geraten waren. Der Winter war ausnehmend halt. Wir zerschnitten alles, was an Pelzen und Steppdecken vorhanden war.

Zu diesem Erste-Hilfe-Kursus gab man uns eine Luftschutzfibel. Der Text schien uns geradezu erstaunlich blöde. Ziemlich am Anfang stand die klassische Frage: Wo hat der Mensch Haare? Diese Frage erregte Gequieke. Die nächste Frage lautete: Wozu hat der Mensch Haare? Antwort: Zum Schutz und Schmuck... Nun muß man sich diese Frage im Missingsch vorstellen, dem gesungenen Hochdeutsch des Platt – gewohnten: Wossu hott dääa Miänsch Hooohre?

Wahrscheinlich handelte es sich darum, daß diese Haare abrasiert werden sollten. Ich weiß es nicht mehr. Ich ging nie mehr hin. Ich las diese interessante Fibel auch nicht weiter. Ein Jahr später forderte Hanke, ich müsse einen höheren Rang in der Frauenschaft einnehmen. Ich wehrte ab: ich hätte nie geklebt, und ich möchte nicht. Erwiderung: er aber habe monatlich für mich geklebt, ich könnte mich dem nicht entziehen. Hatte Fritzi doch recht gehabt? Ich ging auf Hanke nicht weiter ein. Doch er drängte immer wieder. Meine Aufgabe: zwei im Ausland inhaftierte deutsche Frauen zu betreuen. Ich fand zwei neutrale Bücher für die zwei Frauen. Dann schlief auch dies ein.

Die Bücher! Ich hatte einen vertrauenswürdigen Buchhändler gefunden. Er verstand ohne viel Worte, was ich dachte und suchte. Zum Lesen fand ich viel Zeit. Die Abende waren lang. Ich las, um die Zeit zu töten und um die Unruhe zu überwinden. Gutes und Minderwertiges durcheinander. Aber der Trost dieser Jahre war für mich Thomas Mann. Alle Bände von Thomas Mann außer dem letzten Band der Josefstrilogie waren im Haus. Schon in der Emigration war Thomas Mann für mich die einzige Verbindung mit jenem anderen Deutschland gewesen. Nun wurde er es mehr und mehr.

Die Geschichten Jakobs las ich so oft, bis ich mehr in seinen Zelten in der Wüste zu Hause war als anderswo. In der Gestalt des jungen Josef sah ich Klaus Mann vor mir; er und seine Schwester Erika waren oft bei Hugo Simons Tochter Ursula zu Gast gewesen. Beide Geschwister waren in ihrer Jugend auffallend schön.

Ich wollte nach Modell zeichnen. Der Bildhauer Casper brachte ein junges Mädchen aus Berlin mit, eine junge Töpferin, das Dorle, siebzehn Jahre.

Sie saß mir für ein paar Wochen. Wir wurden gut miteinander bekannt. Sie kam häufig wieder. Trebbow war für sie eine Heimat.

Ich machte viele Aktzeichnungen von ihr, sie waren alle „leer“. Mein Herz war nicht bei der Kunst, ich war geteilt, zerrissen.

Dorles Stiefvater war schon vor dem Kriege längere Zeit im KZ gewesen. Ihre Mutter war Kommunistin. Ihre Mutter hatte unter der Frisierhaube etwas Abfälliges über die Partei gesagt; sie war ins Zuchthaus gekommen. Dorle kämpfte verbissen um die Freilassung ihrer Mutter. Sie ließ nicht locker. Wir hatten verabredet, daß ihre Mutter nach Trebbow kommen sollte, wenn sie entlassen würde. Dorle erreichte nach einem Jahr, daß ihre Mutter wegen ihres schlechten Gesundheitszustandes freikam. Sie starb einige Tage nach der Entlassung. Ich hatte große Angst vor Hankes Schnüffelei gehabt.

Mitten in all der Spannung komische Momente. Die Frau des Bülower Inspektors, wir hatten ihm gerade gekündigt, rief an, ich müsse dringend kommen.

Was war geschehen?

Ihr Mann hatte Hitlers „Mein Kampf“ entdeckt – mit Glossen meines Mannes versehen. Sie hatte das Buch an sich genommen. Voll Begeisterung blätterte ich die Seiten mit den Glossen durch. Sie waren ohne Zweifel: Hochverrat. Wie sollte ich das Buch vernichten? Eingraben? Die Langhaardackel Schnupps und Piffi hätten sich ein Fest daraus bereitet, es wieder auszubuddeln. Es war mitten im Sommer. Meine Schwägerin Charlotte war zu Besuch, sie saß mit mir am Kaminfeuer und legte sorgfältig Seite um Seite auf die Flammen. Da klopfte es an der Haustür. Es war spät in der Nacht. Wer konnte es sein? So schnell konnten wir das Feuer gar nicht löschen.

Der Trebbower Inspektor. „Verbrennen Sie etwas?" fragte er. Sehr höflich wies er darauf hin, daß es auffallend sei, in einer warmen Sommernacht Funken aus dem Schornstein, ja brennende Papierfetzen fliegen zu sehen. Bis in das Dorf sichtbar.

Am nächsten Tag ruderte ich auf den See und warf das Buch in hohem Schwung ins Wasser. Das war natürlich sehr dumm. Es trieb auf dem Wasser dahin. Heftige kleine Wellen trugen es fort. Hinüber zum anderen Ufer. Mir blieb nichts anderes übrig, als in meinen Kleidern in den See zu springen und dem Buch nachzuschwimmen. Was tun? Der alte Abfluß der Kanalisation war oft verstopft und mußte aufgegraben werden. Wenn man dort „Mein Kampf" gefunden hätte!? Lieber nicht. Ich heizte den Ofen in meinem Schlafzimmer gründlich mit Briketts ein und zerriß die feuchten Seiten systematisch. Das half. Nach einigen Abenden war alles verschmort. Ich wagte nicht, etwas aufzuschreiben, was man mir zur Last legen konnte. Ich hatte Erinnerungen an meinen Vater geschrieben. Ich fuhr im Zug nach Rostock, die Erinnerungen in meinem Koffer.

Ein Herr kam mit mir ins Gespräch. Er vertraute mir an, daß er beauftragt sei, das Gepäck der Reisenden auf verräterische Schriften zu kontrollieren. Er ginge nun auf seine Runde.

„Wollen Sie nicht bei mir anfangen?" fragte ich ihn. Abwehrend hob er die Hände. „Aber nein, gnädige Frau." Dabei waren mir diese Blätter über meinen Vater gar nicht so geheuer. Wie er fort war, holte ich sie aus meinem Koffer und steckte sie in meinen Strumpf. Langes Stehen auf nächtlichem Bahnsteig. Umsteigen. Ein Stück Fußmarsch. Abends zu Hause griff ich nach den Blättern – sie waren fort!

Ich beruhigte mich, es hatte ja kein Name dabeigestanden. Dazu muß ich bemerken, daß sich der Auftritt auf der Bühne in einer Art Verkleidung vollzog. Ich trug meistens ein Trachtenkostüm. Schwarz oder grau mit grünem Tirolerhut. Diese Kostüme hatte es in den ersten Tagen des Krieges noch ohne Bezugsschein gegeben. Ein wenig geblondet – sah ich ganz glaubwürdig aus.

Nun erst ging mir die Rolle des Narren in den Shakespearestücken auf, der im traurigsten Augenblick auftritt oder dazwischentritt. Man begann, die komischen Momente zu sammeln, wie man Punkte sammelt.

Dennoch: Die Angst kroch an mich heran.

Ich wollte die Angst überwinden. Aus diesem Grunde habe ich zum Glauben gegriffen. Ich suchte einen Halt. „Wer bist du, daß du dich vor Menschen fürchtest?" Dieser Jesaias-Spruch war für mich das Leitwort jener Jahre. Denn ich fürchtete mich.

Man mußte auf jeden Fall mit KZ rechnen. Wie konnte man sich schützen? Ich begann, Psalmen auswendig zu lernen. An ihnen begann ich, Mut zu schöpfen.

Ich lernte viele. Ich nannte sie mein Gepäck fürs KZ. Ich hatte Angst, daß ich dort gierig sein würde, selbstsüchtig, vital, wild, gar nicht anständig oder edel.

Ich sagte mir: bestimmt versuchst du, die Wache mit einer Zeichnung zu bestechen, dich hervorzutun.

Ich ging sonntags in die Kirche. Mehr um zu bekennen, als um zu glauben. Der Pfarrer in Trebbow gehörte der Bekenntniskirche an. Er war ein mutiger Mann. Seine unbeholfenen Predigten zeugten von seinem Willen zum Widerstand. Anders war es, wenn ich manchmal auf Reisen in fremde Kirchen ging. Dann hörte ich Verhimmlungen des Regimes und saß mit hochrotem Kopf da und stöhnte: Gott, das kannst doch nicht du sein, von dem da gesprochen wird. Im Geist hielt ich die Gegenpredigt. Diese Gottesdienste verließ ich wie gerädert.

Ich wollte gern beten, aber ich schob vor, daß ich nicht wußte, wie. Ich wollte auch in der Bibel lesen, aber wo? Draußen strich für mich immer noch Pan durch die Gegend. Draußen war Naturschwärmerei, Sonnenanbetung, draußen kam ich nicht zur Ruhe. Im Haus war es ebenso: keine Ruhe.

Es blieb nur die Zeit in der Stille der Nacht. Diese Stille aber war illusorisch, da ich in der Nacht auf den englischen Sender lauerte.

Hanke, als Ortsgruppenleiter, hatte die Aufgabe erhalten, den Angehörigen den Tod ihrer Männer, Brüder, Söhne, Väter zu verkünden. Im Namen des Vaterlandes und der Partei. Den Leuten grauste schon, wenn er ihr Haus betrat.

Mich hatte man telefonisch benachrichtigt, bevor er als Unglücksbote erschien. Mein Schwager M. F. war gefallen. Am ersten Tag des Rußlandfeldzuges, im Suwalkizipfel, sofort nach Übertreten der Grenze.

Es stellte meinen Mann und mich vor die Frage: Was ist der Tod? Ein Beginn? Ein Ende? Was glaubten wir? Wo gab es Trost? In der Buchhandlung Gsellius in Berlin kletterte ich auf alten Gestellen herum. Ich fand Spiritistisches, Okkultes, ich fand aber auch eine kleine Pascal-Ausgabe.

Mit dem Tod von M. F. wurde ich nicht fertig. Ich irrte im Haus umher, wo er überall noch gegenwärtig war. Sein Lachen, der Klang seiner Stimme, seine Gebärden. Die Bücher über den Okkultismus halfen mir nicht. Aber Pascal. Ich las mich in ihn hinein. Ich begriff einiges über Größe und Kleinheit des Menschen, über die eigene Position als „Reicher".

Von dem Tag an war alles verhangen. Der Krieg hatte eine andere Dimension bekommen. Er war uns näher gerückt.

Von dem Tag an, rechnete ich, war unsere Jugend vorbei. M. F. war grade vierzig geworden.

Auf dem Betrieb trauerte man sehr um ihn. In Trebbow setzten wir später einen Stein für M. F. Ich hatte ein Relief hineingehauen. Nach dem Kriegsende kippten sie den Stein in den See.

## CHARLOTTE

Jährlich war Charlotte, Fritzis Frau, während der Sommermonate in Trebbow. 1943 zog sie ganz zu uns, nachdem sie den Breslauer Haushalt aufgelöst hatte. C. U. von Barner war großzügig und gastfreundlich, er freute sich über Charlottes Kommen. Sie bezog mehrere Räume in der ersten Etage. Wir führten getrennte Haushalte, doch wir sahen uns fast jeden Tag.

Die fünf Kinder, vier Töchter und ein Sohn, erfüllten das Haus mit ihrem Lachen. Sie wurden richtige Landkinder.

Das sechste Kind wurde 1943 geboren.
Charlotte.

Fritzi hatte sie in Kyritz kennengelernt. Die Stadtväter hatten sich aufgeregt: ein Referendar und eine Oberschülerin! Sie war nun eine blühende junge Frau, vollschlank, mit schönen Beinen. Ein klar gezeichnetes Gesicht. Eine hohe breite Stirn, Augen weit auseinanderstehend, von einem hellen Blau. Hohe Backenknochen, eine schmale Nase mit einem kleinen Stups am Ende, ein empfindsamer Mund. Großzügig, intelligent, lebhaft, voller Energie und Freude. Musikalisch, offen für alles Schöne, warmherzig, feinfühlig für andere. Für Fritzi eine Quelle der Kraft.

Er wußte, was er ihr zumuten konnte.

Bis zum Frühjahr 1940 war Fritzi in Breslau gewesen. Auch er hatte gewissermaßen versucht, dort eine „Insel des Guten" zu schaffen. Immer mehr war er mit den Parteigrößen aneinandergeraten. Er hatte sich zur Truppe gemeldet, zum I. R. 9 in Potsdam, dem Traditionsregiment, das zum Regiment der Opposition werden sollte.

Er sagte mir: „Besser eine Kugel von vorn als eine von hinten."

Den Vormarsch im russischen Feldzug hatte er als Zugführer mitgemacht. Er war ganz stolz, daß er sich nie die Füße durchgelaufen hatte. War es das Marschtraining unserer Kindheit? Er war bei den Leuten seines Zuges sehr beliebt.

Dann wurde er nach Berlin zurückberufen. In das Reichswirtschaftsministerium. Er sollte Vorschläge machen, wie man den Personalbestand senken konnte.

Wie verjüngt, voller Kraft, schlanker geworden, war er aus Rußland zurückgekommen. Unbeugsam, unermüdlich, nie erlahmend, nie verzweifelnd. Voller Pläne, voller Zuversicht. Wenn er in Trebbow war, fand er immer Zeit für seine Kinder. Es wurden wilde Spiele gespielt.

Er kam von Berlin, sooft er konnte. Wir trafen uns meist nur kurz, wie im Vorbeigehen. Meine Frage war stets: Wann ist es soweit? Wann? Wann? Wann? Er sprach nie konkret zu mir über die Umsturzpläne, und er nannte auch keine Namen außer Beck.

Er erklärte mir, daß sehr viel mehr vorzubereiten sei als nur das Attentat. Daß es sich um einen Umsturz und um einen Wiederaufbau handeln mußte, wenn das Attentat einen Sinn haben sollte. Er fragte mich nach der Stimmung auf dem Lande. Nach den Berichten des Senders. Was dachte der Mecklenburger? Die Menschen in Schwerin? Der Arbeiter auf dem Lande? Wie redete der Durchschnittsdeutsche in der Bahn, im Bus, im Geschäft? Wie war die Stimmung bei den Kriegsgefangenen? Ich sah zu optimistisch, als ich die Zahl der Hitleranhänger mit vierzig bis fünfzig Prozent angab. Zur Zeit der Erfolge lag sie wesentlich höher.

Ja, wie verhielten sich die Mecklenburger? Die Männer in Trebbow? Es waren nur wenige da: Kuhhirt, Schafhirt, Treckerfahrer, Schmied, Stellmacher. Ein paar ältere Pferdeknechte. Sie warteten das Ende ab, ehe sie Stellung nahmen. Es gab Ausnahmen. Der Waldarbeiter Kartzke stand neben mir auf dem Eis des Sees, das mit Schnee bedeckt war. Die Sonne ging unter und färbte den Schnee rot wie Blut.

Kartzke sagte: „Wird sich nicht alles an uns rächen, was wir den andern tun?"

„Sicher", war meine Antwort.

Das englische „certainly".

Bitter hat es sich an den Menschen in Mecklenburg gerächt.

Wir hatten zwei junge holländische Bauern als Melker, ich schätzte sie sehr. Eines Tages waren sie verschwunden. Man sagte mir ein wenig verlegen – sie seien versetzt, in ein Lager. Dem Schweizer, dem die Milchwirtschaft unterstand, war nicht zu trauen. Er hatte sie angezeigt. Warum? Alliierte Flieger hatten uns überflogen. Die Holländer hatten zum Himmel gesehen und gesagt, bald kämen mehr. Nur dies. Ich konnte nicht feststellen, wohin man sie gebracht hatte. Eine alte blinde Frau lebte allein in ihrem Katen. Eine Nachbarsfrau half ihr beim Kochen und Reinemachen. Sie wurde ganz gut mit allem fertig. Sie wollte in kein Heim. Sie war achtzig Jahre alt. Eines Tages kam ihr Sohn weinend zu mir: sein Bruder hätte veranlaßt, daß die Mutter in ein Heim überwiesen wurde. Bestimmt würden wir bald die Todesnachricht erhalten.

Acht Tage später war die Nachricht da. Dies geschah im Laufe der Vernichtung der Alten und Gebrechlichen. Der Irren.

Die Irrenanstalt bei Schwerin war in kurzer Zeit leer. Dies wurde stumpf, ohne Kommentar, im Dorf hingenommen. 1943 teilte mir H. mit, daß unser Haus als Erholungsheim für die Partei beschlagnahmt wäre.

Dagegen gab es keinen Protest.

Einige Wochen später geschah der Bombenangriff auf Hamburg. An einem Nachmittag, einem strahlenden Sommertag, hatte sich der Himmel verschleiert und verdunkelt. Dann erfuhren wir, daß Hamburg angegriffen wurde. Es lag achtzig Kilometer von Trebbow entfernt. Hamburg brannte vier Tage lang.

Ich fuhr nach Schwerin und ging auf den Bahnsteig. Da saßen sie in langen Reihen, die Flüchtlinge. Mit und ohne Gepäck. Frauen mit Kindern. Ältere Männer. Sie saßen und warteten. Ich fragte einige, hatten sie eine Bleibe? Sie hatten keine. Ich sagte, unser Haus sei wohl groß genug, ob sie mitkommen wollten? Sie wollten. Plötzlich hatte ich sechzehn Menschen eingeladen. Diese Zahl erhöhte sich mit dem dazugehörigen Anhang auf ungefähr dreißig.

Wir fanden alte Herde, beschafften einige neue, so daß wir sieben Kochstellen im Haus hatten. Schwieriger war es, für jede Partei einen Platz im Fliegenschrank zu finden und eine Kellerecke für die Kartoffeln.

Die Berichte aus Hamburg: brennender Asphalt auf den Straßen, in dem die Menschen nicht weiterkamen: mit Öl gefüllte, brennende Kanäle, in denen die Menschen verbrannten. Menschen, die als brennende Fackeln umherirrten, andere, die sich auf ihren Beinstümpfen retten wollten, die Füße waren ihnen weggebrannt.

Die englischen Flieger hatten einige Tage vorher Flugblätter mit einer Warnung vor Luftangriffen abgeworfen. Keiner hatte an einen solchen Angriff geglaubt. Wenige waren der Aufforderung zur Evakuierung gefolgt. So hatte es eine große Anzahl von Frauen und Kindern getroffen. „Mutter, warum lagen die Puppen auf der Straße herum?“ hatte das vierjährige Mädchen, das zu uns kam, seine Mutter gefragt. Die Puppen waren tote Kinder.

Dies war das einzige Mal, daß ich Hanke wirklich erschüttert sah. Die Männer der Partei waren hinbeordert worden, um beim Aufräumen der Leichen zu helfen. Damals schätzte die Partei die Menge der Toten auf einhunderttausend.

Trotz allem war H. empört, daß das Haus mit Flüchtlingen voll besetzt war. War es ein Schachzug gegen die Beschlagnahme des Hauses? Nun war es und blieb es voll. Einige Familien zogen weiter, andere kamen, einige blieben bis zum Kriegsende. Obwohl wir einander nicht mit politischen Gesprächen belasteten, benahmen sich die Flüchtlinge loyal im Jahr 1944. Sie standen auf unserer Seite. Sie ließen es uns ohne Worte spüren.

Mathias Wieman und seine Frau kamen im Frühjahr 1944, und sie blieben bis zum Kriegsende bei uns wohnen. Wiemans freundeten sich besonders herzlich mit Charlotte und mit den Kindern an.

## DIE ANDEREN BRÜDER UND FRITZI

Fritzi hat Wolfi zu der Zeit mehrmals getroffen. Er hatte mit ihm in großer Offenheit über die Lage gesprochen. Die tastenden Versuche aber, Wolfi für die Opposition zu gewinnen, hatte jener von sich gewiesen. Er wollte mit der Sache, an die er einst geglaubt hatte, untergehen. Er sagte einmal: „Mir geht es wie dem Reiter über den Bodensee. Ich darf mich nicht umsehen. Wenn ich mich umsehen würde, würde ich tot umfallen." Er wollte nur noch sich einsetzen, sich opfern. Seiner Truppe standen schwere Kämpfe bevor.

Auch mit Heini hatte Fritzi vor dessen Tod ziemlich offen über alles sprechen können. Mein ältester Bruder war gleich zu Anfang des Krieges eingezogen worden.

1942 war er aus Rußland mit schwerer Ruhr zurückgekommen. Nach langer Zeit in vielen Lazaretten wurde Krebs bei ihm festgestellt. Dickdarmkrebs, wie bei dem Bruder Heini. Er, der so vital war, litt schwer unter der Untätigkeit, zu der ihn die Krankheit verdammte.

Um die Jahreswende 1943/44 waren wir Geschwister zusammen. Es war bei Wolfi in Berlin. Fritzi hatte mich gedrängt, auch dabeizusein. Ich hatte nicht gewollt. Man konnte doch nicht über das sprechen, was einen am meisten bewegte. Wir umschifften die Klippen. Einer fragte: „Wann sehen wir uns wieder?“ Wir bekamen das Lachen. Das war doch wohl selbstverständlich! NIE! Wolfi sagte lachend! „Nie“. Ein Jahr später waren sie tot.

Fritzi war in die Krim zu Manstein gefahren, um ihn für den Umsturz anzuwerben. Manstein hatte abgelehnt – erst wenn Hitler tot wäre –, würde er mitmachen. Nach den Monaten in der Krim war Fritzi wieder in Berlin im Reichsernährungsministerium tätig. Er sollte dort Vorschläge für die Umwandlung der Gaue in zweckmäßige Marktverbände machen; eine Arbeit, die Haushofer schon begonnen hatte. Man hatte Fritzi den Posten als Generalkommissar in der Ukraine angeboten. Er hatte ihnen geantwortet: wenn die Partei und ihre Organisationen ausgeschaltet würden, so daß er nur mit der Wehrmacht zusammenzuarbeiten hätte; dann könnte man darüber sprechen. Ob sie den Hohn verstanden, der in dieser Antwort lag? Die SS ausschalten! Das war undenkbar!

Sie hatten es übrigens nicht verstehen können, so erzählte er mir, daß ihm das hohe Gehalt, das sie ihm boten, nicht interessierte. Sie konnten seine Unbestechlichkeit sowieso nicht verstehen. Er brachte Charlotte aus dem besetzten Gebiet, also aus Frankreich, niemals etwas mit, nicht einmal ein Paar der so begehrten Damenstrümpfe. Er übte Sparsamkeit in allem. Er haßte die Käuflichkeit der Menschen und die daraus entstehende Korruption. 1943 war er dem Stab des Generals von Unruh zugeteilt worden. Dieser Stab hatte die Aufgabe, sämtliche Dienststellen auf überflüssiges Personal hin durchzukämmen. Gelegenheit, die Verschwörung zu Freunden und Gleichgesinnten zu tragen.

Wie er mit der Unruhkommission in Paris war, hatte man ihm wieder Geschenke angeboten. Er hatte sie abgelehnt. Als er in sein Abteil kam, der Zug war schon abgefahren, war es voll mit Weinkisten. Beim nächsten Halt – in Regensburg – ließ er ostentativ den Bahnhofsvorsteher rufen und ordnete an, daß die

Kisten herausgeschafft und einem Flüchtlingslager zugewiesen wurden.

Es kam die Zeit, wo er keine feste Wohnung mehr in Berlin hatte, er wohnte hier und da, er tauchte unter, einige Wochen lag er bei Sauerbruch in der Klinik und galt als krank, vierundzwanzig Stunden war er einmal verhaftet und kam wieder frei; er war ganz zum Verschwörer geworden. Nun, in den Jahren des steigenden Grauens, wandelte sich auch sein Gesicht. Das Lachen verflog schnell, er war sehr ernst geworden. Das Leiden um das, was Deutsche taten, die Schmach, zehrte an ihm. Der aktive Widerstand, der vorher von einer relativ kleinen Gruppe von Militärs und Beamten getragen war, wuchs nun in die Breite. In diese Jahre der Not fällt diese einzigartige Verbindung zwischen allen Schichten, Ständen und Bekenntnissen, die sich zum Widerstand zusammengeschlossen hatten. Die Verbindungen zu allen herzustellen, alle zusammenzuschmieden, damit aus diesem innerlich gespaltenen Deutschland eine Einheit werde, das war Fritzis Hauptanliegen. In dieser Einheit sah er den Ansatz zum Sieg des Guten. Darum warb er, wo er es nur konnte und wo er damit ankam, auch bei Nazis. – Nur so konnte es einen Wiederaufbau unseres Landes geben, das sich von innen her erneuern mußte. Ständig arbeitete er an den Plänen zur Neugliederung der Länder und der Verwaltung.

Er lebte im Glauben an einen Sieg des Guten. Das kommt in einem Kriegsbrief zum Ausdruck. „Ich glaube, daß wir schweren Zeiten entgegengehen, voller Not für das Volk wie für den einzelnen. Manchmal wird der Ausblick so düster, daß man glaubt, hinter diesem Dunkel lauere unmittelbar der Abgrund, dem wir unaufhaltsam entgegengehen, wie magisch angezogen. Und nirgends ein Ausweg und nirgends ein Ansatz, um sich aus dieser Verstrickung zu befreien. Man sinnt und denkt und späht, und nirgends ein Licht, das in diese Finsternis hineinleuchtet und Wege weist. Und doch fühlte ich tief im Innern mein Herz die Antwort geben, die der Verstand vergebens sucht. So gewiß Gott dieses Volk nach dem tiefen Fall von 1918 nicht hat versinken lassen, so gewiß erschüttert er es durch tiefste Schuld, Gefahr und Not, damit es, von den Schlägen des Schicksals am härtesten getroffen, sich tief innen besinne, die wahren Kräfte seines Wesens erwecke, sich wandle und sich dann reiner erhebe. Das sagt mir das Herz, und mein Herz hat recht..."

Er wußte sich beobachtet und gefährdet, er hielt sich für einen Todgeweihten. Auf der Rückfahrt von der Krim machte er in Bukarest bei Freunden Halt, wo er abends das Gedicht „Der Gehenkte" von Stefan George zitierte.

> Als Sieger dring ich einst in euer hirn
> ich der verscharrte – und in euern samen
> wirk ich als held, auf den man lieder singt
> als gott... und eh ihr's euch versahet... biege
> ich diesen starren balken um zum rad.

Vor der letzten Zeile war er hinausgegangen. Der Freund fand ihn weinend. Beim Abschied sagte er: „Mein Köpfchen wird wohl rollen." Wir sprachen zusammen darüber, wieviel die Gestapo wohl von ihm wisse. Er nahm an, daß Himmler Verdacht geschöpft hatte. Wartete der ab und ließ ihn gewähren, um dann um so sicherer zuzuschlagen? Oder beobachtete er ihn nur argwöhnisch?

## PLÄNE DES WIDERSTANDES

Später zeigte sich, daß niemand das Ausmaß der Verschwörung geahnt hatte. Warum schlagt ihr noch nicht zu? war meine ständige Frage an Fritzi. Er wurde nicht ungeduldig, er versuchte, es mir zu erklären. Man war sich immer noch nicht einig. Der Plan bestand, Himmler mit Hitler zusammen umzubringen. Andere waren gegen ein Attentat, sie waren dafür, Hitler nur zu verhaften und ihn festzusetzen. Dann hätten sie ihn mit Glanz befreit, wie auch Mussolini befreit worden war. Man mußte mit den Alliierten verhandeln, ob sie die Opposition als Verhandlungspartner nach dem Attentat anerkennen würden. Das Angebot war: Deutschland zieht sich auf seine Grenzen zurück, ohne die besetzten Gebiete. Stalin machte Schwierigkeiten, er bestand auf seiner Bedingung, daß die deutschen Kriegsgefangenen für zehn Jahre in den russischen Lagern bleiben sollten, um dort beim Wiederaufbau zu helfen.

Es war der Opposition klar, daß 1943 zugeschlagen werden mußte. Aber immer wieder war etwas schiefgegangen. Mehr erfuhr ich nicht, und ich fragte auch nicht weiter. Die vielen vergeblichen Versuche fand ich nach dem Krieg bei von Schlabrendorff aufgezeichnet. Mein einziger Beitrag war sowieso nur ab und zu eine Wurst oder ein paar Fleischmarken für Generaloberst Beck. Ich wußte wohl, daß unsere Vettern zweiten Grades, Ulrich Wilhelm Schwerin und Albrecht Kessel, beteiligt waren. Ebenso, daß der Vetter meines Vaters, der Botschafter Schulenburg, mitwirkte. Sonst erfuhr ich keine Namen.

Fritzi hatte alle Aufrufe, die man für den Tag X benötigte, immer bei sich. Er behauptete, es sei das sicherste, wenn er sie auf seinem Leibe trüge. In seiner inneren Jackentasche. Er gab sie mir zu lesen.

Flammende Aufrufe. An das deutsche Volk.

Erklärung: Warum man Hitler umbringen mußte bzw. umgebracht hatte. Warum der Eid, den jeder Soldat auf Hitler leisten mußte, nicht mehr gültig sein konnte.

Die Aufrufe bewiesen, daß Hitler sich zum Verräter an der deutschen Sache gemacht hatte. Fritzi bat mich, einen Aufruf für die Künstler zu verfassen. Das habe ich auch getan.

Es gab die Listen der Namen. Derer, die sich zur Verfügung gestellt hatten. Da das Attentat mitten im Kriege stattfand, mußte die Übergabe der Ämter in zivile vertrauenswürdige Hände schnell und reibungslos erfolgen. Heute wissen wir (aus dem Kaltenbrunnerbericht über das Verhör bei der Gestapo), daß die Widerstandsbewegung in Kreisen organisiert war. In dem ersten Kreis wurde das Attentat geplant, und die Täter wurden bestimmt. Im zweiten Kreis kannte man den Plan des Attentats, wußte aber weder den Termin noch die anderen Umstände. Der dritte Kreis wußte nur vage etwas über ein gewaltsames Unternehmen. Der vierte bestand aus Leuten, mit denen man über den Ernst der Lage gesprochen hatte und die man angeregt hatte, sich für den Wiederaufbau nach dem Kriege Gedanken zu machen. Anfang 1944 war ein umfassender Stellenbesetzungsplan fertiggestellt worden. Er ist verlorengegangen. Vielleicht hätte dieser Plan besser als alles andere von der Breite der Bewegung gezeugt.

Charlotte wußte natürlich mehr als ich, sie kannte viele der Beteiligten persönlich. Ich versuchte es nicht, Namen von ihr zu erfahren, da ich meiner Verschwiegenheit nicht traute. Die Frage bedrängte mich: würde ich mich nicht äußerst dumm bei einem Verhör benehmen?

Andere mit hineinreißen?

Es muß im Herbst 1943 gewesen sein, daß ich den englischen Sender anstellte und eine deutsche Rede hörte. Diese Rede traf mich wie ein Schlag. Dies war keine Propaganda. Hier antwortete nicht Haß auf Haß! So konnte nur jemand sprechen, der mit uns in Deutschland lebte und litt! Ich saß tränenüberströmt da. Wer aber konnte so sprechen? Plötzlich, so schien es, war alles an die rechte Stelle gerückt. In großer Eindringlichkeit sprach ein Deutscher zu uns Deutschen. Er hielt uns unser Unrecht vor. Ich war bis aufs tiefste erschüttert. Wie war es möglich, und wer war es, der diese Rede wagte?

Am Schluß der Rede sagte der englische Sprecher: „Wir übertrugen soeben eine Rede des Bischofs von Münster, des Grafen von Galen.“ Es hatte sich also doch in Deutschland eine Stimme des Protestes öffentlich erhoben.

In all den Kriegsjahren hatte ich kein jüdisches Gesicht zu sehen bekommen. Weder in Berlin noch in Lübeck, noch auf der Bahn. An einem Tag aber, kurz nachdem den Juden das Tragen des Gelben Sterns zur Pflicht gemacht worden war, begegnete ich einer vornehm aussehenden älteren Dame in Schwerin auf der Straße. Sie trug den Gelben Stern. Sie sah still und verschlossen aus. Was sollte ich tun? Ich hatte eben in einem Laden gegen Speck eine Schachtel Pralinen erworben. Ich trat auf sie zu und sagte ihr: „Entschuldigen Sie bitte, gnädige Frau, ich habe grade nichts anderes bei mir, darf ich Ihnen dies als Zeichen meines Mitgefühls (oder ähnlich) geben, ich kann das Ding da nicht sehen!“ Das Ding – der Gelbe Stern. Damit gab ich ihr die Pralinenschachtel. Sie nahm sie und sah mich erstaunt, aber freundlich an, sie dankte und ging weiter.

Danach ergriff mich eine Panik! Jeder kannte in Schwerin jeden. Würde man mich anzeigen? Ich bog in eine Seitenstraße, lief, bog mehrere Haken, bis ich mir sagte, daß das noch auffälliger sei. Ich hätte sie fragen sollen, was ich für sie tun konnte. Sicherlich! Aber wie mich glaubhaft machen? Ich wußte ja, daß es hoffnungslos war, jemand in Trebbow verbergen zu wollen, diese „Möglichkeit" hatte ich zu oft erwogen. Ich berichte dies, um zu zeigen, wie lächerlich wenig ich tat – oder tun konnte. Wie banal das war. Die Diskrepanz zwischen Wollen und Tun.

Zu dieser Zeit drang es allmählich durch: man brachte die Juden um, wie man die Geisteskranken umgebracht hatte. Man verschleppte sie in Lager. Man vergaste. Verbrannte. Wie das geschah, darüber war nichts zu erfahren. Nichts von der grauenhaften Perfektion der Vernichtung, von apokalyptischen Zahlen. Man erfuhr auch nicht die Namen der Lager außer Dachau, Buchenwald, Sachsenhausen und später noch Flossenbürg und Theresienstadt. Die Geheimhaltung war wirklich perfekt. Ein Hamburger Kommunist sagte mir nach dem Kriege, daß sie nicht einmal den Namen von Neuengamme gekannt hätten, dem KZ vor den Toren von Hamburg.

Wir in Mecklenburg hatten gehört, daß es im Land ein KZ gab. Aber wo es lag, wie es hieß, es war nicht zu erfahren.

Es war Ravensbrück.

Matthias Wieman wurde von einem Parteimann angesprochen, ob er an einem Sonntag nicht mit ihm im Auto zu einem KZ fahren wolle, dort seien so schöne stolze Frauen zu sehen. Ein makabres Angebot. Wieman lehnte ab. Anfang 1944 schätzte Fritzi die Zahl der KZ-Gefangenen auf zweihunderttausend. In Wirklichkeit waren zu der Zeit eine Million in den Lagern! Es war also auch den Männern des Widerstands in keiner Weise möglich, sich einen genauen Überblick zu verschaffen. Was man wußte, genügte vollauf, um einen erstarren zu lassen. Es machte die Notwendigkeit des Attentats nur noch dringender. Ja, alles drängte daraufhin, daß man ein Ende erzwingen mußte. Die Städte verwandelten sich in Steinwüsten. Es war unvorstellbar, daß Menschen in den Ruinen lebten und arbeiteten.

Hatte ich nicht immer zum Himmel gesehen und einen Flieger erwartet? Eines Tages, im Sommer 1944, sah ich ein alliiertes Flugzeug herunterkommen. Ich stürzte ihm nach. Atemlos erreichte ich nach zwanzig Minuten das Feld auf unserem Nebengut, wo das Flugzeug heruntergegangen war und eine lange Schneise in das Korn gerissen hatte.

Die Flieger, amerikanische Flieger, waren mit dem Fallschirm abgesprungen, zwei waren auf unserem Gebiet gefangengenommen worden. Man versicherte mir, daß sie in ordnungsgemäßen Gewahrsam seien, im Haus des Bürgermeisters im nächsten Dorf, der sie der Wehrmacht zu übergeben hatte.

Es muß zwei Tage später gewesen sein, daß André in unserem Haus Heizholz in einer Kiepe nach oben trug. Er flüsterte mir zu, wissen Sie, was mit den Fliegern geschehen ist? – bei der nächsten Kiepe – Hanke hat sie hinterrücks erschossen. Sie liegen im Wald verscharrt. Eine Kiepe weiter – es gibt Augenzeugen.

Ich rief Hanke an und bat ihn, zu mir zu kommen. Ich sagte ihm, daß ich irgendwelche Gerüchte über die Flieger gehört hätte. Ich bäte um Aufklärung.

Sein Bericht lautete: Er habe mit einem Jagdfreund, der grade bei ihm gewesen war, die Gefangenen beim Bürgermeister abgeholt, um sie nach Schwerin zu bringen, unterwegs hätten sie, wie er mit dem Auto gehalten hätte, einen Fluchtversuch gemacht, und er habe sie erschossen. Von hinten.

Ich war sehr zornig. Ich fuhr ihn an: „Wie konnten Sie das tun?! Das kann aber auch mal sehr anders kommen.“ Bei diesen Worten wurde er leichenblaß und starrte mich an. Ich sah in seinen Augen Angst. Er erhob sich halb aus dem Stuhl. Wir fixierten uns. Da sah ich, wie in seinen Augen die Angst in Wut umschlug. Er fragte mich: „Wie meinen Sie das, gnädige Frau?“ Nun packte mich die Angst, und ich wich aus. Ich sagte nur: „Stellen Sie sich vor, wenn die geflohen wären.“

Ich hatte das Spiel verloren.

Bis heute frage ich mich, ob es nicht möglich gewesen wäre, ihm sein Unrecht vorzuhalten. Ich habe mich damals schon gefragt. Ich wußte also: er hatte sie umgebracht! Auf unserem Gut, dieser sogenannten „Insel des Guten“, waren zwei Flieger hinterrücks ermordet worden, und sie lagen bei uns im Wald verscharrt – bis der Krieg beendet sein würde. Der Besitzer des Gutes war weiter nichts wie eine Marionette. Von dem Augenblick an haßte ich meine Stellung als Besitzer. Lieber nichts haben, als so in das Unrecht mit hineinverflochten zu werden. Nachher erfuhr ich, daß an dem Tag insgesamt sechzehn Flieger auf diese Art umgebracht worden waren, hinterrücks, auf Befehl des Gauleiters Hildebrandt. Der Landrat hatte protestiert, aber die Partei war der zivilen Verwaltung übergeordnet.

Seltsamerweise mußte bald danach ein deutsches Flugzeug eine Notlandung machen, es landete auf derselben Schneise durch das Korn, die von der amerikanischen Maschine gepflügt worden war. Es geriet in Brand, die Insassen verbrannten.

Ich fragte mich: merkten sie denn nicht, was los war, die Herren von der Partei? Glaubten sie immer noch an einen Sieg?

Das Volk, soviel war klar, glaubte nicht mehr daran. Seit dem Fall von Stalingrad hatte sich der Wunderglaube – es wird schon alles gutgehen – verloren. Der Satz war abgewandelt – wie soll das noch gutgehen?

Dies hieß zwar nicht, daß man offen mit dem anderen reden konnte. Es war nicht gut, den anderen zu belasten.

## STAUFFENBERG

Fritzi kam 1944 oft nach Trebbow.

Angemeldet, unangemeldet tauchte er plötzlich auf. Er kam von Schwerin aus zu Fuß, oder er rief an und bat um Abholung.

Immer wieder die atembeklemmende Frage: wann ist es soweit?

Für Ostern 1944 meldete Fritzi seinen Besuch mit Stauffenberg in Trebbow an. Mir sagte er: er wird das Attentat begehen und sich opfern. Ob ich es falsch verstanden habe oder ob zu einer Zeit der Plan bestand, daß Stauffenbergs Rückkehr in die Bendlerstraße nicht notwendig sei – weiß ich nicht.

Fritzi hatte Charlotte und mir eingeschärft: Kein Wort von Politik. Stauffenberg muß sich erholen.

Mit ihm zusammen kam Hauptmann Klausing, ein stiller junger Mann. Stauffenberg ging viel mit Fritzi spazieren. Ich entsinne mich nur an die Mahlzeiten und an die Abende.

Stauffenberg war schlank und groß. Er hatte einen auffallend schönen Kopf. Sein schwarzer Augenschutz, er hatte durch eine schwere Verwundung das linke Auge verloren, gab seinem Gesicht etwas Verwegenes, Kühnes. Die rechte Hand war amputiert, an seiner linken fehlten mehrere Finger; ich bewunderte die Geschicklichkeit, mit der er eine Streichholzschachtel unter seinen Armstumpf klemmte und sich eine Zigarette anzündete. Er erzählte, daß er nach seiner Verwundung in Afrika alle schmerzstillenden Mittel abgelehnt hatte. Er hatte die schwersten Kopfschmerzen ausgehalten, er wußte, daß er nur auf diese Weise wieder hochkommen konnte. Alles an ihm zeugte von einer unbändigen Energie und von hoher Geistigkeit.

Einen Abend lang, den wir am Kaminfeuer verbrachten, sprachen wir über Rilke, Stefan George und Shakespeare. Am anderen Abend waren Fritzi und er in politische Gespräche vertieft. Charlotte und ich hüllten uns in Brokatstoffe, die, geschickt drapiert, schöne Abendkleider vortäuschten. Aber, wir hatten noch einen besonders schönen Stoff. In diesen kleideten wir Klausing ein, mit einem Silberturban dazu. Seine Militärhosen und die großen Stiefel sahen unter dem weiß-silbernen Brokat hervor. Ich habe nie wieder einen Menschen so lachen hören wie Stauffenberg, als er Klausing erblickte.

Stauffenberg, befragt, was ihn zum Widerstand gebracht hätte, erwähnte ein Gespräch mit Fritzi – war es in Paris? –, das ihn von der Notwendigkeit des Widerstands und des Attentats überzeugt hatte. Wahrscheinlich hatte er Fritzi durch seinen Vetter Hofakker kennengelernt, der auch einen so markanten Kopf hatte.

1944 war die innere Spannung unerträglich. Immer dringender war es, daß etwas geschehen mußte, ehe es zu spät war. War es nicht eigentlich schon zu spät nach der Landung der Alliierten in Frankreich? „Wird es gelingen?“ fragte ich Fritzi. „Es muß gelingen“, antwortete er. Er war sehr ruhig, obwohl er sehr viel ernster war als sonst.

In der Nacht zum 19. Juli kam er noch einmal. Charlottes Geburtstag wurde vorgefeiert. Dann stand Fritzi am 19. morgens in dem Entrée, der dunklen Eingangshalle, und wir sagten verlegen zueinander: – Na also, mach's gut. Mit den gleichen Worten hatte ich mich auch von Wolfi verabschiedet.

## 20. JULI

Fritzi war zum Militärgouverneur von Lyon ernannt worden. Einen Posten bei Terboven in Norwegen hatte er ein Jahr vorher noch ablehnen können, hier gab es keine Möglichkeit mehr, auszuweichen oder abzulehnen.

Am 19. Juli hatten wir die Nachricht erhalten, daß Wolfi als Kommandeur seines Fallschirmjägerregiments in der Normandie gefallen war. Dieser Schock steigerte die Erregung und den Druck. Der 20. Juli, Charlottes Geburtstag, war ein strahlend schöner Sommertag. Hochfest für die Kinder. Die sechs Tressower Kinder, im Alter Fritzis Kindern sehr nah, waren mit meiner Schwägerin aus Tressow zu Besuch gekommen. Festliche Kleider der Kinder. Aufführungen. Die zwei Kleinsten lagen und krabbelten auf einer Wolldecke.

Wir feierten im Pavillon am See, danach in Charlottes Zimmer. Ich ging zwischen vier und fünf durchs Haus und hörte jemanden schluchzen und stöhnen. Es war Alice Krüger, unser altes Kinderfräulein, die bei uns zu Besuch war. Sie stöhnte: der Führer! Der Führer! Ein Attentat! Der Führer tot! Sie hatte es im Radio gehört. Ich drang in Charlottes Teegesellschaft ein und bat sie herauszukommen. Schluchzend sagte ich ihr: „Hitler ist tot. Fritzi bleibt leben.“ – Charlotte, sehr viel ruhiger und bedachter als ich, bestand darauf, das Radio selber zu hören, um die Nachricht wirklich zu glauben. Sie beschloß an dem Tag, Mathias Wieman sofort ins Vertrauen zu ziehen, es wäre uns unmöglich gewesen, vor ihm unsere Gefühle zu verbergen. Mathias versprach, Charlotte beizustehen, was auch geschehen möge.

Er hörte am Radio die Nachricht: Ein Attentat hat stattgefunden. Hitler lebt. War es eine Finte? In der Nacht hörten wir die erregte Stimme Hitlers am Radio. Stauffenberg wurde als Täter genannt. Auch Beck wurde erwähnt. Eine Offiziersclique. Fritzis Name war noch nicht gefallen. War er in der Bendlerstraße gewesen? War er schon nach Lyon abgefahren? Hatten sie ihn verhaftet? War er entwichen? Wie es auch war, niemand durfte uns etwas anmerken! Wir durften nichts wissen. Nur so konnten wir ihn – und letztlich die Kinder – schützen. Wir malten uns ein wenig mehr als sonst an und sagten: „So. Ein Attentat?!"

Einen Tag später rief mich abends der Inspektor an. Hanke sei bei ihm gewesen. Er hätte gesagt: „Nun ist es mit Trebbow aus. Der Graf war mitbeteiligt. Stauffenberg war Ostern in Trebbow zu Besuch."

Ich fuhr mit Charlotte nach Schwerin. Sie wollte zu Willisen, einem Freund von Fritzi. Ich ging zu Hildebrandt.

Bei Hildebrandt berief ich mich auf Hankes Ausspruch: mit Trebbow ist alles aus. Ich bat ihn um Aufklärung. Es sei doch wohl noch nichts damit gesagt, daß Stauffenberg mit Fritzi Ostern bei uns zu Besuch gewesen wäre. Und auch gegen Fritzi sei damit ... Hildebrandt unterbrach mich und sagte sehr ernst: „Sie brauchen über Ihren Bruder Fritzi nichts zu sagen. Wir wissen, daß er zu den nächsten Verschwörern gehört. Ihn können Sie nicht retten!" Der Magen drehte sich mir um. Ich bat Hildebrandt eindringlich, sich Charlottes Lage vorzustellen. Ich erinnerte ihn daran, daß man in Tressow niemals die Damen mit ins politische Gespräch hineinbezogen habe. Hildebrandt versprach, alles zu tun, um Charlotte zu helfen. An dem Tag wußte man noch nichts von der Sippenhaft. Ich machte ihm den Vorschlag, wir wollten uns gewissermaßen als seine Gefangenen betrachten. Trebbow läge ja nahe genug an Schwerin. Wir würden keinen Brief schreiben, nicht telefonieren, nicht fortreisen. Er könnte sich absolut auf dies Versprechen verlassen. Er sagte seinen Schutz zu. Vor seinem Schreibtisch hatte ich mir gesagt: wehe dir, wenn du feige bist und deine Gesinnung verleugnest.

Ich hatte mir mit einer von Hildebrandts Zigaretten Mut oder Ruhe angeraucht; ich bin Nichtraucher und hasse das Rauchen. Trotzdem hatte ich, wie ich nachher auf der Straße stand, das entsetzliche Gefühl, es ganz genau zu wissen, wie es Petrus ging, als er Christus verriet. Ich hatte mich nicht offen zu Fritzis Tat bekannt.

Charlotte ging am nächsten Tag zu Hildebrandt. Sie war mutiger. Sie sagte: „Was immer mein Mann auch getan haben mag, ich stehe zu ihm und zu dem, was er getan hat, da ich weiß, daß er nichts Unrechtes tun kann."

Hildebrandt muß sehr von Charlottes Mut beeindruckt gewesen sein. Er versprach, ihr zu helfen; er wolle auch versuchen, ob man noch etwas für Fritzi tun könne.

Einen Tag später stand die Verordnung über die Sippenhaft in der Zeitung. Die Angehörigen der Verschwörer, Frauen und Kinder, wurden durchweg verhaftet und ins Gefängnis oder ins KZ gebracht. Auch Charlotte sollte mit ihren Kindern verhaftet und in das KZ nach Flossenbürg gebracht werden. Hildebrandt war zu einer Gauleitertagung nach Berlin berufen worden, dort wurde er über diesen Plan informiert. Er erhob Einspruch und gab an, daß sie in Trebbow unter seiner Aufsicht standen; so hat er die Verhaftung von Charlotte und den Kindern verhindert.

Einige Tage später kam er nach Trebbow. Er kam, um Charlotte mitzuteilen, daß für Fritzi nichts zu machen war. Seine Füße verhedderten sich in ihrem Schafwollteppich – er stolperte, und das gab ihr die Kraft, bei dieser Nachricht nicht zusammenzubrechen. Er sagte ihr, daß er sie vor Flossenbürg bewahrt hatte. Uns persönlich wäre in den Tagen alles egal gewesen. Die Vorstellung war unerträglich, daß den Kindern etwas geschehen könnte – Schuschu, die Älteste, war zehn, Adelheid, die Jüngste, dreiviertel Jahre alt. Schwere Tage des Wartens.

Und noch schwerere Nächte. Man lag wach und lauschte. Es war immer noch möglich, daß sie ihn nicht gefaßt hatten. Wir verbargen in der Gruft einen Anzug, Schuhe und eiserne Rationen, Cognac und Speck.

Einer der Verhafteten war wirklich während eines Bombenangriffs in Berlin dem Polizeiwagen, der „Grünen Minna“, entsprungen. Heini Lehndorff, ein entfernter Verwandter von uns, der Blue Boy unserer Potsdamer Jahre. Er war zu Fuß bis nach Mecklenburg gelangt, wo sie ihn am Straßenrand aufgriffen und verhafteten. Auch er wurde hingerichtet.

Nun wurde in der Zeitung Fritzi als Mittäter erwähnt. Die Menschen im Haus sollten nicht merken, wieviel wir wußten. Fritzi war verhaftet? Gut, ja, man würde schon feststellen, daß er unschuldig war. Die rotgemalten Lippen waren unsere Waffe, wir stärkten uns mit dem Sherry, der noch im Keller lag.

Nach außen also mußten wir Theater spielen.

Vor allem vor den Kindern.

Die Kinder durften nicht wissen, wie uns zumute war. Wir hielten mit ihnen Badefeste ab, pünktlich jeden Nachmittag auf dem Steg am See. Es begann mit einer Fischfütterung, als Attraktion für diese Tage eingeführt. Genauso pünktlich wie wir fanden sich auch die Fische ein. Und wenn die paar Krümel im Wasser hinuntertrudelten, sah man sie wie eine glitzernde Säule unter uns stehen, oben die Kleinen, unten Barsch, Karausche, Plötz, Hecht. Im Wasser spiegelten sich die Gesichter der Kinder, die bäuchlings auf dem Steg lagen und begeistert die Fische betrachteten. Danach begann das Schwimmen und Springen. Schuschu und Beba wurde das Springen beigebracht. Mir sausten die Ohren von den vielen Sprüngen, rein und raus aus dem Wasser und wieder hinein.

Fritz, damals sechs Jahre alt, war noch wasserscheu. Ich hatte ihn erst auf meinem Rücken liegend ins Tiefe mitgenommen, aber er klammerte sich so an meinem Hals fest, daß ich fast erstickte. Ich versprach ihm eine Wurst, ganz für sich allein, wenn er das Schwimmen lernen würde.

Wir banden ihm einen dicken Korkgürtel um den Leib und hielten ihn an einem Strick. Die Schwestern umtobten ihn schwimmend, Fritz raste begeistert durch das Wasser, indem er große Schritte machte – schon hielt er sich für einen perfekten Schwimmer. Es dauerte ein paar Tage, und er hatte das Schwimmen gelernt. Versonnen und selig saß er auf dem Teppich und rollte eine kleine Mettwurst andächtig vor sich her; seine Wurst, die er sich erworben hatte. Schuschu, die älteste Tochter, fragte Charlotte, warum kommt Papi nicht zu Besuch? Charlotte antwortete ihr: „Hitler hat Papi ins Gefängnis gesetzt, weil er denkt, daß er etwas Böses getan hat." Darauf Schuschu: „Was ist Hitler dumm!" Eines Tages wurde Charlotte vom Baden am See ins Haus gerufen. Die Gestapo war zum Verhör da. Sie haben Charlotte acht Stunden verhört – und nichts erfahren. Ich wartete voller Angst, wie es ausgehen würde. Als sie im triefenden Badeanzug vom See kam, hatte sie gesagt: „Meine Herren, Sie gestatten doch wohl, daß ich mich erst anziehe?" Im Ton dieser Überlegenheit und Gefaßtheit hatte sie allen Antworten zu begegnen gewußt.

Mich hat man nicht verhört. Dafür war ich dankbar. Ich traute mir nicht. Hatte ich mich nicht in Croydon dumm benommen?

Ich fürchtete zu plappern.

Mehrere, die in Berlin verhaftet worden waren, hatte man gefragt, ob sie mich kannten. Sie kannten mich nicht.

Fritzi muß im Verhör Selbstbeherrschung und Verschwiegenheit gezeigt haben. Viele Mitbeteiligte, die man nicht hinrichtete, waren überzeugt, daß sie ihm ihr Leben verdankten.

Charlotte war in diesen Tagen bewundernswürdig. Immer umsichtig, immer auf das Wohl der Kinder bedacht, ruhig und gefaßt und tapfer. Mit ihrem schönen roten Haar sah sie wie eine streitbare Löwin aus, die ihre Jungen verteidigt.

Sie konnte auch lachen, um sich aufrecht zu halten. Wir warfen uns die komischen kleinen Geschehnisse wie Bälle zu, sie halfen uns, Haltung zu bewahren.

So hatte sich Hildebrandt nicht nur im Teppich, sondern auch in der Sprache verheddert – es tut mir ja so leid für Ihnen und den Kindern, was dem Plattgewohnten leicht passieren kann. In einer Ausgabe der Zeitung hatten die Brüder gestanden: auf einem Blatt Oberleutnant Graf von der Schulenburg als Attentäter – auf dem anderen Blatt Wolfi als Held, in der Normandie gefallen, der posthum das Eichenlaub zum Ritterkreuz erhalten hatte. Bald darauf wurde die Mittäterschaft des Botschafters, Werner von der Schulenburg, bekannt. Der Familienverband stieß die „Verräter" aus. Es gab eben Menschen, die große Angst hatten, und solche, deren Angst nicht so groß war, darüber konnte man kein Urteil fällen.

Abgesehen von diesen Einzelheiten ist die Erinnerung an diese Tage ausgelöscht. Nur das Bild der Natur steht vor mir. Der Park mit seinen Bäumen und blühenden Sträuchern, der See mit dem Schilfgürtel, die reifenden Felder, das ganze Mecklenburger Land in seiner üppigen Schönheit, schweigend, herrlich. Aber eben neutral.

Keine Brücke von mir zu der Schönheit. Keine Antwort auf meine Not. Keine Hilfe. Kein Trost. Man sah, und man sah nicht. Mit verkrampftem Herzen stand man vor der Frage: Was geschieht mit ihnen? Wo ist Fritzi? Haben sie ihn? Ist er entwichen? Quälen Sie? Foltern sie? Man wußte nichts.

Außer seiner Mittäterschaft war in der Zeitung nichts erwähnt. Charlotte sagte ganz fest und bestimmt: „Ich weiß und ich spüre, daß er ruhig ist.

Es ist, als ob er mir Kraft und Ruhe sendet." Irgendwann wurden wir uns dessen bewußt, daß der Strang auf sie wartete. Der Strick des Psalmes!

Unsere Seele ist ihnen entronnen, wie der Vogel dem Strick des Voglers ... Diesen Psalm kannte Fritzi gut. Er hatte ihn angestrichen. Hatte ich oder hatten Wiemans die Zeitung mit der Nachricht vom 8. August mitgebracht? Die erste Gruppe der Verschwörer war am 8. vom Volksgericht zum Tode am Strang verurteilt worden, das Urteil war vollzogen. Die nächste Gruppe würde am 10. August vor das Volksgericht kommen. Fritzis Name bei der nächsten Gruppe.

Es war am 9. August spätnachmittags. Sofort stand Charlottes Entschluß fest: sie würde nach Berlin fahren.

Vielleicht konnte man noch etwas erreichen? Vielleicht Fritzi nur noch die Nachricht zukommen lassen, daß es ihr mit den Kindern gutging. Daß sie nicht verhaftet waren.

Wieman schrieb noch einen Brief.

Charlotte und ich wollten in der Nacht nach Berlin fahren. Wir schickten zum Inspektor um Fahrgeld. Es war kein Geld auf dem Hof. Darauf beschlossen wir, bei Oldach, dem Chef der Gestapo in Schwerin, vorbeizufahren. Wir mußten ja sowieso Hildebrandt die Nachricht zukommen lassen, daß wir uns in diesem Augenblick nicht an unser Versprechen halten konnten, daß wir Trebbow nicht verlassen würden.

Oldach und seine Frau waren freundlich und hilfreich, kein Wort des Widerspruchs oder der Mahnung wegen unserer Fahrt, sie boten uns einen Schnaps zur Stärkung an, er borgte uns Geld für die Fahrt und versprach, Hildebrandt zu benachrichtigen.

Der Zug nach Berlin fuhr um Mitternacht ab. Das Abteil verdunkelt. Eine graue Nacht. Die Menschen im Abteil graue Schatten. Und Schatten und Schemen gleich glitt die Landschaft an mir vorbei, die wir alle von den vielen Ferienfahrten nach Tressow so gut gekannt hatten. Von Wittenberge nach Berlin fährt man durch flache Wiesen, die häufig überschwemmt sind. Kropfweiden, Ellerngebüsch, Bodennebel. Und alles in Grau. In Berlin kamen wir gegen sechs Uhr früh in strahlender Sonne an. Der Lehrter Bahnhof, von Bomben aufgerissen, sah viel imponierender aus als früher. Man sah an einer Wand Reste einer alten Bemalung, Ocker und Erdrot. Der Architekt hatte wohl ursprünglich einen Renaissancebau nachahmen wollen. Von der Krolloper lagen nur noch Steinquadern herum. Es war zu früh, um in ein Hotel zu gehen. Wir setzten uns auf diese Quadern und tranken aus einer Feldflasche Kaffee. Dann gingen wir zum Hotel Esplanade in der Nähe des Potsdamer Platzes, das noch stand. Bei jedem Menschen, dem wir mit einer Aktenmappe auf dem Wege dahin begegneten, fragte ich mich, geht der wohl zum Volksgerichtshof? Immer wieder. Geht der? Geht der? So, als ob die Gedanken aller, die Schritte aller an diesem Tag nur ein Ziel haben konnten: den Volksgerichtshof.

Kurz nach sieben waren wir im Hotel. Wir bekamen ein Zimmer. Wir berieten. Charlotte würde am besten im Hotel bleiben, damit niemand ihr nachsagen könnte, sie hätte sich irgendwo verabredet, jemand getroffen. Ich beschloß, in die Prinz-Albrecht-Straße zu gehen. Zur Gestapo. In den Tagen war Berlin schon von Bomben zerfetzt. Auch das Gestapogebäude war mächtig von Bomben angehauen. Ich sah nirgends einen Pförtner. Ich ging durch die hohen Flure. Hinter einer Bretterwand eine Bude mit einem Schalter. Dort saß ein Beamter. „Was wollen Sie hier?" Ich sagte: „Ich habe hier einen Brief", und ich zückte den Brief von Wieman. Der Beamte lachte mich aus: „Hier ist keiner mehr. Hier ist alles ausgelagert. Raus aus der Stadt. Was wollen Sie?" Ich sagte meinen Mädchennamen. Daß mein Bruder heute vor das Volksgericht komme. Darauf sagte er: „Machen Sie, daß Sie fortkommen!" Ich sah ihn fragend an. Und wieder: „Machen Sie, daß Sie fortkommen!" Er sagte es gar nicht unfreundlich, sondern nur sehr eindringlich. Noch einmal: „Machen Sie, daß Sie fortkommen." Ich war mir meiner Hilflosigkeit bewußt. Ich sah noch einmal durch die leeren Flure und ging.

Es wurde Charlotte und mir klar, daß nichts zu machen sei. Wir beschlossen, sofort nach Trebbow zurückzufahren. Charlotte sagte: „Ich weiß, daß Fritzi ruhig ist, er will, daß ich bei den Kindern bin. Das einzige sind jetzt die Kinder!" Am Nachmittag um vier waren wir wieder in Trebbow. Charlotte fiel in einen totenähnlichen Schlaf der Erschöpfung. An diesem Tag, am 10. August um vier nachmittags, wurde Fritzi in Plötzensee gehängt. Am Morgen um acht hatte die Verhandlung vor dem Volksgericht begonnen. Der Volksgerichtshof lag in nächster Nähe vom Hotel Esplanade. Räumlich also war Charlotte in der Nähe von Fritzi gewesen, als er sein Urteil empfing.

Wie war die Gerichtsverhandlung verlaufen? In den Tagen um den 20. war der Journalist Fiedler, ein Freund von Wiemans, zu Besuch gewesen. Er hatte versprochen, einen Bekannten zur Verhandlung zu schicken und uns davon zu berichten.

Im September fuhr ich nach Berlin und traf Fiedler in einem Kellerrestaurant, einem kleinen dunklen Raum in der Nähe der Friedrichstraße.

Die Gegend, ich hatte sie gut gekannt, war bis zur Unkenntlichkeit zerstört. Ruinen, Schutthaufen, Bombenlöcher, man konnte die Straßen nicht mehr erkennen. Einen kleinen Laden fand ich wieder: den Zaubermax. Dort gab es Vexierspiele, Gummimäuse, die man aufblähen konnte, Konfetti und anderes. Ich erkannte Scherzartikel wieder: den wackelnden Teller, mein Vater hatte vor dreißig Jahren uns mit solchen geneckt.

Beim Zaubermax kaufte ich mehrere Vexierkarten. Bei einer trennte ich den doppelten Boden ab und schrieb die Worte darauf, die Fiedler von seinem Freund erfahren hatte; dieser hatte sie mitgeschrieben.

„Wir haben diese Tat auf uns genommen, um Deutschland vor namenlosem Elend zu bewahren. Ich weiß, daß ich dafür gehängt werde, bereue es aber nicht, ich hoffe nur, daß ein anderer in einem glücklicheren Augenblick sie durchführen wird, um das Vaterland zu retten." Er war von Freisler gefragt worden, ob er nicht an seine Frau und an seine sechs Kinder gedacht habe, darauf hatte er nur geantwortet, das gehört nicht hierher. Später wurde noch berichtet, Freisler habe ihn immer mit Schurke Schulenburg angeredet, einmal aber versehentlich „Graf Schulenburg" gesagt, worauf Fritzi sich verbeugt habe und sarkastisch gesagt habe „Schurke Schulenburg, bitte".

Es wäre ihm zuzutrauen.

Die Akten dieser Verhandlung sind verlorengegangen. Charlotte war im Frühjahr 1945 noch einmal bei Hildebrandt, da sagte er ihr: „Ihr Mann hat sich wie ein Held benommen!" Dabei schlug er auf ein Aktenpaket, das auf seinem Schreibtisch lag. Es waren die Akten der Verhandlung. Charlotte bat Hildebrandt darum, sie einsehen zu dürfen. Er lehnte ab, es sei ihm nicht gestattet.

Da lagen sie, und sie konnte sie nicht einsehen!

„Aber", sagte Hildebrandt, „Ihr Mann hat sich wie ein Held benommen. Schade, daß er nicht mehr zu uns gehört."

Außer der Nachricht in der Zeitung, daß diese Gruppe zur Hinrichtung gelangt war, kam keine Benachrichtigung an Charlotte. Kein Abschiedsbrief. Kein Wort. Im September schließlich erhielt sie eine vorgedruckte Mitteilung, die mit der Schreibmaschine ausgefüllt war.

Der ... ist am ... zum Tode mit dem Strang ... verurteilt worden ... das Urteil wurde ... hier hatte man unterlassen, das Wort „vollstreckt" hinzuschreiben.

War das Urteil vollstreckt worden? Hatte man nur vergessen, es auszufüllen? Hatte man ihm den Strang ersparen wollen? Lauter Fragen. Die Unklarheit war nicht zu ertragen. Charlotte fuhr

Ende September zu dem Verteidiger Fritzis nach Berlin. Dieser versicherte ihr, daß Fritzi noch einen Abschiedsbrief geschrieben habe. Er war in einer Zelle in der Prinz-Albrecht-Straße gewesen und von dort am Morgen des 10. August zum Volksgerichtshof gebracht worden. Vielleicht eine halbe Stunde, bevor ich in den Fluren der Prinz-Albrecht-Straße war. –

Er sagte ihr auch, daß Fritzi während der Haft sehr gefaßt gewesen war, daß er noch an den Plänen zur Neugestaltung der Städte gearbeitet hatte.

Der Abschiedsbrief kam nicht an. Einige Jahre später publizierte Annedore Leber das Buch „Das Gewissen steht auf". Dort ist ein Abschiedsbrief von Fritzi erwähnt. Es stellte sich heraus, daß man Annedore Leber nach dem Krieg einen Haufen Gestapoakten ins Haus gebracht hatte, unter diesen hatte sie einen Bogen gefunden, auf dem Briefe, zwei Abschiedsbriefe, kopiert waren. Einer von diesen war von Fritzi an Charlotte. Es war ein sehr inniger persönlicher Brief an seine Frau. „Mein Leben ist ein Fragment geblieben", hatte er geschrieben. Und „Was wir getan haben, war unzulänglich, aber die Geschichte wird uns richten und freisprechen".

Fritzi, so erfuhren wir nachher, war am Morgen des Attentats noch bei einer Bekannten gewesen, die ihm seine beschädigte Uniformhose ausbessern mußte. Er vergaß seinen Mantel bei ihr. Die Gestapo konnte das nicht verstehen.

Ein Graf und nur eine Uniformhose!

Danach war er in die Bendlerstraße gegangen und bis zum Schluß dort geblieben. Nach dem Fehlschlag soll er gesagt haben: „Offenbar muß das deutsche Volk diesen Kelch bis zur letzten Neige leeren. Wir müssen uns opfern. Später wird man uns verstehen."

Nach einigen Jahren tauchte plötzlich das Foto von Fritzi vor dem Volksgerichtshof auf. Es bestätigte die Berichte von seiner Haltung. Er sieht elend und angestrengt aus, um den Mund ein Zug von unbeugsamer Entschlossenheit, Stirn und Augen zeugen von seiner gesammelten Ruhe.

Charlotte sagte den Kindern erst Ende September, daß ihr Vater tot war. Sie wartete damit, bis sie sich ganz fest in der Hand hatte. „Ruf ihn im Himmel an", sagte Fritz, „per Telefon." Einige Tage später war Erika Wieman durch den Park gegangen. Da grub der sechsjährige Fritz mit einem kleinen Hamburger Flüchtlingsjungen. Sie gruben und steckten einen Rand mit Buchsbaumzweigen ab. Auf die Frage, was sie machten, antwortete Fritz: „Ein Grab für Papi!"

Zu Anfang der Nazizeit hatte es noch den Pappkarton gegeben, den Karton mit der Asche, den man den Angehörigen zustellte. Diese Mühe machte man sich 1944 nicht mehr. Was war mit ihnen nach dem Tode geschehen? Von dem Traum, den Charlotte mir erzählte, erinnere ich nur Bruchstücke. Ein Reiter kam, ein reitender Bote, und lud sie ein, mit ihr zu kommen. Sie sollte sich am Sattelknopf festhalten. Er flog mit ihr dahin. Durch die Gegend. Wenn sie durch Städte kamen, hörte sie, wie Leute in Lobrufe auf Fritzi ausbrachen. Der Bote brachte sie zu Pferde nach Berlin. Da waren Gewölbe, deren Boden mit einem weißen Staub bedeckt war. Der Bote sagte, hier liegen sie.

Du hast richtig geträumt, Charlotte, sagte ich ihr, sie bedecken sie mit ungelöschtem Kalk. Charlotte bat mich, eine Holzplatte für Fritzi zu schnitzen, die wollten wir im Park, an der Stelle, wo der Kleine ein Grab graben wollte, an einem Baum aufhängen.

Ich schnitzte eine Platte in Eiche mit dem Schulenburgschen Wappen „Drei Greifenklauen", mit dem Namen, dem Geburts- und Todesdatum. Um den Rand schnitzte ich den Huttenspruch: Ich hab's gewagt mit Sinnen und trag des doch kein Reu. Als junger Mann hatte Fritzi Charlotte geschrieben, das sei sein Wahlspruch. In seinem Wort vor dem Volksgerichtshof hatte er dies sorgfältig betont: „Ich bereue es aber nicht! – Trag des doch kein Reu."

Ebenso „Wir haben diese Tat auf uns genommen ... – Ich hab's gewagt mit Sinnen." Wir hängten die Platte im Park auf und umgaben sie mit einem dichten Eichenkranz.

Von meinen fünf Brüdern lebte nur noch der Älteste. Er hatte schwere Schmerzen von seinem Krebsleiden auszustehen, selbst Morphium half nicht mehr. Im Frühjahr 1944 hatte ich ihn noch einmal gesehen. Es war erschütternd, wie dieser kraftvolle Mann sich quälen mußte, er konnte nicht gehen, nicht stehen, weder sitzen noch liegen; alles war gleich furchtbar. Für ihn war es entsetzlich, daß Fritzi am Attentat maßgeblich beteiligt gewesen war, es war ein Schlag, den er wohl nicht überwunden hat.

Es muß im Spätherbst gewesen sein, daß ich in einem überfüllten Zug zufällig neben Oldach zu stehen kam. Er fuhr grade zu meinem ältesten Bruder, um ihm einen Krankenbesuch zu machen. Wir kamen ins Gespräch. „Wissen Sie", sagte Oldach, „daß kaum ein Tag vergangen ist, an dem nicht eine Anzeige von H. gegen Sie auf unsern Schreibtisch geflattert wäre. Wir haben uns gar nicht darum gekümmert, die Anzeigen waren uns zu dumm!" Auf diese Weise erfuhr ich, daß Hildebrandt, der mit dem „Wir" Oldachs mitbezeichnet war, mich geschützt hatte, ohne es mir je zu sagen oder vorzuhalten. Dies rechnete ich ihm hoch an. Nun wurde es wahr: das deutsche Volk mußte den Kelch bis zur Neige leeren. Mit unvorstellbarer Wucht brach der Bombenkrieg über die deutschen Städte herein. Berlin war nur noch ein grandioses Ruinenmeer.

Noch einmal war ich in Berlin. Anfang Januar 1945. Ich erinnere mich daran wie an einen wirren Traum. Mit Charlotte habe ich bei einer Bekannten von Fritzi übernachtet. Sie erzählte von ihrem Gestapoverhör. Die Wohnung glich einem Lager; eine Unordnung von Koffern und Möbeln, alles im Zeichen der Bomben. Wir sind auch in Potsdam bei Freunden von Fritzi gewesen, auch da wieder Gespräche über alles vor und nach dem 20. Juli. Aber das war zu schmerzhaft. Ich erinnere mich mehr an eine alberne Geschichte um einen Kaninchenbraten, was ja damals in der Stadt eine Seltenheit war, und an einen schweren Bombenangriff.

Die Frage war: bleibt man oben und ißt am gedeckten Tisch – geht man in den Keller – wartet man mit dem Essen oder nimmt man alles mit? Dazwischen das immer wüstere Getöse der Bomben. Ich weiß nicht, wie wir die Frage lösten. Mir war alles egal. Ich war wie ein Schlafwandler.

Am nächsten Morgen wollte ich in der Charlottenstraße in einem Zeichengeschäft große Zeichenpappen kaufen. Ich wurde wie ein armer Irrer betrachtet. In diesen Tagen. Zeichenpapier! Man lachte mich aus. Ich wurde in eine Fabrik im Osten Berlins verwiesen. Nach langem Suchen fand ich die Fabrik auf einem Hinterhof. Ich bekam auch die Pappen. Sie waren groß und schwer.

Ich wollte irgendwelche Muskelgebilde für die Vorlesungen in Greifswald darauf zeichnen. Auf der Straße ein heftiger Fliegerangriff. Tiefflieger. Man konnte sie kurven sehen. Die Menschen rannten. Rauch, Qualm, Schüsse. Ich war eher elektrisiert als geängstigt. Ich geriet mit dem Strom der anderen in die U-Bahn. Ich wollte zum Stettiner Bahnhof. Wie wir irgendwo ausstiegen und nach dem Bahnhof fragten, antwortete uns Hohnlachen – den gibt es gar nicht mehr. Man stand herum und fragte sich durch. Nach Stunden erfuhr man von Bussen, die in Richtung Eberswalde fuhren. Erst weit heraus mit einer Straßenbahn aus der Anhäufung von Ruinen und Schutthaufen. Warten auf die Busse, kaum hielten sie, waren sie schon überfüllt.

Und ich mit Pappen! Ich wurde scheel angesehen. Damit wollte ich in den Bus?! Als ich schließlich zum Bus geschubst worden war, wies mich der Schaffner höhnisch zurück – nicht mit den Pappen!! Ich gab es auf. Ich stellte die Pappen an eine Hecke und sah zu, daß ich in einen der nächsten Busse kam.

Ich habe danach Berlin nicht mehr wiedersehen wollen. So, genau so, wollte ich es in der Erinnerung behalten: eine zerfetzte Wüste, grandioses Bild unseres Wahnsinns!

Tressower Abgesang.

Mein ältester Bruder starb im Januar 1945. Friedrich Hildebrandt war zur Beerdigung gekommen. Mit Hildebrandt und anderen saß ich am Kaminfeuer im früheren Wohnzimmer meines Vaters. Hier war für mich mein Vater noch präsent. Ich fragte Hildebrandt, wie er meinen Vater kennengelernt habe. Er erzählte. Mein Vater hatte nach dem Ersten Weltkrieg viele Wahlreden in Mecklenburg gehalten. Hildebrandt hatte ihn gehört und ihm geschrieben. Mein Vater hatte geantwortet. Sie hatten sich getroffen und kennengelernt. Zu der Zeit hatte Hildebrandt nur an lokale Politik, an Mecklenburg, gedacht. Nicht weiter.

Mein Vater hatte seinen Blick geweitet, er hatte ihn gelehrt, die deutsche Sache, Deutschland, zu sehen.

Hildebrandt hatte meinen Vater sehr verehrt und sehr an ihm gehangen. Er schloß mit den Worten: „Das glühende Interesse für Politik, das die Tressower vor allen anderen Adeligen ausgezeichnet hat, das hat mir so imponiert. Ich habe zu viel Speichellecker erlebt." Ich lachte und sagte: „So, das hat Ihnen imponiert?" Er sah mich an und sagte: „Jawohl, gnädige Frau, das hat mir an allen Tressowern imponiert." – „An allen?" fragte ich. „Ja, an allen. Auch an den Rebellen, gnädige Frau." Den Rebellen! In der Mehrzahl ausgesprochen! Fritzi und ich. Er hatte also gewußt, was ich dachte!

Ich sah Tressow nicht wieder.

Eine Wehrmachtseinheit forderte in Trebbow Quartier. Die Offiziere wurden oben im Haus einquartiert, die Soldaten auf Stroh untergebracht. Der Wehrmachtsführungsoffizier sprach mich höhnisch an: Ich würde jede Nacht den englischen Sender hören. Man habe ihn vor mir gewarnt.

Ich postierte das Radio im gemeinsamen Raum. Denn nun war es soweit. Nun konnten auch die deutschen Heeresberichte den Einbruch auf allen Fronten nicht mehr verheimlichen. Der Park wurde Übungsplatz der Truppen. Alles war kahl und kalt. Die Blätter waren gefallen. Der Spruch auf Fritzis Platte, den Eichenblätter bedeckt hatten, wurde sichtbar. Charlotte kam zu mir: Die Platte ist weg! Wir erfuhren nun: Die SS hatte die Platte abgeholt!

Die Reihenfolge der Anstöße:

Ein Soldat hatte den Spruch gelesen, danach der Führungsoffizier, danach der Hauptmann und danach H., dem merkwürdigerweise der Spruch bisher entgangen war. „Ich hab's gewagt mit Sinnen und trag des doch kein Reu." Eine Verherrlichung des Attentats! H. hatte die SS benachrichtigt. Die SS! Das war schwerwiegend. Charlotte und ich fuhren zu Hildebrandt. „Bleib im Vorzimmer", sagte Charlotte, „bis ich dich rufe. Ich kann's besser." Ich legte meinen Kopf auf meinen Arm und schlief. Man hatte damals die Ruhe weg – oder man war sowieso am Ende. Wie ich gerufen wurde, sah ich im Handspiegel das Zopfmuster des Pullovers auf meinem Gesicht. Charlotte saß an Hildebrandts Schreibtisch. Ich trat heran. „Ich habe den Spruch geschnitzt. Ich bin bereit, die Konsequenzen zu tragen." Hildebrandt hob die Hände. „Aber nein, es handelt sich darum, ob die SS die Platte bei der Gestapo abgegeben hat – wenn sie noch in den Händen der SS ist –, dann kann ich Ihnen nicht mehr helfen." Er rief bei der Gestapo an. Die Platte war dort. Wir konnten nach Hause fahren. Es war das letzte Mal, daß ich die Gauleitung betrat. Hildebrandt sollte ich in einer sehr anderen Umgebung noch einmal sehen.

## CHAOS

Die Russen waren in Ostpreußen. Die Flut der Flüchtenden: wie ein unaufhaltsamer Strom quoll es von der Straße auf den Hof. Menschen kamen angefahren, blieben ein paar Tage, fuhren weiter. Es wogte hin und her. Ein Ameisenhaufen, den man aufgescheucht hat, in dem alles durcheinanderläuft. Noch war die Richtung der Flucht nicht eindeutig der Westen. Im Westen wurde gekämpft. Der Westen machte die schwersten Bombenangriffe des Krieges durch. Sie kamen zu uns aus Celle und flüchteten in den Harz. In einer Nacht kamen vierzig Danziger mit einem Lastwagen. Am nächsten Morgen fuhren sie zurück nach Goslar, genau ins spätere Kampfgebiet. Eine Gruppe BDM-Mädchen kam. In einem leeren Haus im Wald war noch Platz. Sie zogen kurz vor dem Ende nach Osten. Sie gerieten in die Hände der Russen. Man fand im Wald an der Chaussee eine Leiche. Ein kräftiger Mann in einer guten Winterjoppe. Ohne Beine. War er überfahren worden!? Ein Verbrechen? Keine Papiere. Kein Hinweis. Nichts. Gestorben. Verdorben. Bis 1945 hat mich immer Musik begleitet. C. U. spielte. Charlotte spielte. Ich hörte Schallplatten. Schlagartig ist die Musik für mich versunken in einer Trebbower Winternacht, wo sich im Schlaf der Übermüdung das Gedröhn der schweren Flak anhörte wie die tiefen Töne der Bachtoccata d-Moll. Dazwischen Bomben und seltsam hell auf der fernen Chaussee das Getrappel vieler Pferde.

Was war geschehen? Eine berittene SS-Abteilung war von Flugzeugen angegriffen worden, das Hämmern der Hufe der entsetzten Pferde auf der frostharten Chaussee hatte bis zu uns geklungen. So kamen sie in der Nacht an und verlangten Quartier. Die Wehrmacht war gerade abgezogen. Berittene SS, zweihundert Pferde, darunter schöne Trakehner. Zwölf Pferde mußten notgeschlachtet werden. Ein Pferdefleischfest für die französischen und russischen Gefangenen, für die hundert Flüchtlinge im Haus, für die vielen im Dorf. Die SS! Für uns alle ein Schreckgespenst! Zweihundert Mann. Das fehlte uns noch! Würden sie sich verteidigen, wenn das Ende käme? Ich wollte keinen Endkampf bei uns. Beratung mit André. Er beruhigte mich. Die zweihundert waren ja nur Hilfstruppen, Hiwis, Jugoslawen, Ukrainer. Ein paar deutsche Offiziere und Unteroffiziere. Die laufen ja alle weg. Bedenklich fand er die Waffen. Zweihundert Gewehre. Fünfunddreißig Panzerfäuste. Er hatte sie gezählt. Was tun? Da fiel mir Oldach, der Leiter der Gestapo in Schwerin, ein. Einige Tage vorher hatte er mich in Schwerin angesprochen. Er hatte elend und gehetzt ausgesehen. Er hatte mich gebeten, seine Frau und seine Kinder zu mir nach Trebbow zu nehmen, dort würden sie zum Schluß „sicher" sein. Er hatte sie zu mir geschickt. Ich rief ihn an: unser Haus sei mit der SS-Einquartierung nicht mehr „sicher". Sie hätten Waffen. Sie würden kämpfen. – Er wußte Rat. Am nächsten Tag kam ein Lastwagen der Wehrmacht; die Gewehre und die Panzerfäuste, alle Waffen wurden für den Endkampf um Berlin requiriert. Ich traf den Vorgesetzten der SS-Einheit: „Was werden Sie tun? Kämpfen?" – „Von dieser Verpflichtung haben Sie mich befreit, obwohl ich nicht weiß, wie Sie es fertigbekommen haben", sagte er. „Wir werden fliehen." Ein dicker Unteroffizier sagte: „Nackt werde ich fortreiten."

Das Haus schien sich immer mehr zu dehnen, um diese oder jene aufzunehmen. Zum Schluß waren wir einhundertzwanzig Personen. Aber das Ende zog sich so verzweifelt lange hinaus! Wann würde es endlich soweit sein? Warum dauerte es so lange? Würden die Russen bis zur Elbe vorstoßen? Konnte man bleiben, wenn die Russen kamen?

Flucht? Flucht war verboten!

Man konnte damit rechnen, daß man plötzlich in der Patsche saß. So, wie Freunde in Ostpreußen, denen der Kreisleiter die Fahrt verboten hatte. Sie waren zum einen Ende des Ortes hinausgefahren, wie der Russe am anderen hereinbrach – der Kreisleiter aber war schon über alle Berge gewesen. Wer würde nach Trebbow kommen? Der Russe? Der Amerikaner? Es war nicht vorauszusehen. Täglich hörte man die Nachrichten und rechnete, wie viele Kilometer es noch waren. Charlotte wollte nicht zu früh mit den Kindern fortfahren. Wir saßen und warfen eine alte Goldmünze hoch – Kopf oder Schrift –, sollte sie fahren oder bleiben? Eine Episode dieser letzten Tage!

Hanke steht vor mir. Was will er jetzt? Auf dem Hof sind drei große Kisten abgeladen worden. Aufschrift „Geheim“. Wertvolles Parteigut – sagt er. „Sie müssen sofort zur Kreisleitung nach Schwerin gebracht werden.“

Laß die erst mal stehen, denke ich. Ein paar Tage danach ist er wieder da. Er mahnte mich. Es ist DRINGEND! Geheime Parteisache. Die Kisten müssen ... Ich sehe die Kisten vor dem Kuhstall stehen, mächtige Kisten. Einen Meter hoch, das GEHEIM in großen schwarzen Buchstaben. Ich tue nichts. Er, der Förster, geht zum Inspektor und verwarnt den: Die Kisten müssen nach Schwerin. „Was sollen wir mit den Kisten tun?“ fragt mich der Inspektor. „Dem Milchmann mitgeben? Vielleicht sind Handgranaten drin. Geheim?“ Der Treckerfahrer weigert sich. Mit den Kisten will er nichts zu tun haben. Eines Nachts öffnet der Inspektor heimlich die Kisten. Was enthalten sie? Eine ist voll mit den schönsten Bettlaken, die zweite mit kleinen Braunhemden. Die dritte, ja die dritte ist voll mit leeren grünen Sparkassen-Kassetten! Wer hat sie geleert? Wo kommt das alles her? Und was ist daran geheim? Die Bettlaken werden nach ein paar Tagen an die Flüchtlinge im Dorf verteilt. Die Braunhemden? Wer will im April 1945 noch Braunhemden haben? Die Hemden und die grünen Kassetten werden wieder in die Kisten gepackt. Da stehen sie neben dem großen Misthaufen. Aufschrift – GEHEIM! Ruhmreiches Parteigut. H. kommt wieder, und nun ist es ein Befehl. Die Kisten müssen nach Schwerin. An dem Tag werden alle Trecker der Umgegend zur Kreisleitung nach Schwerin beordert. Die Akten der Partei sollen zum Gaswerk gefahren werden, zum Verbrennen. Wir laden die Kisten auf den Anhänger.

Spät in der Nacht kommt der Treckerfahrer zurück. In der Kreisleitung haben sie den Anhänger mit Akten vollgekippt. Die Kisten haben sie nicht angenommen.

Die Männer am Gaswerk in Schwerin haben den Treckerfahrer hohnlachend abgewiesen. Sie haben noch für viele Tage genug zum Verbrennen. Der Treckerfahrer wird mit seiner ganzen Aktenladung und den geheimen Kisten nach Wismar umdirigiert. Immerhin – fast vierzig Kilometer. Auf der Straße gerät er in Tieffliegerbeschuß. Ihm geschieht nichts. In Wismar, beim Gaswerk, nehmen sie ihm die Akten ab, die Kisten werden erst geöffnet. Die Arbeiter am Gaswerk fluchten, wie ihnen leere Sparkassetten aus grünem Drahtgeflecht und die Braunhemden entgegenquellen. Der Auftrag wird ausgeführt. Alles verbrannt. „Stellen Sie sich vor", sagt der Treckerfahrer, „was für Verbrecher! Leere Sparkassetten. Und das war GEHEIM!"

Sicher war der geheime Inhalt dieser Kisten Hanke nicht bekannt. Vielleicht eine Wunderwaffe? Er glaubte immer noch daran. Bleich und verstört standen André und sein Freund Camille vor mir. Was war geschehen? Hanke hatte sie zum Schweineschlachten bestellt. Das Forsthaus lag im Wald. Sie hörten von weitem Gequieke und Rufen. Als sie hinkamen, bot sich ihnen folgendes Bild. Das Schwein, von einer der Töchter am Strick gehalten, raste auf dem Hof hin und her. Hankes Frau rang die Hände. Er fuchtelte mit der Pistole herum. Er empfing die Gefangenen voller Wut. Warum kamen sie so spät? Worüber lachten sie? Er hatte mit der Pistole auf sie gezielt. Sie hatten ihn fixiert, ohne sich zu rühren und ohne das Gesicht zu verziehen. Dann hatte das Schwein erbärmlich aufgeschrien, er hatte sich umgedreht und eine ganze Runde Munition in das Schwein geschossen. Er hatte eben die Nerven verloren. André war beunruhigt. Vor wenigen Tagen war in der Nähe ein französischer Gefangener erschossen worden. Nur so. Vielleicht mußten sie sich zum Schluß im Wald verstecken. Wir legten Fluchtdepots an. Zigaretten, Cognac, Speck. Ich vergrub mit André eine Kiste Wein. Diese haben die Franzosen am Tag der Befreiung geleert. Ich hatte mir sowieso vorgenommen: wer auch ins Haus kam, Amerikaner oder Russen, im Keller durfte keine Flasche Alkohol mehr sein. Wir gingen freimütig damit um.

Im Radio die Nachricht: die Russen nur noch vierzig Kilometer entfernt. Charlotte war entschlossen zu fliehen. Mit dem Trecker? Das war verboten. Also mit Pferd und Wagen. In aller Heimlichkeit. Mitten in der Nacht. Ein Flüchtling bot sich als Kutscher an. Hektisches Packen. Letzte Anordnungen. Ich wollte Charlotte bis Holstein zu Verwandten von C. U. begleiten. Der große Wagen, die „Break“, wurde mit mehreren Stangen, über die ein großer Teppich gelegt wurde, in ein fahrendes Zelt verwandelt. Unter diesem Zeltdach strahlten mich im Kerzenschein die Gesichter von acht Kindern an. Fritzis sechs und die zwei Flüchtlinge. Dazu Charlotte und Klara. Für die älteren Kinder war es hochromantisch.

Mondschein. Ziehende Wolken. Eine warme Nacht. Geflüster. Leises Lachen der Kinder. Unnötigerweise setzte ich noch einen Topf mit Sirup unter die Sitze, der sich nachher über die Koffer ergoß. Die Pferde zogen an. Ich fuhr mit dem Gepäck im Einspänner hinterher.

Die Fahrt war geisterhaft. Ich schlief ein. Wachte auf. Das Pferd schlief ein. Es war den ganzen Tag vorm Pflug gegangen. Wenn es den Kopf hängen ließ, gab es einen Ruck an den Zügeln. Ich zog an, es ging weiter. Wir fuhren im Schritt.

Nein, ich schlief nicht.

Ich war den Erinnerungen ausgeliefert, die mich zwischen Schlafen und Wachen überfielen. Sie überfielen mich wie etwas Entsetzliches. So, als ob ich Nadeln verschluckt hätte und sie nun, jede einzeln, wieder erbrechen müßte. Das Ganze hatte etwas Ekliges, Grausiges. Ich sah jede Szene der vergangenen Zeit in beißender Schärfe vor mir. Jede Demütigung. Jede Gemeinheit. Jedes Scheitern. Wie entsetzliche Bluthunde, so verfolgten mich die Bilder, eins nach dem andern. Wie in einem Film des Wahnsinns rollte die ganze Zeit noch einmal vor mir ab.

Unabwendbar war das Böse über uns hereingestürzt, und die

letzten Monate waren wie ein Wirbel gewesen, in dem alles nur noch schneller dem Abgrund zutrieb. Der war gestorben, der gefallen, der erhängt. Der war verraten worden, der hinterrücks ermordet. Den hatten sie erpreßt, den angezeigt, den eingesperrt. Zwölf Jahre Haß und Verfolgung und Wahnsinn.

In diesem merkwürdigen Zustand zwischen Schlaf und Wachen sah ich alles klar, überscharf gezeichnet vor mir. Am letzten Abend noch waren schweigsame ältere Männer auf der Flucht in Trebbow angelangt. Eine Gruppe verbissen aussehender Männer. Wer waren sie? Wachmannschaft aus Sachsenhausen, hatten sie zur Antwort gegeben.

Ich war froh, daß ich fort war. Ich wollte mit ihnen nicht unter demselben Dach bleiben. Ihre Gesichter sollten mich noch lange verfolgen; breit, bleich, starke Kinnbacken, verkniffener breiter Mund, eine steile Falte zwischen den Augen, ein schweifender Blick. Für mich war diese Nacht der Punkt Null. Denn – ich fuhr der Freiheit entgegen. Wie sie auch für mich aussehen würde, ich würde „frei" sein! Das Morden würde ein Ende haben. Das Morden und die Tyrannei. Die Vorstellung der Freiheit erfüllte mich wie ein Rausch. Wie ich mir mein Leben verdienen würde, darüber machte ich mir keine Sorgen.

Als Aufwartefrau – das war auf jeden Fall eine Möglichkeit. Ich hatte achthundert Mark in der hinteren Tasche meiner Skihose, mehr hatte ich an dem Tag nicht ergattern können.

Es war mir auch ganz gleich; wichtig war nur, das so lange und so bitterlich ersehnte Ende war gekommen.

In Travemünde übernachtet. Am nächsten Morgen hinauf nach Neustadt und Lensahn. Die Straßen waren leer. Die Flüchtlingswelle hatte Holstein noch nicht erreicht. An dem Morgen gab es keine Tiefflieger, die sonst die Straßen unsicher gemacht hatten.

Unterwegs machten wir auf einem Gutshof Rast. Ein freundlicher junger Mann empfing und bewirtete uns. Nachdem er Charlottes Namen gehört hatte, machte er aus seinem Haß auf Hitler kein Hehl.

Es war noch eine männlich aussehende Dame zugegen, an die ich mich nur schattenhaft erinnere. Einige Tage danach wurde der junge Mann eben von dieser Dame noch angezeigt und von den Nazis hingerichtet, ehe die Engländer den Hof erreichten. – Bei den Verwandten wurden wir mit großer Herzlichkeit empfangen. Charlotte zog mit allen Kindern in einen großen Raum, den sie viele Monate bewohnt hat.

Wir waren nachmittags angekommen. Abends hörte ich die Nachrichten. Die Russen und die Amerikaner waren je acht Kilometer von Schwerin entfernt. Um vier Uhr früh fuhr ich zurück. Mit dem ostpreußischen Kutscher und dem Einspänner. Die Straßen waren voller, ich kam trotzdem gut vorwärts. Nach der Abbiegung bei Schlutup aber war die Hölle los. Alles drängte in den Westen, in die Freiheit. Flüchtlinge zu Fuß, Flüchtlinge auf Fahrrädern, Flüchtlinge auf großen Leiterwagen mit der Plane darüber. Die Pferdewagen waren meist schon in den Straßengraben gedrängt. Rücksichtslos brachen sich die Laster und die schwarzen Mercedes einen Weg.

Die Panzersperren, die nur eine Autospurbreite des Weges freiließen, waren das größte Hindernis. Da staute sich alles wie bei einer wilden Brandung.

Wer war denn noch so wahnsinnig und fuhr in den Osten zurück? Wer versperrte allen den Weg? Der kleine Einspänner mit dem Ostpreußen und mit mir. Autobremsen knirschten, die Fahrer fluchten, das Pferd bäumte sich. Für eine Strecke von acht Kilometern benötigten wir sechs Stunden. Es war Nacht. Die Scheinwerfer blendeten uns. Am Wegrand lagen Tote.

Ich sagte dem Fahrer, er möge tun, was er wolle, dort bleiben, wenden, zurückfahren, ich würde zu Fuß besser vorwärtskommen. Ich stieg ab. Da kam ein leerer Laster vom Roten Kreuz. Er fuhr nach Schwerin, um noch Verwundete herauszuholen. Er nahm mich mit. Ich hockte hinten im Stroh mit mehreren andern. Wir bogen auf eine Nebenstraße ab und kamen schneller vorwärts. Wir fuhren in den Morgen hinein. Auf der Straße war grade ein Fliegerangriff gewesen. Die Kronen der blühenden Kirschbäume lagen wie fortgeworfene Blumensträuße auf dem Acker, auf dem Acker, ebenfalls weit verstreut, lagen einige Laster, umgestülpt wie Käfer auf ihrem Rücken. Am Straßenrand, nebeneinander hingelegt, die Toten, alle mit dem seltsamen Winkel der Füße, der den Tod verrät. Mir war, schien es mir, alles egal.

Ich dachte, wenn es dich hier trifft, bist du verschütt. Keiner weiß, wann du abgefahren bist. Ich griff in die hintere Tasche der Skihose nach meinem Ausweis, die Tasche war leer. Ich griff hinter mich ins Stroh und da lag alles verstreut: Papiere und Moneten. Beschämt sammelte ich es wieder ein.

Vor Schwerin stieg ich ab und ging querfeldein nach Trebbow. Dort war großes Durcheinander. Die SS war „abgehauen". Die Wachen von Sachsenhausen ebenfalls. Ein General mit seinem Stab hatte Quartier genommen, dreitausend Soldaten strömten auf den Hof. Die Offiziere ungehalten, daß im Haus so wenig Platz war. Bei einhundertzwanzig Flüchtlingen!!

Zur Not konnten für die Offiziere Zimmer freigemacht werden. Es war klar, daß am nächsten Tag das Ende kommen würde. Würden einige noch auf den Wahnsinnsgedanken kommen und kämpfen? Man konnte es nie wissen.

Mit den Frauen des Dorfes hatte ich abgemacht, daß wir Handtücher, Bettlaken, was es auch sei, hissen würden, sowie die Amerikaner kämen. Denn, das versicherte mir der General, diese westliche Seite des Schweriner Sees würde der Amerikaner verwalten. Am Morgen des fünften Mai wurde Schwerin von Russen und Amerikanern besetzt. Der General schickte einen Unterhändler an die Amerikaner.

## BEFREIUNG

Wann kamen sie?

Plötzlich stürzte jemand aus dem Dorf zu mir. Atemlos. Die weißen Fahnen. Polizei! Schüsse. – Ich müsse kommen. Ich lief aus dem Haus, auf die Dorfstraße zu. In dem Augenblick kamen sie angefahren, um den Rasen herum, in sechs Jeeps, die Amerikaner!

Schon standen sie auf der Freitreppe.

Betraten das Haus. Der Krieg war zu Ende! Ich drängte mich

vor. Ich wollte dabeisein. Verhandlungen, wer wo kampieren müßte. Die Amerikaner begnügten sich mit dem Wirtschaftsgebäude, als sie hörten, daß so viele Frauen und Kinder im Haus lebten. Sie hätten uns alle auf die Straße setzen können. Sie taten es nicht. Ich durfte in meinem Zimmer bleiben. Die Flüchtlinge sollten in den zwei oberen Etagen zusammenrücken, so daß im Parterre noch für einige amerikanische Offiziere Platz war. Alle Waffen abgeben. Wo ist der Alkohol? forschten die Amerikaner. Wie kommt es, daß in einem so großen Haus der Keller leer ist? Ja, wie kam es?! Wie kommt es, daß Sie besser Englisch sprechen als ich, sagte ein Amerikaner ein wenig empört zu mir.

Die Truppe hatte die Straßen sozusagen leer gefegt. Alle Flüchtlinge, alle Trecks wurden auf die nächsten Höfe gewiesen. So kamen am nächsten Tag fünfhundert Flüchtlinge in das Dorf und auf den Hof. Wie sollte man sie verpflegen? Es gab keinen Strom, der Müller konnte nicht mahlen. Die Windmühlenflügel, mit denen er sich sonst aushelfen konnte, waren kaputt. Der Bäkker konnte nicht backen. Der Schlachter nicht schlachten. Die Molkerei lag still. Die Amerikaner halfen mir zu improvisieren. Sie fuhren mich im Jeep nach Schwerin, wo wir in einem verlassenen Lager so viel Generatoren „organisierten", daß Molkerei, Bäcker, Schlachter, Müller wieder arbeiten konnten. Aber, wie sollte für alle gekocht werden? In der Waschküche standen zwei große Waschkessel. Dort kochten wir Suppe. Woraus – das ist mir nicht erinnerlich. Gemüse gab es noch nicht. Wir werden wohl noch Grütze gehabt haben und ein paar Kartoffeln und Wruken.

Die Menschen hatten keine Schüsseln, keine Teller, keine Löffel. Sie hielten seltsame Behälter zum Ausfüllen der Suppe hin; ein Bidet, Blau-Meißner Porzellan. Einer stand vor mir mit seinem Filzhut. Ich sah ihn an. „Immer nur rin", sagte er, „der hält dicht." Zerfranste Blechdosen. Einige standen mit leeren Händen vor mir, sie hatten nichts, sie mußten warten, bis andere fertig waren. Im ganzen Dorf war kein Löffel mehr aufzutreiben.

Die Russen hatten am anderen Ufer des Schweriner Sees haltgemacht. Sie kamen zu Streifzügen herüber.

Die Tochter von Hanke kam atemlos an, die Russen wären bei ihnen im Forsthaus. Wir starrten uns an. Was würde geschehen? Ich ließ den Einspänner anspannen, auf jeden Fall mußte ich hin. Die Männer auf dem Hof wollten mich zurückhalten. André in seiner funkelnagelneuen Khakiuniform begleitete mich. Wie würden wir Hanke vorfinden? Würden die Russen sich an ihm für so vieles gerächt haben? Ihn ermordet haben?

Ich trieb das Pferd zur Eile an. Da stand Hanke auf dem Waldweg vor uns. Zitternd. Bleich. Ihm war nichts geschehen. Den Russen war nur der Sprit ausgegangen. Sie hatten bei ihm getankt. Sie hatten sogar dafür bezahlt. Einige Uhren hatten sie mitgenommen. Sonst nichts.

Einen Tag später wurde Hanke von den Amerikanern abgeholt. Warum war er nicht geflohen wie die anderen Parteileute? Wollte er seine Frau und seine Töchter schützen? Sicher war ihm klar, daß er der amerikanischen Militärgerichtsbarkeit nach dem Mord an den Fliegern nicht entgehen würde. Die Leichen der Flieger waren auf einer Lafette eingeholt und nach Schwerin überführt worden.

Die Männer auf dem Hof hielten sich in den ersten Tagen verborgen. Würde ihnen etwas geschehen? Das Gerücht kam auf, die russischen Gefangenen würden sich an denen rächen, die sie geplagt hatten. Nichts geschah. Auf den Nachbargütern waren alle Besitzer geflohen. Die Polen waren aus ihren Lagern befreit, sie zogen umher und plünderten. Zu uns kamen sie nicht. Warum? fragte ich André. Er wies auf das V-Zeichen hin, das sie groß an unsere Haustür gemalt hatten, damit alle wußten, daß wir zu den Gegnern des Regimes gehört hatten.

Selbst die Russen benahmen sich anständig. Wohin ich auch ging, André begleitete mich in den ersten Tagen wie eine Schildwache. Seine Verlobte, die in Schwerin gearbeitet hatte, hatte ich in meinem Badezimmer einquartiert. Wie können Sie... sagten die deutschen Offiziere. Der General kam eines Abends spät zu mir und machte mir heftige Vorwürfe. Was mir eingefallen wäre, daß ich auf unserem Haus an der Fahnenstange weithin sichtbar ein weißes Laken hatte hissen lassen. Er war derjenige, der die Verhandlungen zu führen hatte, nicht ich. Die Übergabe stand ihm allein zu. Daran hatte ich nicht gedacht. Ich hätte sie aber trotzdem gehißt.

Der General hatte wohl meinen Haß und meine Aggression gespürt. Bis zum Winter 1944/45 hatte ich mich getragen gefühlt, vom Stolz, vom Widerstand, vom Glauben. Dann aber war alles dem Gefühl einer entsetzlichen Leere und Kälte gewichen. Ich war dem Haß ausgeliefert. Den Dämonen des Hasses. In jedem deutschen Mann, der mir nicht als Antinazi bekannt war, sah ich einen potentiellen Mörder. Fritzis Mörder. Mörder der vielen Juden. Der Haß brachte Härte und Wildheit im Gefolge. Die hemmungslose Sexualität war wieder durchgebrochen. Wie ein Schiff, dessen Steuer versagt, war ich in die unheimlichen Monate des Endes geraten wie in den Strudel eines Taifuns. Ich hatte jegliches Gottvertrauen verloren. Mir dröhnte nur ein Wort in den Ohren: Du hast die Gnade verscherzt. Wolfis Tod, Fritzis Tod, der Tod des Ältesten, das wirkte nach, ohne daß ich es mir eingestand. Dazu kam die Unsicherheit über die Heimat. Eines Tages hatten mich zwei betrunkene amerikanische Offiziere, die im Auto an mir vorbeifuhren, angehalten. „Fliehen Sie!" hatten sie gesagt, „dieses Gebiet wird den Russen übergeben!"

Hatte die Wahrheit aus dem Wein gesprochen? Hatten sie gefaselt?

Alles geriet ins Wanken. Das Ende war also noch nicht das „Ende". Bei den Flüchtlingen, bei den Menschen im Dorf breitete sich Panik aus: Würde der Russe kommen? Wie würde er kommen? Verwandte meines Mannes waren von der anderen Seite des Schweriner Sees auf Schleichwegen zu uns gelangt. Sie hatten die Russen erlebt und Schweres durchgemacht. Sollten wir fliehen? Es gab das Verbot, daß keiner seinen Wohnsitz über den Umkreis von fünf Kilometern hinaus verlassen dürfe. Ich rief die Männer des Dorfes im Pferdestall nachts zusammen. Mein Entschluß, vor den Russen zu fliehen, stand fest, das teilte ich ihnen mit. Ich stellte ihnen frei, mit mir zu kommen oder das Kommen der Russen abzuwarten.

Alle wollten in den Westen ziehen! Es war eine Nacht voller Unruhe. Man hörte im Dorf lautes Weinen und Jammern. Um drei Uhr nachts ratterte der Inspektor mit dem Trecker vom Hof.

Wir wollten später folgen. Um fünf Uhr war er auf dem Hof zurück. Die Amerikaner hatten ihn nicht durchgelassen. Sie würden keinen durchlassen, hatten sie gedroht. Verzweiflung und Empörung. Wütend ließ mich der amerikanische Oberst rufen. Er drohte mir mit Verhaftung. Ich hätte die Leute zur Flucht aufgewiegelt. Er rief eine Versammlung ein. Er wollte zu allen reden.

Wir standen vor dem Haus, und er redete. Ich war Dolmetsch. So lag es an mir, seine Worte sorgfältig zu betonen: „Solange wir hier sind, wird kein Russe herkommen" – solange *wir* hier sind – alle verstanden, daß dies keine Garantie war.

Der ersten amerikanischen Einheit folgt eine andere, ich mußte aus dem Haus. Ein großer Teil der Flüchtlinge, Frauen, Kinder, kranke oder alte Männer, durften in der obersten Etage des Hauses bleiben. Die deutschen Soldaten kamen in ein Gefangenenlager. Wo war überhaupt noch Platz? Das Dorf, der Park, die große Feldscheune, alles glich einem Heerlager. Ich zog in eine Box im Pferdestall. Dort gab es fließend Wasser.

Die Box war schön blau-weiß gekachelt, das Gitter wurde mit Teppichen verhängt, einige Möbel hineingestellt. In der ersten Nacht hatte ich das Kutschpferd noch im Stall behalten, die Halskette schepperte die ganze Nacht am Rand des Futtertroges. Das Pferd mußte umziehen. Vor dem Stall war eine große Linde. Dort stand mittags mein Tisch.

Dort saß ich auch eines Tages zum Staunen aller mit zwei entlassenen KZ-Gefangenen in ihren Sträflingsanzügen. An dem Tag war ich mit dem Einspänner nach Schwerin gefahren. Die beiden hatten sich auf die Straße gestellt und mich angehalten. In dieser Welt voll von Flüchtlingen und abgerissenen Gestalten hatte ich wahrscheinlich herausfordernd wohlhabend ausgesehen. Das Erstaunen der beiden KZler war groß gewesen, als ich sie mit großer Freude begrüßt hatte und sie gebeten hatte, mit mir zu kommen und bei uns zu wohnen. Sie kamen mit, der eine zog bald weiter, Vinzenz Kamitz blieb.

Er war ein Tscheche, aus dem Sudetengau gebürtig. In der Tschechoslowakei hatte er gesessen, weil er ein Deutscher war, die Deutschen hatten ihn in Sachsenhausen eingesperrt, weil er ihnen nicht genehm gewesen war. Ich konnte seine Angaben prüfen, ein ganzes Kinderheim aus Oranienburg war in der Nähe einquartiert. Die Leiterin kannte Vinzenz, die Strafgefangenen hatten manchmal für das Kinderheim gearbeitet. So erfuhr ich einiges aus dem KZ, es gab wohl keinen, der damals fähig gewesen wäre, ausführlich darüber zu sprechen. Kamitz sprach Russisch. Er sollte später dem Dorf einen großen Dienst erweisen. Wo nun die einzelnen Menschen noch unterkamen, ist mir entfallen. Es war inzwischen Juni geworden. Warmes Sommersonnenwetter. Im Pferdestall mochte ich nicht bleiben. Die Schwalben weckten mich um drei in der Frühe.

Ich brauche einen „caravan", sagte ich den Amerikanern. Sie fuhren mich im Jeep in ein leeres deutsches Gefangenenlager, sie rieten mir zu einem kleinen Wehrmachtsfunkwagen. Der wurde mit zehn Zelten und zwei Wohnwagen vom Trecker geholt. Der Stellmacher baute mir in den Wagen eine schmale Pritsche ein und machte mir Fliegendrahteinsätze für die Fenster. Wenn ich gewußt hätte, daß ich drei Jahre in diesem Wagen leben würde, hätte ich anders vorgesorgt.

Nun zog ich in ein Zelt, das ich mir im Park am See aufschlagen ließ, der Wohnwagen wurde daneben gestellt, in dem konnte ich nachts schlafen.

Das ganze Zelt duftete nach einem großen Rosenstrauß, der auf dem Tisch stand. Noch ein Blumenstrauß stand in einer großen Blau-Meißner Waschkanne. Delphinium in den schönsten Farben, Päonien neuester Sorte. Der letzte große Blumenstrauß in meinem Leben! Ich habe ihn im gebrochenen Sonnenlicht des Zeltes immer wieder angesehen und bewundert. Ein völlig unwirkliches Leben. Hektische Tage mit Sorgen und Fragen und Aufgaben. Traumhaft schöne Abende und Nächte am See. Ein Frühsommer von unvergleichlicher Schönheit.

Die untergehende Sonne spiegelte sich im Wasser, das Abendrot glühte in der stillen Schwärze des Wassers nach, der Ruf des Haubentauchers, das „plop" der Fische, die nach Fliegen schnappten, erklang in der Nacht. In aller Frühe badete ich im See, um fünf Uhr kochte ich mir über drei Ziegelsteinen meinen Frühstückskaffee.

Diese Seenächte sollten für immer in mich einsinken. Abschied von der Heimat. Die Tage dagegen waren wie irr. Verhandlungen, Verhandlungen; ohnmächtiger Versuch, das Chaos zu bewältigen.

Den Amerikanern folgten die Engländer. Es war wieder das Gerücht aufgetaucht, der Russe würde den Bezirk übernehmen. Die Engländer stritten alles ab. Ein polnischer Offizier stand eines Tages vor mir, eine rote und eine weiße Rose in der Hand. Verbeugung, Handkuß. „Nehmen Sie die Rosen“, sagte er, „als Dank für das, was Sie für die Polen und für alle Gefangenen getan haben. Aber fliehen Sie! Die Russen werden hierherkommen.“

Ich war der Meinung, daß die russischen Übergriffe doch nur Kriegshandlungen gewesen waren. Er beschwor mich, zu fliehen. Das Gebiet würde den Russen übergeben werden. So wollte ich fort. Wenigstens für die ersten Tage der Übergabe. Kamitz, der KZler, übernahm es, als Dometscher zu vermitteln, wenn die Russen kommen würden. Unter den Flüchtlingen große Unruhe. Sollten sie fliehen? Sollten sie bleiben? Von allen Seiten wurde ich bedrängt. Was war mit den Möbeln? Würde ich ihnen etwas vermachen? Vielleicht einen Schrank?

Wir saßen in einer Falle. Die Engländer gaben keine Passierscheine. Das Geld auf der Bank wurde gesperrt. Einige flüchteten, die Engländer griffen sie an der Elbe auf und steckten sie in ein Lager. Wie würde ich einen Passierschein erhalten? Heinz Biel war zum Bürgermeister von Wismar ernannt worden. Ich fuhr nach Wismar, er bestätigte mir: unsere Ecke würde an die Russen abgetreten werden – im Tausch gegen ein Gebiet in Thüringen. Er verschaffte mir einen Passierschein.

Meine Plastiken ließ ich im Haus stehen. Ich würde ja wiederkommen. Sie sollten für mich sprechen. – So dachte ich. Eine verbarg ich unter einem Taxusbusch, eine schwamm im See. Rhododendron, Jasmin, Rosen blühten in verschwenderischer Fülle. Das war der Abschied von Trebbow.

Am Morgen des 30. Juni 1945 passierte ich den Schlagbaum bei Lübeck in meinem Wohnwagen und fuhr nach Travemünde zu Verwandten. Am Abend kamen die Russen nach Trebbow.

Wie mir Kamitz später erzählte, hatte sich alles ohne Schrekken abgespielt. Die Frauen waren in den Wohnungen geblieben, keiner war etwas geschehen. Die Russen hatten sich über das Flüchtlingsgepäck hermachen wollen, er hatte sie verteidigt, es wären alles arme Flüchtlinge. Keine Waffen? Hatte der Russe gefragt. Keine Waffen – hatte er geantwortet. Die Russen hatten darauf zur Stichprobe einen Koffer geöffnet – was enthielt er?!! Die Säbelsammlung eines alten adligen Herren! Ein ganzer Koffer voll mit alten Säbeln! Nachdem Kamitz seinen Schrecken gemeistert hatte, der Russe sein Erstaunen, hatte er ihn doch davon überzeugen können, daß dies eine Narretei war, aber kein Hochverrat. Da das Haus und das Gut so gut in Stand gehalten waren, wurde es zum Parteigut erwählt, zum Erholungsgut für die drei Parteien, CDU, SPD, KPD, später für die SED. In Tressow war dagegen das Haus geplündert worden. Man machte es zur Zentralschule für den Bezirk. Heute ist es eine Hilfsschule. Das Land in Tressow wurde aufgeteilt. Jeder, ob Flüchtling oder Einheimischer, bekam dreißig Morgen Land, jedem wurde sofort ein strenges Abgabesoll auferlegt. Sie hatten weder Maschinen noch Pferde. Die Menschen mußten sich in dem ersten Jahr vor den Pflug spannen, um das Feld zu bestellen.

Es kamen auch Menschen ohne Passierschein durch. Durch Büsche und Wälder, durch das Korn, bei Nacht und Nebel robbten sie, krochen sie, hasteten sie durch, schwammen durch die Elbe. Und mit jedem, der kam, rundete sich das Bild ab: der Schnitt war endgültig! Für alle! Nicht nur für die Gutsbesitzer, für die das Gesetz der Republikflucht erlassen worden war, so daß jeder Besitzer, der zurückkehrte, verhaftet werden konnte. Und ich hatte mit größter Sorgfalt den Betrieb arbeitsfähig – gewissermaßen bezugsfertig – hinterlassen. Hatte den Trecker noch aus Travemünde zurückgeschickt, vom Traum einer Rückkehr befangen. Es gab keine Rückkehr! Es stellte sich heraus, daß ich alles falsch gemacht hatte! Das Geld ruhte in Schwerin auf der Bank.

Alle Hypotheken hatte ich im Kriege abgezahlt, damit Trebbow am Kriegsende schuldenfrei sein sollte. Es war klar, daß ich das Vermögen besser im Westen deponiert hätte. Andere hatten besser vorgesorgt. Lag es daran, daß mir jeder Besitz so gleichgültig geworden war? Der Tod gab die Toten nicht heraus! Was war ein Gut, was war Geld, was waren Möbel im Vergleich zu einem Menschen?! Hatte ich nicht jahrzehntelang das „Lassenwollen“ geübt? Heimat und Besitz sind nicht identisch. Man verläßt die Heimat nicht so leicht, wie man aus einer Straßenbahn aussteigt. Lübeck war für mich zu nah an Mecklenburg. Travemünde zu nah. Alles war mir zu nah. „Zu Straßburg auf der Schanz ... ins Vaterland möchte ich hinüberschwimmen“, die Melodie verfolgte mich.

## LÜBECK NACH DEM KRIEG

Ich nahm einen Posten als Sekretärin beim Offizier für Industrie in der englischen Militärverwaltung in Lübeck an. Beschwerden, Anträge, Anzeigen.

Dieser Mann hatte jenem 1933 den Betrieb weggenommen, wer besaß ihn zu Recht? Der hatte jenen angezeigt, dieser den geschädigt. Besichtigungen hier und da. Gespenstisch verwüstete Krupphallen mit Riesenpressen, wie ein Bild mit verbogenem abstraktem Gestänge. Durch eine Halle ging die Grenze zum russischen Gebiet.

Die Keramikwerke, Villeroy und Boch, die Dornierwerke, die sich vom Flugzeugbau schon auf kleine Aluminiumherde und auf Kochtöpfe umgestellt hatten, Schwartauer Marmelade, Niederegger Marzipan ... konnten sie wieder anlaufen? Was fehlte? Was sollte verboten werden? Was erlaubt? Was war vordringlich? Fett für Marzipan? War Marziplan ein Luxus oder ein Exportartikel?

Der Offizier für Industrie fühlte sich seiner Aufgabe nicht gewachsen. Vorsichtig wartete er ab, wer was entscheiden würde. Ich dachte von ihm: Du wärst sofort in die Partei eingetreten. Diese so ersehnten Befreier waren wirklich in keiner Weise Helden! Das mußte ich jetzt einsehen.

Sie aber spielten sich zu Richtern auf. Darum ärgerten mich die Fragebogen. Wie sollten sie dadurch den Menschen und seine

Einstellung erfassen? Was sagte es aus, wenn ich hinschrieb „Mitglied der Frauenschaft“? Hier sei es gestanden: in dem einen füllte ich aus: JA! In einem anderen, ein paar Jahre später, schrieb ich NEIN!

Die Straßen von Lübeck waren voll von Heimkehrern und Flüchtlingen. Ich stand mit meinem kleinen Zeichenblock auf der Straße und zeichnete. Wie sah es in dem großen Bunker aus, in dem Hunderte von Flüchtlingen lebten? Ich ging mehrmals hin. Feuchte Kälte. Roher Zement. Jeder Raum zum Flur hin offen. Es gab keine Türen.

Ich sprach eine Familie an: Ob ich mich mit ihnen unterhalten dürfe. Sie erzählten ihr Schicksal. Der Mann war zum Schluß noch gefallen. Die Frau hatte ein Kind auf der Flucht in Ostpreußen verloren. Sie schlief mit ihren drei Kindern auf ein wenig Stroh auf dem Zementfußboden. Die alte Mutter lag auf einer harten schmalen Bank, sie hatte keine Decke. Sie klagte, daß alle Knochen schmerzten. Sie war ein Bild des Elends.

Auf dem Fußboden saß ein kleines Mädchen, das mit seinem hellen Lockenkopf in all diesem Grau ganz unwirklich aussah. Hingegeben zeichnete es eifrig und schnitt aus dem Papier, das ich aus dem Büro mitgebracht hatte, Sterne aus.

Quer durch den kahlen Raum war eine Leine gespannt, über die Anziehsachen hingen; ein paar Kartons, ein Koffer, der ganze Besitz. Andere Frauen kamen herein und erzählten von sich. Von der Flucht, von der eisigen Kälte und den langen Märschen. Von der Not auf der Ostsee, von Bombenangriffen.

Draußen vor dem Bunker wurde in kleinen Schüsseln Wäsche gewaschen. Eine Frau hockte vor einem offenen Feuer und kochte. Zur Essenausgabe standen Frauen und Kinder in langen Reihen mit Töpfen und Schüsseln an. Und überall dazwischen die unverkennbare Haltung der Heimkehrer, Soldaten, zerlumpt, geschunden, geschoren, mit diesem suchenden und fragenden Ausdruck im Gesicht, als ob sie nicht wüßten, wohin. Wozu? Sechs Jahre Krieg. Wozu?

Koffer und Kartons standen auf der Straße herum. Kinder hielten dabei Wache. Manche lagen friedlich wie kleine dicke Putten auf dem Gepäck und schliefen. Auch Erwachsene lagen am Straßenrand, hockten und kauerten auf den Ruinen, eine Zeitung unter sich. Dazu der scharfe Geruch der verbrannten Balken, sie rochen immer noch! Grüppchen von Schwarzmarkthändlern, bei denen es oft nur um ein paar Abschnitte der Lebensmittelkarten oder um ein paar Zigaretten ging. Die Bahnhöfe und Wartesäle alle überfüllt. Eine Frau kniete lange Zeit auf dem Bahnsteig, kein Gepäck bei sich, sie war in einen alten abgetragenen Mantel gehüllt. Eine andere wieder, eine alte Bäuerin, im Kopftuch, mit groben Schuhen, saß und hütete Säcke. Eine Hand unter dem Kinn, die andere wie hilflos daruntergeklammert, Hände, die nichts mehr halten konnten. Das war das Bild Deutschlands in den Tagen und Monaten und Jahren. Menschliches Strandgut. Die Menschen lagen herum, sehr ähnlich wie die Leichen, die in Travemünde an Land gespült wurden.

## ARBEIT IN GLINDE

Der 20. Juli 1945 ein völliger Zusammenbruch. Wie ein Wolf sprang mich die Erinnerung an. Die Erinnerung an das vergangene Jahr. Alle Tränen, die ich bei Fritzis Tod nicht geweint hatte, kamen nun unerwartet mit hemmungsloser Wucht, ich war wehrlos. Ich beweinte wohl viel mehr. Alle Brüder waren tot. Die Heimat verloren. Vielleicht ahnte ich auch schon, daß meine Ehe verloren sein würde. Mein Mann kam im Oktober zurück. In mir brach alles zusammen. Ich hatte keine Kraft mehr. Ich konnte nicht mehr. Ich gestand ihm meine Seitensprünge. Wir konnten uns beide unsere Fehler nicht verzeihen. Im Sommer 1946 wurde unsere Ehe geschieden. Der Tag des Termins: der 20. Juli 1946.

Im Dezember 1945 zog ich von Travemünde fort. Man hatte mir einen Posten als Wohlfahrtspflegerin in einem großen englischen Militärdepot in Glinde bei Hamburg angeboten. Wo würde ich wohnen? Ein ausgebautes Bauernhaus an einer sandigen Dorfstraße. In der Küche standen zwei junge Mädchen im Räuberzivil jener Jahre. Hohe Fliegerstiefel mit Filzschäften,

Hosen, pelzgefütterte Fliegerwesten mit dem rohen schmutzigen Leder nach außen, Lockenköpfe. Kleine Kinder krabbelten herum.

„Wohnt hier eine Frau Coste?“ meine Frage.

„Das bin ich“, sagte eins der Mädchen. Sie fragte nach meinem Anliegen.

Wohlfahrtspflegerin bei den Engländern. Platz für den Wohnwagen. Wäre es möglich? Wendula Coste sah mich an, von oben nach unten, von unten nach oben, grüner Hut, Trachtenmantel, derbe Schuhe, dann sagte sie sehr ruhig: „Ja, warum nicht...“ Das war alles. Ich war so erstaunt, daß ich nur herausbrachte: „Ja, aber Ihr Zaun?“ Sie antwortete kurz, ich solle ihn umlegen lassen, um den Wagen in den Garten zu bekommen, und ihn wieder aufrichten lassen. Ob ich wohl auch die Toilette in ihrem Haus benutzen dürfe?... Sie war fast ungeduldig über all meine Fragen, ein Kabel mußte gelegt werden... für sie war das alles selbstverständlich. Für mich nicht.

Ich wußte, wie die Flüchtlinge um ein Quartier betteln mußten. Diese nüchterne Großzügigkeit war typisch für Wendula Coste.

Glinde war in den dreißiger Jahren ein verträumtes Bauerndorf gewesen, bis ein Kruppwerk dorthin verlagert worden war. Im Krieg war die Zahl der Einwohner auf ungefähr viertausend gestiegen. Nun waren es siebentausend. Im Depot in Glinde war ein Ersatzteillager der englischen Armee eingerichtet worden. Ein ausgedehnter Komplex mit vielen großen Hallen, in denen zweitausend deutsche Zivilisten arbeiteten, auch sie Strandgut aus allen Ländern und Parteien. Der ehemalige Staatsanwalt, der Konsul aus Australien arbeiteten mit Kaufleuten und Arbeitern zusammen, es handelte sich einfach um Überleben, um Verdienst und Brot. Die meisten der tausend weiblichen Angestellten waren junge Mädchen. Die Werkzeughallen waren zugig und kalt. Die Mädchen mußten Ersatzteile sortieren, einordnen, ausliefern.

So wie sie im Sommer aus der Mark oder aus Schlesien geflohen waren, so standen sie in ihren Sommerkleidchen oder in einem alten Kittel, in Söckchen und Sandalen in den ungeheizten

Hallen. Die Hände blau gefroren. So, ohne Wintermantel oder warme Jacke, kamen sie in Schnee und Eis zur Arbeit. Diese zweitausend Deutsche sollte ich betreuen. Der Engländer hatte mir Offiziersstatus versprochen, das heißt, ich war dem Major direkt unterstellt. Ich konnte ihm vorschlagen, was getan werden mußte.

Auffallend war bei allen Deutschen, die dort arbeiteten, die Apathie, das Desinteresse. So viele hatten alles verloren, und zwar mehr als Besitz und Beruf. Für sie war mit dem Ende des Krieges eine Welt zu Bruch gegangen. Das einzig Wichtige schien die Frage zu sein: Wie kann ich überleben? Wie etwas organisieren? Waren es alte Vorräte der deutschen Armee? Gehörte es auch zu den englischen Ersatzteilen? Es gab die begehrtesten Dinge im Lager: Nähnadeln, Nähgarn, Twist, Gummiband, Zwirn. Trotz scharfer Kontrollen am Tor hatten die Menschen geniale Einfälle, wie sie etwas hinausschmuggeln konnten. Sie bewickelten ihren Leib mit Gummiband, kurz und gut, sie nahmen, wo sie nur konnten, und die Klauerei war das Hauptgespräch jener Tage. Ich brauchte Rat und Hilfe für meine Arbeit, ich suchte mir die Männer zusammen, die noch andere Gedanken als den Schmuggel im Kopf hatten. Wir gründeten eine Art Betriebsrat.

Wo sollte ich anfangen?

Die Wohnverhältnisse waren bei allen gleich schlecht, ich war mit meinem Wagen ein Krösus. Manche schliefen in Scheunen, in alten Baracken und Bunkern, sie schliefen beim Bauern auf Stroh, und sie waren froh, wenn sie Stroh hatten. Andere schliefen auf dem bloßen Fußboden. Ein Heimkehrer stand vor mir und klagte den Bauer an, der ihm kein Stroh gab. Mit seiner Frau und mit drei Kindern schlief er auf dem Zementboden auf einer Decke, alle fünf waren sie mit seinem Militärmantel zugedeckt.

Weihnachten! Wir wollten Weihnachten feiern. Irgendwie in all dieser Demoralisation, in diesem Durcheinander, dieser Verbitterung – Weihnachten.

Ein paar Mädchen in Klotschen tanzten und jodelten auf einer Bühne, der General sprach ermunternd, die Engländer verstanden nicht, daß wir keine Lust zum Tanzen hatten, wir hatten keine Lust. Nicht zum Tanzen. Nicht zum Singen. Ein Gedicht von mir, daß es mitten in der Not und grade in der Not Weihnachten sei, wurde vorgetragen, dann brach alles jäh ab, wie in Verzweiflung und Trauer. Die Soldaten hatten Hunderte von Kindern eingeladen und ihnen zu essen gegeben. „Denken Sie", sagte mir ein Sergeant, „die Jungen bissen in die Apfelsinen und aßen sie mit der Schale, als ob sie Äpfel wären." Sie kannten keine Apfelsinen.

Der Winter kam mit grimmiger Kälte; fünfzehn Grad, zwanzig Grad unter Null. Zwei Werksangehörige erfroren. Sie hatten in Baracken geschlafen und nichts zu heizen gehabt. Woher sollten wir warme Decken bekommen?

Ich fuhr zum Kreis nach Oldesloe. Mit viel Drängen und Bitten erlangte ich zweihundert Decken. Was waren zweihundert Decken für zweitausend Menschen? Zündstoff für Neid und Streit. Wie sollte man sie verteilen? Sorgfältig prüfte der Betriebsrat die Fälle. Schon standen empörte Männer vor mir: die Soundso habe sich einen Mantel aus ihrer Decke geschneidert. Wenn sie doch keinen Mantel besaß...

Mittags gab es eine Suppe, die aus Hamburg geliefert wurde. Aus einer Großküche. Die Suppe war ein dünnes Gebräu, das meistens elendig schmeckte und schlecht roch. Nach einer Stunde war man wieder hungrig. Wir hatten ungefähr einhundert Menschen mit Hungerödemen. Große Männer wogen neunzig – einhundert Pfund.

Eine zusätzliche Speisung? Einer der englischen Offiziere war sehr großzügig. Er erlaubte, daß wir uns die Kantinenreste der Soldaten geben ließen, dies war offiziell streng verboten. Er erlaubte, daß wir die Schwerarbeiterkarten, die bei Arbeitsausfall vernichtet werden mußten, einbehielten. Er gestattete, daß wir herumstehende Wagen aus deutschen Beständen verschoben. So erschoben wir uns einen großen Herd, ein Ofenrohr, wir erschoben uns Kartoffeln und Milch für ein halbes Jahr, und wir kochten ein extra Mittagsmahl. Wer sollte daran teilnehmen? Der Werksarzt mußte die Fälle bestimmen. Je hundert konnten täglich versorgt werden. Im Laufe von drei Monaten hatten die abgemagerten Männer zehn – zwanzig Pfund zugenommen, sie waren über den Berg. Seit einer schönen Caravantour durch das englische Seengebiet hatte ich vom Leben im Wohnwagen geschwärmt. Nun wurde es ernst. Eins hatte ich nicht bedacht, als ich den Wagen in Trebbow für mich herrichten ließ. Die Kälte!! Ein doppelter Boden, das wäre das wichtigste gewesen. So kroch die Kälte von unten hoch. Die dicken Schneeplacken, die an den Klotschen hingen, blieben am Fußboden kleben – und da blieben sie, der Boden war wochenlang fest gefroren. Staubfegen – der Besen wäre auch noch festgeklebt. Wischen – das Wasser wurde schnell zu Eis. Wenn ich nachts von einer Fahrt nach Hamburg nach Hause kam, mußte ich erst einheizen, sonst konnte ich vor Kälte nicht einschlafen.

Pelzmantel und eine alte Pelzdecke waren meine Rettung. Die beiden eisigen ersten Nachkriegswinter gehen mir in der Erinnerung durcheinander. Es war ein Kampf gegen Dunkelheit und Kälte. Glinde erhielt den Strom von Hamburg, als landwirtschaftlicher Außenbezirk bekam es den Strom manchmal nachts von zwölf bis zwei. Wendula stand nachts auf und kochte das Essen für den nächsten Tag, sie stellte es in die Kochkiste, eine kleine feste Kiste, die mit Heu ausgestopft war. „Mach Licht", bettelten Wendulas Kinder am Abend. Die Dunkelheit bedrückte sie. Sie waren ja noch klein. Roxana, Nana genannt, war acht, Wendelin, Fröhlich genannt, fünf, und Michaela wird wohl drei gewesen sein. Beim Schein der Glut eines matten Torffeuers in einem kleinen Kanonenofen mußten die Kinder essen und sich ausziehen. Wendula saß meistens noch bei irgendeiner Funzel und nähte bis tief in die Nacht. „Wenn der Mensch allein ist, wie du", sagte Wendula zu mir, „dann wird er egoistisch. Eine Mutter wird durch die Kinder davor bewahrt." Sie hatte recht, stellte ich fest. Was ich auch versuchen oder anfangen mochte, ich drehte mich letztlich um mich selbst. Der Wagen stand im Garten unter einer kleinen Lärche, ungefähr zwanzig Meter vom Haus entfernt. Nachdem Wendula mit angesehen hatte, wie ich mir in Rauch und Dampf etwas kochte, hatte sie mich nach einigen Tagen eingeladen, mir ihr und den anderen Hausgenossen zusammen zu essen. Wir teilten unsere Vorräte. Ich hatte aus Mecklenburg noch Roggenmehl, Grütze und Kartoffeln, mehrere Säcke

– dazu brachte ich Reste der Werksuppe abends mit. Wendulas Kinder hatten immer Hunger.

Bei der Aufnahmeprüfung für die Höhere Schule in Hamburg sollte Nana Coste ihr Lieblingsgericht beschreiben. Statt dessen beschrieb sie das abscheulichste Gericht, das sie gekannt hatte; Wendulas Spezialität, Grütze und Brennesseln, dazu ein paar harte schwarze Pferdebohnen, auch Saubohnen genannt. Wir wußten gar nicht, daß die Kinder dieses Gericht so gehaßt hatten.

Glinde liegt vierzehn Kilometer von dem Hamburger Außenbezirk Billstedt entfernt. Es verkehrte ein Bimmelbähnchen, doch wir gelangten zu Fuß, per Rad oder per Anhalter nach Billstedt, von wo aus es mit der Elektrischen weiterging. Die Elektrische fuhr kilometerweit durch Steinhaufen und Ruinen, durch eine öde Wüstenei der Zerstörung, eben durch die Stadt Hamburg. Aus manchen Kellern qualmte ein Rohr, dort wohnten Menschen.

1947 war für die meisten die schlimmste Daseinsnot überwunden. Ich hatte mir vorgenommen, nur ein Jahr im Depot zu arbeiten, um dann endlich freier Künstler sein zu können. Eisern hatte ich dafür die Pfennige gespart. Außerdem war ich durch die Zigaretten „reich"; denn ich war wieder mit vielen Freunden im Ausland in Kontakt. Hess und Ann kümmerten sich rührend um mich, monatlich schickten sie mir Kaffee, Tee, Zigaretten.

Martha Hirsch, meine geliebteste Freundin aus Berlin, die in der Schweiz wohnte, schickte regelmäßig Carepakete. Ich hatte mir vorgenommen, den Inhalt eines jeden Paketes strikt zu teilen, die Hälfte für Wendula, die Hälfte für mich. Ich war immer noch gut dran. Ich rauchte ja nicht, so hatte ich den begehrten Tauschartikel, Zigaretten, in Hülle und Fülle. Außerdem bekam ich von den Engländern zum Entgelt für viele gezeichnete Tischkarten Tee und Zigaretten. Ich gab die Arbeit im Depot auf. Ich hatte Zeit zum Schreiben und Zeichnen. Ich hatte Zeit zum Nachdenken.

Der Wohnwagen – das war für mich der Punkt Null!!

Nicht der Tag der Flucht.

Eines Tages, als ich dabei war, die Tür des Wagens zu öffnen, wurde mir klar – alles war für mich grau in grau.

Die Blumen hatten für mich den Duft verloren, die Sonne den Schein. Ich war wie in einem Abgrund von Entsetzen und Scham. Alles war, wie es mir schien, ohne Sinn, ohne Trost. Das Leben war so entsetzlich wie diese kalten erbarmungslosen Winter. Erstorben, erstarrt. Schlimmer als der Tod. Von allen Menschen, die ich in Deutschland gekannt hatte, hatte ich mich zurückgezogen, selbst bei Charlotte hatte ich mich lange nicht gemeldet. Ich schämte mich wegen meiner Scheidung. Wegen der Art, wie ich mein Leben führte. Außerdem kam ich von der Vergangenheit nicht frei. Ja, noch saß in mir der Haß. Solange ich dem Haß verfallen war, war ich die Unterlegene. Ich wußte es. In der ersten Nacht in Glinde hatte ich einen bösen Traum gehabt. Eine Schlucht, ein weißes Haus, Männer. Ich bin angezeigt, sie haben mich gefunden, ich werde abgeführt und erschossen.

Der Traum war bedrückend gewesen.

Genauso wird deine Zeit in Glinde verlaufen, hatte ich mir gesagt. Das war natürlich dumm. Ich bildete mir ein, daß ich immer noch verfolgt würde.

Deutschland war für mich ein großer Friedhof. Wie sehr dieser Vergleich zutraf, sollte ich erfahren, als wir vom Depot aus in einen KZ-Film gehen mußten. Gottes Mühlen ... Da lagen die Toten übereinandergestapelt wie Haufen Brennholz. Der Film war in seiner Gespenstigkeit irreal gewesen.

Langsam erfuhr man die Namen der KZ-Lager, Namen, die man nie vorher gehört hatte, auch wenn man noch so sehr danach geforscht hatte. Allmählich erfuhr man die Zahl der Getöteten, und langsam kamen die Nachrichten über alles, was sich dort zugetragen hatte, durch. Ich wehrte mich in Empörung und Haß. Ich wollte nichts damit zu tun haben. Damit. Mit diesem meinem Land. Deutschland. We are all in the same boat – alle im selben Boot. Ich wollte es nicht wahrhaben. Ich wollte raus. Ich wollte nach England zurück.

Ich ging in Hamburg in Wilders Stück: „By the skin of our teeth". Übersetzt „Wir sind noch einmal davongekommen". Haß und Streit von Anbeginn der Menschheit, von der Eiszeit an. Der Mann mit dem Kainszeichen, der durch die Geschichte geht. Bruderzwist, Brudermord. Ich konnte es nicht ertragen. Mitten in dem Stück mußte ich hinausgehen. Es würgte mir die Kehle ab. Zu bitter hatte ich den Bruderzwist erlebt. Und – ich wußte genau, ich war eben nicht davongekommen, solange ich den Haß nicht überwunden hatte. Solange ich noch haßte, war ich selber wie ein Tier. Nachts verfolgten mich wieder die Träume: Ich werde gefesselt, wie ein Stück Brot in den Ofen geschoben und verbrannt. Ich werde gehetzt, gejagt, erschossen. Jedes Stück, das ich sah, wühlte alles wieder auf. In dem Stück „Der Leuchtturm" packte es mich wieder. Menschen sind auf einem Schiff, das untergegangen ist, sie sind tot und wissen es nicht. Sie tanzen und lachen und sind tot. Nur der Kapitän weiß, daß sie alle tot sind. Und während des Stückes, wie verrückt, schrieb ich in Gedanken an einem anderen Stück, das ich wie gezeichnet vor mir sah.

Der Schauplatz in der Zelle von Fritzi nach dem 20. Juli. Mehrere der Verhafteten treffen sich. Alle stehen noch unter dem Eindruck des „Warum?" Warum mußte das Attentat mißlingen? Sie unterhalten sich darüber, und jeder grübelt auf seine Weise – warum? Da tritt Stauffenberg zu ihnen, er ist schon tot, sie aber wissen es nicht. Sie wollen ihn in das Gespräch hineinziehen. Er wehrt ab. Wo er ist, gelten andere Normen. Gelingen oder Mißlingen des Attentates sind irrelevant. Wo er ist, handelt es sich nur noch um das „Große Lob". Nur noch um GOTT.

Ich sah noch Wilders „In einer kleinen Stadt". Es war so dargestellt: Die Toten sitzen auf Stühlen. Sie sprechen ab und zu miteinander. Die junge Frau will zu den Lebenden zurück. Für einen Tag wird es ihr erlaubt. Wieder die Vertauschung: Tote wie Lebende. Ich war wie in der Umklammerung einer Erkenntnis, während ich das Stück verfolgte.

Ich bin tot.

Hanke ist tot.

Wir sind beide irgendwie eingesetzt, sagen wir: Am Blasebalg des himmlischen Chores in der Ecke links. Uns ruft ein Engel.

Sollen wir eine andere Tätigkeit erhalten?

Wir gehen hin.

Eine Tür.

Ich will zuerst durch. Wie gut ich mich daran wiedererkenne. „Nein", sagte der Engel, „Hanke zuerst." Ich begehre auf. „Er ist ein Mörder!" – „Hier", sagte der Engel, „gelten andere Gesetze. Er hat bereut und du noch nicht. Er ist schon auf einer höheren Stufe." Verblüfft und beschämt bleibe ich zurück. Diese Szene mit voller Schärfe und Prägnanz eingeblendet in das Stück von Wilder. Tote für Lebende, Lebende für Tote!

Zu der Zeit war es leicht, ein Visum für die Zone zu erhalten. Ich fuhr mit dem Zug von Lübeck nach Schwerin. Der Zug fuhr durch Tressower Gebiet. Durch diese Felder, wo ich jeden Baum, jeden Strauch, jeden Weg kannte. Das Abteil war wüst, mit rohen Brettern zusammengeflickt. Ohne Fensterscheiben. Die Fenster mit Brettern vernagelt. Eine kleine Luke, in der Größe einer halben Postkarte, gab den Blick nach draußen frei. Ich aber, wie ein Gefangener, das Auge an die Luke gedrückt. So starrte ich hinüber, dorthin, wo hinter den Bäumen für einen Augenblick das Dach vom Tressower Haus auftauchte. Plötzlich überfiel es mich – ich war wie in einem Sarg. Das Grauen stieg in mir hoch. Das Entsetzen vor mir selbst.

Mir war, als stünde dort auf dem Bahndamm meine Jugend und winkte mir zu. Mir war, als sei ich, die Lebende, tot.

Als seien meine fünf Brüder, die ich als Tote beweinte, lebend und lebendiger als ich. Dann wieder: als stünden wir alle dort, wo wir als Kinder gespielt hatten, wir sechs Geschwister, lachend, lebend, froh.

Ich aber – die Lebende – war tot.

Mein Leben – es war dem Tod gleich.

Was sollte ich noch?

Zu nichts nutze.

Ausgebrannt. Verspielt. Vertan!

Was ich tat, mißriet mir unter den Händen.

Die Nacht mußte ich in Schwerin verbringen. Ich übernachtete bei Kamitz. Er hatte Trebbow verlassen und in Schwerin eine Stelle angenommen.

In seiner Wohnung stand einer der alten kleinen Empirestühle. Mein Erbstück von meiner Großmutter!

Ich konnte es kaum ertragen, dem Stuhl wieder zu begegnen. Der Stuhl sah mich an. Meine Jugend sah mich an. War ich so, wie ich zu werden gewollt hatte? Was tat ich? Wie lebte ich? Wer war ich?

Der Stuhl, ein kleiner zierlicher Stuhl mit gelblich grünem Samtpolster und vergoldeten Beschlägen auf dem rötlichen Holz. Und alles war wieder lebendig.

Die Stühle im „Kabinett" meiner Mutter. Wolfi, der sich als großer Junge im Jagdanzug auf dem kleinen Stuhl lachend rekelt. So ein Stuhl blieb über! Ein Stuhl starb nicht. In mir war alles Aufruhr und Empörung. Aber es war mir im Ruhrgebiet schon so gegangen. In Bochum. Die Ruine eines Hochhauses war abgerissen worden. Man hatte die Reste eines Menschen gefunden. Mantel. Notizbuch. Knochen. Der Schädel fehlte. Ich hatte es nicht ertragen können! Was eigentlich nicht? Daß Papier und Mantelstoff nicht verwest waren ... Was ist der Mensch? hatte es mir im Hirn gehämmert. Wer war ich?

Ich sah es ein! Was auf dem Werk arrangiert, organisiert und verteilt worden war, der ganze Einsatz, er zerrann zu nichts. Mir schien es sinnlos, weil es ohne Liebe gegeben worden war.

Nur aus der Sehnsucht nach Selbsthingabe. Alles war sinnlos, solange mein Leben ohne Sinn war. Ich träumte wie in einem Wahn, es müsse eine Gemeinschaft Gleichgesinnter geben, denen ich mich anschließen könnte. Eine Gemeinschaft all derer, die das Gute wollten. Immer noch der Traum des Edelkommunismus? Ich fand das Leben, das ringsum begann, sinnlos. Alles fand sich wieder in die alten Bahnen zurück. Selbstsucht, Gier, Sucht nach Macht, nach Geld – hatten dazu Millionen ihr Leben geopfert? Sollte so das „Danach" aussehen, von dem wir dreizehn Jahre geträumt hatten? Hatte uns nicht der Aufbau einer besseren Welt vorgeschwebt? War ich dazu als einzige von den Geschwistern übriggeblieben?

Ich selbst war ja nicht besser als die anderen. Mein Leben schien mir eher ein Tod als „Leben". Ich war in der Sucht und Gier nach einem Sichausleben gefangen wie in einem Netz. Gefangen in meinen Leidenschaften. War ich nicht unter Hitler „freier" gewesen? Ich hatte einen Freund, der mich körperlich befriedigte, der mich seelisch kaltließ. So lange hatte ich der „Befriedigung" des Sex nachgejagt – nun hatte ich sie, schal sondergleichen. Die Leidenschaft war wie ein Drang zum Tode hin. Ich aber wollte leben. Ich griff zur Bibel wie ein Ertrinkender. In verzehrender Sehnsucht. In Sehnsucht nach Freude und Schmerz. Ich sehnte mich nach dem „Über-mich-hinausgehoben-Sein", das mir früher die Psalmen geboten hatten.

Ich sehnte mich nach Gott!

Aber ich kam über den vierzigsten Psalm nicht hinweg.

„Wie der Hirsch schreit nach frischem Wasser, so schreiet meine Seele, Gott, zu Dir. Meine Seele dürstet nach Gott, dem lebendigen Gott ..."

Nein, ich konnte nicht beten.

Dies klingt zu pathetisch. Hatte ich denn im Krieg beten können? Das Vaterunser hatte ich dahergestammelt, mehr nicht.

Aber damals hatte ich viel in der Schrift gelesen – nun wagte ich mich nicht daran. Ich konnte zu der Zeit nur stürzende, fallende, erliegende Menschen zeichnen. Menschen, die ihr Gesicht verbergen. Ich begann wieder zu schnitzen, klagende, weinende, traurige Frauen. Menschen wie im Sturz. Stürzende Menschen. Ich sah sie überall um mich herum, bei den Fahrten nach Hamburg, beim Warten auf den Bahnsteigen, in den Zügen, auf den Lastwagen. Dieses Bild wurde noch deutlicher bei den großen Fahrten durch Deutschland.

Ich ging im Frühjahr und Sommer 1947 auf Reisen. Hauptbahnhof in München. Der Bahnhofsbunker in Hannover. Der Hamburger Hauptbahnhof und Hamburg-Altona. Überall Strandgut. Im Wartesaal, auf dem Bahnsteig, in der Unterführung, überall lagen sie herum und schliefen in einer Haltung des totalen Abandon – der Verlassenheit, eines seltsamen Ausgelöschtseins. Der Schlaf der Verzweiflung, nicht der Ruhe.

Alles wogte noch hin und her. Hin nach dem Westen. Zurück nach dem Osten. Nach dem Norden und wieder nach dem Süden. Heimkehrer, die durch Deutschland irrten und ihre Familie suchten. Flüchtlinge auf der Suche nach Arbeit und Unterkunft. Elende Typen. Finstere Typen.

In immer neuen Wellen an das Ufer eines Strandes geworfen, der öde und fremd war. Bündel, Packen und Kisten das einzige Gut. Bei einigen nur ein Rucksack, eine Tasche. Die Züge überfüllt. Die Wartesäle überfüllt. Die Nächte, wenn kein Zug ging, im Wartesaal oder auf dem Bahnsteig kauernd, liegend verbracht. Der Bahnhofsbunker in Hannover glich einer wüsten Spelunke. Alles schien sich dort zu stauen, um dann weiter zu fließen, ruhelos, sinnlos, hoffnungslos. In Hannover lungerten viele Jugendliche im niedrigen, verräucherten Bunker herum, dem Wahnsinn des Krieges entronnen, im Irrsinn der Trennung Deutschlands hin- und hergespült, hierhin, dorthin. In Hannover lag an einem Regentag in der Unterführung im schwarzen Matsch ein Heimkehrer, in zerlumpten Hosen und wattierter gesteppter Jacke, mit dem geschorenen Kopf, Bild unserer Verlorenheit. Er schlief.

## DACHAU

Im Frühjahr 1947 war ich bei Blida v. Gräfe in Oberammergau. In der Zeitung las ich die Nachricht, dem ehemaligen Gauleiter Hildebrandt würde der Prozeß wegen der Ermordung amerikanischer Flieger gemacht – in Dachau.

Ich hatte nur einen Gedanken: ich mußte hin. Blida und ich setzten es beim amerikanischen Kommandanten in Oberammergau durch, daß ich als Zeuge geladen wurde. Ich pochte darauf, daß niemand besser über die Vorkommnisse Auskunft geben könne als ich. Ich bestand auch darauf, daß ich Hildebrandt persönlich sprechen müsse, um von ihm eine endgültige Bestätigung über Fritzis Ende zu erhalten, da immer noch das Gerücht umging, daß er am Leben sei. Hielt ich mich für einen so wichtigen Zeugen? Wollte ich mich aufspielen? Wollte ich Zeuge für den Ankläger, für den Verteidiger sein? So weit habe ich gar nicht gedacht.

Ich mußte hin!

Es war ein kalter Tag im Februar oder März 1947. Dachau. Alles weiß – grau in grau. Ein Vorort mit den typischen Villen, die man damals oft neben den Kasernenbauten fand. Über dem Eingang saß der Adler. Alles von glatter kalter Perfektion. Birkenbäumchen säumten den Weg. Zur rechten Hand Baracken, dahinter die ehemaligen Quartiere der SS. Unten links auf niedrigem Grund Barackenreihen und Stacheldraht; dort waren nun die Nazis gefangen. In der Kantine für die Zeugen unzählige Menschen. Zeugen pro, Zeugen kontra. Zum erstenmal wurde mir klar, daß zwei Jahre nicht genügten, um die Narben, schon allein die äußeren, der Haft zu verwischen. Die da saßen, ohne Zähne oder mit blitzenden Goldzähnen, sahen immer noch wie Geschundene aus. Ich war sehr lange bei dem counsel for prosecution. Dem Ankläger. Er erzählte, daß sie nach monatelangen Verhören endlich die Tatsachen über die Fliegermorde in Mecklenburg festgestellt hatten.

Die Verhöre waren so langwierig gewesen, weil im Anfang jeder die Verantwortung mutig auf sich genommen hatte, um den andern zu schützen. Dann hatten die Amerikaner zu den bekannten Verhörpraktiken gegriffen und gesagt, der eine habe ja schon längst gestanden und den anderen belastet, da waren sie zusammengebrochen und hatten sich nun gegenseitig beschuldigt. Aber da lag schon eine zermürbende Haftzeit hinter ihnen. Sie hatten lange Zeit in Einzelhaft gesessen. Ich versuchte, den Trebbower Mordfall genau zu berichten. Das Flugzeug, von der Flak getroffen. Die lange Brandspur im Feld. Der brennende Rumpf. Zwei Flieger auf unserem Gebiet mit dem Fallschirm gelandet. Danach im Gewahrsam beim Bürgermeister im nächsten Dorf. Dieser war als Antinazi bekannt. Es war alles in Ordnung; so hatte man mir versichert, die Wehrmacht war benachrichtigt worden, die Flieger würden abgeholt. Wer konnte damit rechnen, daß Hanke am nächsten Morgen mit einem Jagdfreund, dem Leiter der Schweriner Feuerwehr, beim Bürgermeister vorsprechen würde? Unter dem Vorwand, daß sie beauftragt worden waren, die Gefangenen nach Schwerin zu bringen. Der Bürgermeister war zu tadeln, der die Gefangenen gutgläubig ausgeliefert hatte. Unterwegs hatten sie angehalten. Zum Aussteigen aufgefordert. Die Flieger von hinten erschossen. Verscharrt. Hinterher hatte der Landrat eine schwere Auseinandersetzung mit der Partei wegen der Morde gehabt.

Es war offensichtlich, daß Hanke nur einem Befehl gehorcht hatte. „Sie können keinem der beiden helfen“, hatte mir der counsel for prosecution gesagt. „Auf diesem Vergehen steht der Tod!“ Ich bat ihn, auf jeden Fall zu den Akten zu nehmen, wie sehr Hildebrandt meine Schwägerin, die Kinder und auch mich nach dem 20. Juli beschützt habe. Er versprach es zu tun.

Er sagte mir auch zu, daß ich Hildebrandt nach der Verhandlung sprechen könnte.

Dann saß ich im Zeugenstand und erzählte diese Geschichte. Auf englisch, um den Dolmetscher auszuschalten.

Links konnte ich die Gruppe der Gefangenen stehen sehen. Nach der Verhandlung durfte ich im Gerichtssaal zu ihnen. Drei Männer wurden mir zugeführt, Hildebrandt, Hanke, Leptien, der Leiter der Feuerwehr.

Ein Häufchen Elend. Dünn, aschgrau im Gesicht. Nach fast zweijähriger Haft so verändert, so eingefallen; ich hätte sie kaum wiedererkannt. Hildebrandt begrüßte mich, und er bat mich: „Sagen Sie ihnen doch gleich, wie sehr ich Ihnen und Ihrer Schwägerin geholfen habe.“ Ich versprach es. Ich sagte ihm aber, daß meine Aussage an seinem Urteil nichts zu ändern vermochte. Er wußte es.

Ich bat ihn um Auskunft über Fritzis Ende. Er war ganz erstaunt, daß darüber Unklarheit bestehen konnte. Fritzi sei ganz bestimmt am 10. August 1944 in Plötzensee gehängt worden. Die Wache wurde ungeduldig und trennte uns. Ich wandte mich an Hanke, der daneben stand. Mit unnachahmlicher Geste streckte er mir beide Hände entgegen. Ich konnte ihm die Hand drücken. Er sagte: „Gnädige Frau, daß Sie gekommen sind!“ Dann zerrte ihn die Wache weg, Sprechen war für ihn streng verboten. Zu einer Antwort blieb mir keine Zeit, sie wurden abgeführt.

Zur Nacht mußte man sich bei den Amerikanern ein Faltbett holen und khakifarbene Wolldecken. Ich schlief in einem großen Saal mit ungefähr vierzig anderen Frauen. Ich schlief ein und wachte auf. Wozu war ich gekommen? Was wollte ich? Für die beiden zeugen? Gegen sie zeugen? Mein Gott, wie hatten sie ausgesehen! Ich hatte beide als kraftstrotzende Männer gekannt. Und nun? Nun war nur noch eins wichtig: ein gutes, versöhnendes Wort. Eine wirkliche Verzeihung. Ich schlief wieder ein und wachte gleich wieder auf, in Schweiß gebadet. Ich war in Dachau.

Bei Tisch am Abend vorher hatten Menschen den Verbrennungsofen erwähnt, den sie besichtigt hatten. Ich hatte nichts sehen wollen. In der Nacht konnte ich keinen Schlaf finden. Kaum eingeschlafen, schreckte ich entsetzt wieder hoch. In Schweiß und Schrecken. Ich wußte, hier und jetzt war ich aufgerufen, den Haß zu begraben. Es war, als ob ein Wort von mir verlangt würde, ein Wort, das ich erst suchen mußte. Konnte ich denn nichts tun? Nicht helfen? Wie konnte man ihnen beistehen? Hanke hatte gemordet, aber auf Befehl. Hildebrandt hatte nicht gemordet, aber befohlen. Es war wie eine Verkettung des Unheils. Immer wieder überdachte ich die Ereignisse jener Tage, die für mich völlig verschüttet waren. Verschüttet unter so vielem anderen, was seitdem geschehen war. Was war denn der Schlüssel zu diesem Befehl von Hildebrandt gewesen? Er war doch gutmütig, und er war als harmlos bekannt. Dann wußte ich es wieder: Ein Fliegerangriff. Ein Angriff auf einen Personenzug, ich glaube, bei Ludwigslust. Hundert Zivilisten, hauptsächlich Frauen und Kinder, waren getötet worden. Kurz darauf hatte ich selbst in so einem Abteil gesessen und gesehen, daß das Dach und die Seiten des Waggons von Kugeln durchlöchert waren. Auf diesen Angriff hin hatte Hildebrandt die Ermordung der nächsten Flieger, die notlanden würden, befohlen. Das war es, wovon ich am nächsten Tag zeugen wollte. Es war keine Rechtfertigung, wohl aber eine Erklärung. Mir war, als ob die ganze Nacht hindurch ein Engel mich immer wieder anstieß. Als ob ich nicht zur Ruhe kommen sollte, ehe der Haß überwunden war.

Am nächsten Tag gab ich im Zeugenstand die Erklärung für Hildebrandts Handeln ab. Der Ankläger erhob sich empört, zu der Zeit habe es noch keine Tiefflieger gegeben. „Nun", sagte ich ziemlich heftig, dann ist eben ein normales Flugzeug niedrig geflogen." Ich hatte ja die Schußspuren gesehen.

Aber sie wollten mich nicht mehr anhören. Ich bezweifelte, ob sie meine Aussage, die ihnen nicht paßte, noch zu Protokoll nahmen. Sie bedrängten mich mit Fragen, mit wem ich mich wohl seit der gestrigen Sitzung unterhalten hätte? Mit niemanden? Sie fragten immer wieder: mit wem? Am liebsten hätte ich ihnen gesagt, mit einem Engel. Die Nacht war für mich so unwirklich gewesen, als ob ich immerzu gehört hätte: Du sollst nicht hassen.

Nach der Verhandlung war ich noch sehr lange bei dem counsel for defense. Bei ihrem Verteidiger.

Er bestellte mir Grüße von Hanke und von Hildebrandt. Ich bat ihn, beide sehr herzlich von mir wiederzugrüßen und vor allem Hanke zu sagen, daß alles vergessen sei.

Er versprach, die Grüße auszurichten.

Er machte einen humanen Eindruck, und ich glaube, daß er es tat.

Er versprach, meine Erklärung über Hildebrandts Hilfe und Menschlichkeit zu Papier zu bringen und zu den Akten zu legen.

Ob es so geschehen ist?

Das Doppelgesicht menschlicher Gerechtigkeit konnte ich nirgends quälender erfahren als hier. Seit dem Sommer 1945 hatten sie auf ihr Urteil warten müssen! Warum hatte man sie nach dem Ende nicht kurzerhand hingerichtet, anstatt sie so lange zu quälen? Sie mußten, glaube ich, noch bis zum Frühsommer 1947 warten, bis ihre Hinrichtung vollzogen wurde. Hanke, so erzählte mir Wandschneider bei meinem zweiten Besuch in Schwerin, war noch gläubig geworden und in Frieden gestorben.

## JOURNALIST

Im Sommer 1947 suchte ich Martin Beheim-Schwarzbach im Büro der WELT in Hamburg auf. Er war im Krieg in London Schachpartner von Fritz Hess gewesen, ich geriet ins Erzählen. Der Chefredakteur, Julius Hollos, kam dazu. Zum Schluß fragte er mich, was ich beruflich vorhabe? Ich wollte als Zeichner zur Süddeutschen Zeitung... warum nicht zu uns? fragte er.

Einen Tag später war ich an der WELT als freier Mitarbeiter mit dreihundert Mark angestellt. Zum Zeichnen und Schreiben.

Ich reiste hierhin, dorthin, berichtete über dies und das und fand, daß ich ziemlich blödes Zeug produzierte. Aber ich war endlich mein eigener Herr. Ich hatte Zeit zum Schnitzen. Zeit zum Reisen.

Charlotte war inzwischen mit ihren sechs Kindern nach Hehlen an der Weser gezogen, wo ein Verwandter von uns wohnte. Sie blieb dort mehrere Jahre. Wir sahen uns in Hehlen wieder. Sie hatte es damals sehr schwer, weil sie bitter um ihre Unterstützung kämpfen mußte. Interessanterweise hatte das Land Niedersachsen entschieden, wenn ein Beamter wegen Hochverrats hingerichtet worden sei, dann könne seine Witwe keine Pension beanspruchen. Und das in den Jahren 1946 und 1947! Wenn es eine Gegend gab, die mich anzog, dann war es der Westen, das Ruhrgebiet. Freunde von Fritzi hatten angeregt, daß meine Plastiken und Zeichnungen, die im Rauhen Haus in Hamburg ausgestellt gewesen waren, auch in Recklinghausen ausgestellt werden sollten. Im Herbst 1947 fuhr ich nach Recklinghausen. Ich ließ mir von der WELT einen Auftrag geben, über die Zustände im Revier zu berichten, so blieb ich vom Winter 1947, abgesehen von vielen Fahrten nach Hamburg, bis Ostern 1948 im Ruhrgebiet. Dort hoffte ich die Möglichkeit eines sozialen Einsatzes wie in County Durham zu finden.

Ich wollte untertauchen wie „Lawrence of Arabia“. Mein Ich überwinden und vergessen. Eine Zeche gewährte mir Quartier. Grade diese Zeche hatte einen roten Betriebsrat, der sich meiner annahm. Ich konnte einfahren, sooft ich wollte. Man zeigte und erklärte mir alles. Der Unterschied zwischen den deutschen Bergwerken und den in County Durham lag darin, daß die Durhamer Zechen alle veraltet waren, die im Ruhrgebiet dagegen durchweg modernisiert. Diese Zeche war eine Musterzeche im Revier. Die schwarze Tiefe zog mich mehr denn je an. Ich zeichnete und zeichnete. Mit Wucht brach das Zeichnen wieder durch. Tusche. Schwarz-weiß. Männer beim Gesteinbohren. Männer vor Ort. Preßlufthämmer gellten, die Schüttelrutsche ratterte. Alles war voller Staub. Im Laufe einiger Minuten war mein Skizzenbuch so verstaubt, daß ich den Strich auf dem Papier nicht mehr erkannte.

Es war dasselbe Gesicht – hier wie in Durham – von schwerster Anspannung gezeichnet. Der Feind war hier Gas und Staub. Der Kohlenstaub der gefürchtetste Gegner. Es gab mehr Staublungenkranke als vor dem Krieg. Während des Krieges waren mehr Maschinen eingeführt worden, um die Produktion zu steigern, man hatte noch keine Zeit gehabt, um bessere Entlüftungsmaßnahmen zu treffen. Die Produktion war vordringlich gewesen. Oder war es, weil ein Heer von Gefangenen und Fremdarbeitern unter Tage arbeitete, auf deren Gesundheit es nicht so sehr ankam?

Ich kroch und turnte überall herum. Ich fuhr in verschiedene Zechen ein. Für kurze Zeit gab ich den Männern in der Invaliden-Werkstatt Schnitzunterricht. Die Bergarbeiter luden mich in ihre Wohnungen ein. So lernte ich auch ihre Frauen kennen. Später mietete ich mir ein Zimmer in der Bergarbeiterkolonie.

Mit der Elektrischen fuhr ich durch die Trümmerfelder von Essen nach Buer und wieder durch Trümmer nach Wanne-Eickel und Bochum; Trümmer, Ruinen, wohin man sah. Riesige zerstörte Werkhallen, öde Fenster, zerbrochene Scheiben; auf den Steinhaufen Haselnußsträucher, Königskerzen und Brennesseln in Fülle. Ich empfand das Ruhrgebiet als einen Ort des Grauens. Die Prankenhiebe der Bomben, welche die Städte zerfetzt hatten, hatten ihre Häßlichkeit nur noch mehr bloßgelegt. Trotz seiner Zerstörung hatte Hamburg dagegen sein „Gesicht“ bewahrt.

Auch in den Menschen und in ihren Beziehungen untereinander traten in dem unbarmherzigen Licht dieser traditionslosen Welt Haß, Gier, Zorn, Neid greller zutage als im Norden. Die materielle Lage der Bergarbeiter war damals gesichert, besser, als die der anderen Berufe; ihr geistiges Elend aber bedrückte mich. Hier sah ich meine „Schuld“, unsere Schuld, die Schuld der Gebildeten. Mir war, als ob man ihnen Steine statt Brot reichte. Was war das alles wert, was wir ihnen weiterreichten? Unsere Bildung, unser Wissen, Zeitung, Radio, Film, Theater, Kunstausstellungen, kurz die Früchte der Zivilisation – waren sie nicht schal und hohl? Im Grunde erfüllte auch die Arbeiter diese Leere, dieses „Grau“, diese Trostlosigkeit, die mich umklammert hielt. Sie bauten um so fester an den Schutzwällen, die der Mensch gegen das Nichts errichtet – oder – gegen den Untergang in der Vermassung.

Haus, Garten, Verein, Partei.

Die Vereine? Die Gewerkschaften?

Sie waren nicht um der Gemeinschaft willen, sondern um ihrer selbst willen da, schien es mir. Der eine bekämpfte den anderen; von Drahtziehern des Hasses und der Mißgunst gelenkt, erschöpften sie sich in kleinlichen Treibereien. Und ich geriet dazwischen wie ein Blinder unter Blinde.

Ich wollte Schnitzkurse einrichten, als Diener der Kunst meinen vagen Vorstellungen des „Guten“ dienen, aber das erwies sich als völlig aussichtslos.

Ich wurde scheel angesehen, weil nicht ersichtlich war, zu wem ich eigentlich gehörte. Wem diente ich mit meinem Einsatz? Von wem wurde ich bezahlt? Jemandem mußte ich doch dienen oder hörig sein.

Die Engländer, damals stand der Bergbau noch unter Kontrolle der Militärregierung, hielten mich, so zeigte es sich bald, für eine Kommunistin, die Kommunisten dagegen hielten mich für eine englische Spionin.

Mißtrauen und Verdacht folgten mir. Das Ruhrgebiet kam mir wie ein großes Schlachtfeld vor, auf dem es nur zwei Gegner gab: den Kommunismus und GOTT.

Hier war es unmöglich, in eigener Sache Prophet zu sein. Ich mußte mich entscheiden. Zum Unterschied von den paar „Salonbolschewisten“ der zwanziger Jahre in Berlin hatte ich nun Parteikommunisten kennengelernt. Zum erstenmal in meinem Leben richtige Kommunisten. Sie waren charakterlich einwandfrei, untadelig, der Partei blind und fanatisch ergeben. Mir waren sie – als einem Opfer des vergangenen Regimes – mit großer Hilfsbereitschaft entgegenkommen. Um so auffallender war die Kälte und Leere, die sie umgab. Auch sie waren: Parteihörige und Maschinen. Von ihnen gab es keine Brücke zum Urchristentum, von dem ich immer träumte. Keine Brücke zu GOTT.

Hier war nicht das, was ich suchte. Ich suchte GOTT. Wo aber konnte ich ihn finden? Wo war er noch lebendig? Wo ich auch war, wo ich ging und stand, begann ich nun zu grübeln, wo er zu finden sei.

Er, der lebendige Gott.

Ich hielt mich für verrückt. Ich war von dieser Frage wie besessen. Bei den endlos langen Fahrten durch das Ruhrgebiet mit der Elektrischen preßte ich mein Gesicht gegen die Scheibe und starrte in die verwüstete Öde draußen, von dieser Frage verfolgt.

Bei den Bahnfahrten zur Zeitung nach Hamburg, die sich so quälend in die Länge zogen, hämmerte in mir nur diese eine Frage: Wo ist Gott? Wie stand es um die katholische Kirche? Bis zur Hitlerzeit hatte ich nie über die katholische Kirche nachgedacht. Aber in den Jahren nach 1933 hatte man sich gefragt: Steht denn niemand auf und zeugt gegen Hitler? Kardinal Faulhaber hatte gesprochen, das Buch mit seinen Reden hatte mich in die Emigration begleitet. Wenige hatten öffentlich gegen Hitler gezeugt.

Bei den Recklinghauser Freunden, die katholisch waren, hatte ich ein Buch über Kardinal Galen gefunden. Nun begriff ich, daß es in den Nazi-Jahren katholische Gegenden gegeben hatte, die Widerstand geleistet hatten. Ich verstand, warum Hitler nach den Reden des Bischofs von Münster nicht durchgegriffen hatte. Die Verbundenheit des katholischen Münsterlandes mit seinem Bischof war zu stark gewesen. Die Predigten des Bischofs, die ich nun wieder las, erschütterten mich, wie sie mich im Krieg erschüttert hatten. Hier war Gott lebendig. Hier, in seiner Kirche.

Ich weinte vor Erschütterung und Sehnsucht. Ich dachte voll Neid, warum bin ich nicht katholisch? Ich kam gar nicht auf den Gedanken, daß ich katholisch werden könnte. Aber die Frage bedrängte mich: Wird Gott mir verzeihen, daß ich ihn außerhalb der Kirche suche?

## ENTSCHEIDUNG

In den Tagen zwischen Weihnachten und Neujahr 1947/48, in den geheimnisvollen zwölf Nächten, hatte ich einen Traum.

Ich war vom Ruhrgebiet nach Hamburg gefahren, die Bahnfahrten waren turbulent: überfüllte Züge, die endlos lange fuhren, langes Warten auf den schlecht erleuchteten Bahnsteigen, die noch alle Spuren des Bombenkrieges trugen, nervöse abgehetzte Menschen, die Menge der Heimkehrer und Flüchtlinge durch die

Hamsterer mit Riesensäcken vermehrt. Es war zu spät, um nach Glinde zu gelangen, ich mußte im Sanitätszimmer der WELT auf einem alten Ledersofa provisorisch kampieren. Eben da hatte ich einen Traum.

Ich sah im dunklen Raum schwebend eine gotische Kirche von reinster Schönheit in leuchtend-bräunlichem Stein – die Kirche aber war ohne Dach. Aus ihren Fenstern und oben aus dem Schiff brach ein strahlend weißer Glanz von einer solchen Herrlichkeit und einer solchen Helle, dieser weiße Glanz traf mich wie ein tiefer Schock. Ich dachte, noch im Traum, da kann ich nicht hineinsehen. Wenn ich in den Glanz sehe, dann kann ich keine Kunst mehr machen, dann kann ich nur noch niederfallen und anbeten. Ich wachte auf und fiel nieder und verbrachte den Rest der Nacht weinend auf den Knien.

Ich sagte mir: Gott hat dir seinen unerträglich schönen Glanz gezeigt. Er war in seiner Kirche. Dort sollte ich ihn anbeten. Ich wußte es, aber ich war nicht bereit. Ich war auf etwas anderes wie versessen. Ich wollte zurück nach England. Zurück zum Meer, zu dem blühenden Stechginster, zu den Klippen von Cornwall, den Hügeln von Durham. Zurück zu den englischen und deutschen Freunden in London. Ich stand in Verbindung mit so vielen, es war alles genau geplant. Die „WELT" war bereit, mich als Korrespondenten zur Olympiade 1948 hinüber zu schicken. Ich war fest entschlossen, auf die eine oder andere Weise drüben zu bleiben.

Doch nun wurde mir der Paß von den englischen Behörden verweigert. Warum? Stillschweigen. Höfliche Abwehr. Wieder in einem Käfig! Die Duplizität der Fälle – Verweigerung der Einreise 1939, Verweigerung des Passes 1948 – machte alles noch bitterer. Warum? Julius Hollos war so anständig, er verriet mir den Grund. 1939 hatte man mich für einen Nazi gehalten, 1948 hielt man mich für einen Kommunisten. Wer hatte mich verleumdet? Wie sollte ich das wissen? Wer im Depot oder im Ruhrgebiet war mein Feind? Wo saßen noch Nazis, die das veranlaßt hatten? Nun war ich, so schien es mir, doch noch ein Opfer der Verfolgung geworden. Es kam zu einem völligen Zusammenbruch. Ich war verzweifelt. Am Ende. Ich hatte alles auf die eine Karte gesetzt: fort von Deutschland. Der Weg war versperrt. Ich war wie in einer Falle.

Voller Selbstmitleid malte ich mir aus: ich schreibe noch einen Brief an Churchill und beschwere mich und klage an – danach Schluß. Selbstmordgedanken? Zu dumm, Churchill war ja gar nicht mehr im Amt. Doch dann war plötzlich mitten in diesem Weinen und Wüten der Gedanke da: nun bleibt nur noch Gott. Und zwar genau in der Doppeldeutung dieses „Nur“. Nur als letzte Hilfe. Nur – ausschließlich gedacht. Gott.

Endlich konnte ich beten. Gott um Hilfe anrufen. Ihn um Vergebung anflehen. Hier geschah die eigentliche „Conversio“, die Umkehr, die Hinkehr zu Gott. Nun kam plötzlich etwas ganz anderes zur Sprache als nur diese gescheiterte Hoffnung „England“.

Nun stand zwischen ihm und mir mein ganzes Leben. Mein verfehltes Leben. Die Not dieses Lebens. Die Verfallenheit an das Geschlechtliche. Die gescheiterten Ehen. Die Selbstsucht. Endlich kam es zu der Bitte um Vergebung, die ich nie vorher über mich gebracht hatte. Zu dem „de profundis“ – aus der Tiefe rufe ich, Herr, zu dir“. Ich erkannte, daß ich bitten mußte „Sei mir gnädig, Herr“.

Tränen der Erschütterung, der Reue in dem gänzlich von Gott-überwunden-Sein. Ich konnte ihm einfach alles sagen. Mein Herz vor ihm ausschütten. Ich blieb ein paar Tage lang in dem kleinen Wagen, zwischen Beten, Weinen und Loben.

Der kleine Pascalband war meine Hilfe. Dort fand ich das Gebet: zum rechten Gebrauch der Krankheit. Ich wandelte es ab – zum rechten Gebrauch des Leidens –. Ich las es immer wieder. Der rechte Gebrauch: Einsicht in die Prüfung. Dank für die Prüfung. Jetzt war die Stunde gekommen, für die ich auf jeder Reise die Bibel mitgeschleppt hatte, in der Angst, sie einmal sehr nötig zu haben. Nun stand sie mir bei. Nun waren die Psalmen mein „Rüstzeug“. Sie kamen mir von selbst auf die Lippen. Mit ihnen wehrte ich die Verzweiflung ab und den Hader.

Und vor mir stand die Frage: Warum willst du eigentlich nicht katholisch werden? War ich verrückt? Ich wußte nichts vom Katholizismus außer den Predigten des Bischofs von Münster im

Kriege, die mir solchen Eindruck gemacht hatten. Würde ich Maria anbeten müssen? Den Papst? Ich begann, mich zu verspotten, mich auszulachen. Doch die Frage bedrängte mich weiter, warum wirst du nicht katholisch?

So setzte ich einen Tag fest: heute fällt die Entscheidung.

Um Abstand zu gewinnen, machte ich einen weiten Ausflug über Land zu einem der holsteinischen Seen. Ich durchschwamm den See und hatte einen Unfall – mit Wucht hatte ich mich auf einen Pfahl geworfen, der im Wasser verborgen war. Eine schwere, schmerzhafte Prellung der Lende – um die Breite eines Zentimeters war ich davor bewahrt worden, mich zu pfählen. Ich hielt dies für ein Zeichen: Ich war bewahrt worden. Mein Leben war mir neu geschenkt. Ich lag einige Zeit in einem Zeltlager, bis mich ein Wagen nach Hause brachte. Ich ging zum Arzt, der mir Glück wünschte, daß alles so glimpflich abgelaufen war. Trotz Schmerzen und Fieber war ich selig. Nun stand mein Entschluß fest. An demselben Abend ging ich zum katholischen Kaplan im Dorf, von dessen Existenz ich am Morgen noch nichts gewußt hatte.

Ich bat um Aufnahme in die katholische Kirche. Von dem Augenblick an fühlte ich mich frei. Triumphierend frei. Der Kaplan gab mir das Buch: Das Wesen des Katholizismus von Adam. Es vertrieb meine Ängste.

Ich vertraute auf meinen Traum von der Kirche, und ich glaubte, daß Gott in der Kirche „ist". Ich merkte voller Staunen, daß diese Kirche, die ich für tot gehalten hatte, voller Leben war. Ja, daß der Geist der Urkirche, von dem wir so viel in meiner Generation geredet hatten, noch in ihr lebendig war. Alles war für mich neu! Das Bild der Kirche erstand vor mir in seiner ganzen Weite und Tiefe, die Vereinigung mit allen, die in diesen zweitausend Jahren als Christen gelebt hatten, mit allen über die ganze Welt hin, die heute lebten, dies war für mich eine neue Offenbarung. Ich mußte immerzu umlernen.

Der Kaplan schickte mich zu Pater Bolkovac, einem Jesuiten in Hamburg. Ich erzählte ihm mein ganzes Leben. Schonungslos. Ich war betroffen, daß er nicht „verurteilte".

Pater Bolkovac gab mir ein Meßbuch und beantwortete meine

Fragen. Ich wurde also nicht viel „geleitet". Das Meßbuch genügte vollauf. Es leitete mich. Wort für Wort erschloß sich mir, fügte sich zu neuem Sinn, der Sinn ergriff mich wie ein Strahl, der, mit den anderen vereint, mich in den verwirrenden Glanz tauchte, den überwältigenden Glanz – den Glanz der Kirche im Traum. Hier war das Licht! Hier war das Leben!

Das Meßbuch war für mich Zeugnis von fast 2000 Jahren des Lebens in Christus. Offenbarung Gottes in den Worten der Apostel, der Kirchenväter, Zeugnis des Heiligen Geistes und seines Wirkens in der Kirche.

Hier gab es nur eins, nur eine Entscheidung, die am Anfang stand – Christus der Herr. War ich bereit, ihm zu folgen? War ich nun bereit? Ich wußte in den Tagen, geblendet und verwirrt von dem Glanz, gar nicht, was Christus mir bot, ich wußte nur um die Unerträglichkeit meines vergangenen Lebens, um meine Not. Die aber war schlimmer als der Tod.

Das Meßgebet: Gott, du hast den Menschen in seiner Würde wunderbar erschaffen und noch wunderbarer erneuert, laß uns durch das Geheimnis dieses Wassers und Weines teilnehmen an der Gottheit dessen, der sich herabgelassen hat, unsere Menschheit anzunehmen, Jesus, Christus, dein Sohn... erschütterte mich ganz besonders. Ich kam aus der Hölle der Verzweiflung und Erniedrigung und Scham. Wie ich die Worte las, habe ich fassungslos geweint. Wunderbar erschaffen... in seiner Würde wunderbar. Was hatten wir und unsere Zeit aus dieser „Würde" gemacht? Wie hatten wir sie gesehen und erfahren? Ich kam aus dem Dunkel der eigenen Schuld und der Schuld meines Volkes.

Die Welt meiner Jugend hatte ihr Gesicht verändert. Die Familie tot, die Freunde zerstreut, verweht, in dem Strudel des Hitlerwahnsinns und des Krieges untergegangen – alles um mich herum und in mir verändert –, nur eins schleppte ich als lähmende Bürde treulich mit: das Bewußtsein meiner Schuld. Meiner Sünden. Meiner Schwäche. So wie einer eine Kette hinter sich herschleppt, die mit Kugeln beschwert ist, mit größeren und kleineren, so war mir zumute. Je mehr ich versucht hatte, mich davon zu befreien, mein Gewissen zum Verstummen zu bringen, je mehr hatte die Schuld gedrückt und mir jede Sicherheit geraubt – mit den Jahren war die Bürde gewachsen.

Ein anderes Meßgebet: Sohn des lebendigen Gottes, dem Willen des Vaters gehorsam, hast du, unter Mitwirkung des Heiligen Geistes, durch deinen Tod der Welt das Leben geschenkt, erlöse mich durch dieses dein hochheiliges Fleisch und Blut von allen meinen Sünden und von jeglichem Übel. – Die Sünden wurden vergeben, ausgelöscht. An dem Tage hätte ich am liebsten diese Tatsache jedem Menschen, dem ich auf der Straße begegnete, gesagt. Wer hatte sich nicht in diesen Jahren versündigt, in Gedanken, Worten und Werken? Trugen wir nicht alle schwer an unserer eigenen Unzulänglichkeit, an so vielen Versagen und Vergehen.

Dies war für mich eine Verheißung unbegreiflicher Gnade. Aus der Annahme dieser Gnade wurde die Liebe zu Christus geboren. An dem Tage, als ich dies hörte, wurde mir klar, daß ich radikal mit meinem bisherigen Leben brechen mußte. Nun war die Kraft zum Bruch da. Plötzlich war alles einfach. Die Vergangenheit, die sexuelle Begierde fiel von mir ab. Ich war „frei“. Frei und geheilt für immer. Ich war wie einer, der in höchster Not in eine Kirche flieht, der die Tür vor der kläffenden Meute draußen schließt und sich dann umsieht. Und dann fiel ich in die Knie. Ich fragte Fritzis Freunde in Recklinghausen um Rat. Man riet mir, den Pastor in Dorsten, einer kleinen Stadt in der Nähe von Recklinghausen, aufzusuchen.

Die Elektrische hielt. Ich stieg aus. Einige Häuser rechts und links hielten die Fiktion einer Straße aufrecht. Dahinter – nichts! Einige Mauerreste, kleine tiefe Kellerlöcher, Schutthaufen. Zerfetzte Bäume. Es war schwer, einzusehen, daß dies die „Stadt“ war. Auf der Straße ein hochgewachsener Mann in Schwarz, wahrscheinlich der Pastor – die einzige Senkrechte in der Horizontalen der plattgewalzten Umgebung. Nachher traf ich den schwarzen Herrn in dem Pastorat; dieser neugotische Ziegelbau war von den Bomben verschont geblieben. Von der Kirche hatte ich nur eine romantische zertrümmerte Turmruine gesehen und ein Meer von Steinblöcken, die einen großen Platz bedeckten.

Pastor Westhoff bestand nach unserem Gespräch darauf, mit mir in das nahe Ursulinenkloster zu gehen.

„Bevor Sie fahren", sagte er, „müssen Sie noch Mater Petra kennenlernen, die fast vierundzwanzig Jahre Oberin des Klosters gewesen ist."

Ich verstand sein Drängen nicht, aber ich gab nach. Das Ursulinenkloster nebenan glich einem angeschlagenen Schiff, Ruinen, Ruinen, nur ein Flügel war stehengeblieben, von der Front zur Straße nur die Fassade.

Eine Oberin! In Erinnerung an viele resolute Diakonissinnen hatte ich mir eine rundliche stattliche selbstbewußte Dame vorgestellt. In das Zimmer kam eine schlanke alte Nonne von imposanter Länge, über 1,80 m groß. Sie hatte lange schmale Hände, die Intelligenz und Energie verrieten. Ihre Gesten waren trotz ihrer Länge nicht eckig, sondern voller Grazie. Ich war von ihrer Persönlichkeit beeindruckt. Der Pastor erzählte ihr mein Anliegen. Dann schlug er vor, ich könnte bei ihm wohnen. Mater Petra Brüning würde dann wohl den Unterricht übernehmen. Damit erhob er sich und ging. Er hatte sie damit vor vollendete Tatsachen gestellt. Sie befragte mich sehr eingehend über alles. Als ich nach anderthalb Stunden fortging, war ich entschlossen, zur Konversion nach Dorsten zu gehen.

Am 8. Dezember 1948 hielt ich meinen Einzug. Mein Gepäck war der hochgetürmte Norweger Rucksack, einen richtigen Koffer besaß ich nicht.

Mater Petra war in den ersten Tagen sehr reserviert, sie wartete darauf, daß ich den ersten Schritt tat.

Aber ich stand wie unter einem schweren Schock. Mein ganzes Leben stand auf und zeugte gegen mich. Wer war ich? Ich stürzte wie in einen Abgrund der Scham. Wieso kam ich in dieses Haus?

Auf das Recht der Konversion, der Bekehrung pochend?

Gott, du hast den Menschen in seiner Würde wunderbar erschaffen ... was war in mir von dieser Würde übriggeblieben?

Nach einigen Tagen der Qual brachte ich den Mut auf, mich bei Mater Petra zu melden, und ich machte reinen Tisch. Ich erzählte ihr mein ganzes Leben. Mater Petra verurteilte nicht. Sie wollte, daß ich nach vorn sah und nicht zurück.

Der Traum hatte doch gelautet: Dann werde ich keine Kunst mehr machen. Keine? Ich wollte es wörtlich nehmen. Aber – drei Schnitzmesser hatte ich doch auf die Fahrt mitgenommen. Und am zweiten Tag meiner Anwesenheit in Dorsten krachten plötzlich riesige Eichenbalken auf die Straße neben dem Pastorat. Ein altes Haus, der alte Bischofssitz der Stadt, war so von Bomben zerstört, daß es abgerissen werden mußte. Honigfarbenes Eichenholz. Große Balken. Vierzig Zentimeter im Quadrat, bis zu zehn und zwölf Meter Länge. Ich konnte gar nicht widerstehen. Ich begann zu schnitzen, der Pastor schenkte mir von dem Holz, soviel ich wollte.

Einige Tage später brachte ich einen holzgeschnitzten sitzenden Christus ins Kloster. Von meiner Kunst hatte ich nichts erwähnt. Ich hatte dem Traum treu sein wollen. Nun stellte es sich aber heraus, daß überall Plastiken gebraucht wurden. Eine heilige Agatha, die Schutzheilige Dorstens, für die Pfarre. Einen Kreuzweg – bis dahin hatte ich noch nie von einem Kreuzweg gehört. Das Kloster wollte eine Marienfigur, eine Aufgabe, der ich hilflos gegenüberstand. Die Figur wurde steif und unfrei.

Ich begann dies und das. Ein Ursulaschiff für die Ursulinen.

Die Arbeiten gelangen mir nicht so, wie ich es wollte. Der Fragwürdigkeit unserer modernen religiösen Kunst war ich mir noch nicht bewußt. Doch in der Mitte stand für mich das Kloster. Das Hochamt, der Choral, das Offizium mit den Tagzeiten – nie zuvor hatte ich im Leben davon gehört. Mater Petra führte mich ein. Ich erlebte katholisches Leben wie in einem Brennpunkt an Intensität, an Freiheit, Freude, Liebe und Geistigkeit.

Das tiefste Geheimnis des christlichen Lebens – die Hingabe an Christus –, Mater Petra lebte es vor mit einer Glut sondergleichen.

Ostern 1949 wurde ich in die Kirche aufgenommen. Wie wenig hatte ich daran gesetzt! Wie gering war alles, was ich gab. Unser ödes selbstherrliches Dasein, alle Dunkelheit, alle Schuld, alle Schwäche. Am schönsten sagt es ein alt-christlicher Taufhymnus:

„Wie die Sonne eine Freude ist denen, die nach ihrem Tag sich sehnen, so ist der Herr meine Freude, denn er ist meine Sonne.

Seine Strahlen haben mich aufgeweckt. Sein Licht alle Finsternis von mir vertrieben. Augen habe ich durch ihn erworben, seinen heiligen Tag geschaut. Einsichtiges Wissen ist mir zuteil geworden. Durch ihn war ich hochgestimmt. Den Weg des Irrtums habe ich verlassen und heimkehrend Erlösung von ihm empfangen." Ich hatte nicht darüber nachgedacht, wie das wohl weitergehen würde. Als im Sommer 1949 die Frage in mir aufkam, warum trittst du eigentlich nicht ins Kloster ein, wies ich sie empört von mir. Ich hatte mit dem Holzknüppel um mich geschlagen, um es genau zu sagen. Aber diese Frage kam immer wieder. Ich begann, mich damit auseinanderzusetzen. Würde ich verzichten können? Auf meine Freiheit? Auf meine Gewohnheiten? Auf die Schönheit der Erde? Auf die Freundschaft mit Menschen? Ich argumentierte: du warst ja bereit, ins KZ zu gehen, also – du gehst – gewissermaßen – in das KZ Gottes, bitte! –

Die Frage war außerdem: würde man mir überhaupt den Eintritt gestatten? Im Herbst 1950 waren alle Schwierigkeiten aus dem Weg geräumt; ich trat in das Dorstener Ursulinenkloster ein.

Das Dorstener Ursulinenkloster war 1699 von zwei Gräfinnen Nesselrode aus Herten gegründet worden. Sie waren in Köln eingetreten und mit zwei anderen Schwestern nach Dorsten gezogen.

Das Kölner Kloster hatte ihnen hundert Taler und eine Ausstattung an Wäsche und Haushaltssachen mitgegeben. Die Chronik berichtet: und seindt die Kinder in solcher Menge uns zugeloffen... Schon im ersten Jahre waren es hundert Schülerinnen und dreißig Pensionärinnen. Viele Schwestern traten im Laufe der nächsten hundert Jahre ein. Einer Zeit der Blüte folgte ein Niedergang um die Jahrhundertwende. Zur Zeit der Aufklärung und der Napoleonischen Kriege stand die Auflösung des Klosters bevor. Das Pensionat war geschlossen, das Kloster diente als Seuchenlazarett, es gab nur noch wenig Schwestern. Um 1830 hatte das Haus wieder einen Aufschwung erlebt, das Pensionat, die höhere Schule, die Volksschule wurden gut besucht. 1876, im Kulturkampf, wurden die Schulen geschlossen, die Schwestern ausgewiesen. Die Schwestern gingen nach Holland, wo sie in Weert ein Kloster mit einer Schule gründeten. 1888 durften sie wieder nach Dorsten zurückkommen. Alles mußte wieder neu eingerichtet werden. Einer langen, ruhigen Periode des Aufbaus folgten schließlich im Nationalsozialismus wieder schwere Zeiten. Mater Petra hatte 1936 große Schwierigkeiten mit der Partei gehabt, es hatte Haussuchungen und Verhöre durch die Gestapo gegeben. Man hatte Mater Petra einen Devisenprozeß anhängen wollen. Sie sollte verhaftet werden. Alle Anschuldigungen aber hatten sich als grundlos erwiesen. 1940 mußten die Schulen geschlossen werden. Das Kloster sollte 1941 aufgelöst und für die SS beschlagnahmt werden; Mater Petra war dem zuvorgekommen. Sie erreichte, daß die Wehrmacht einen Tag vor der Beschlagnahme das Haus für ein Lazarett reklamierte. Der langjährige Religionslehrer des Hauses, Rektor Schmedding, war 1943 verhaftet und nach Dachau verbracht worden. Ein schwerer Luftangriff zerstörte im März 1945 die Altstadt von Dorsten zu 80%. Das Kloster wurde schwer getroffen; die Kirche und Dreiviertel der Gebäude wurden zertrümmert. Das Haus war bis 1946 unbewohnbar. 1946 war die Schule wieder eröffnet worden, 1948 das Pensionat. Wie ich nach Dorsten kam, war alles bereits schon im Wiederaufbau. 500 Schülerinnen besuchten das Gymnasium und die Realschule, heute sind es über 1500.

In Dorsten, der nördlichsten Stadt des Reviers, treffen Industrie und Landwirtschaft aufeinander. Die Sicherheit des Altgewohnten wird hier immer wieder in Frage gestellt, was eine fruchtbare Spannung, auch innerhalb der Schülerschaft, mit sich bringt.

Das Kloster liegt mitten in der Stadt, um den Garten heult der Verkehr auf der Bundesstraße nach Holland.

Der Ostwind treibt den Geruch von Schweiß und Kohle von der nahen Zeche zu uns, der Westwind Tabak und Kautschukdüfte, der Südwind süßlichen Qualm chemischer Werke, nur der Nordwind schmeckt nach Land. Genau das hatte ich gewollt; nicht in der Schönheit der Berge, nicht in irgendeiner Schönheit, sondern mitten in den Belastungen und Problemen unserer Industriewelt zu leben. Ich wollte mein Ich zurücklassen – ein vergeblicher Versuch. Die Geschichte kann hiermit nicht enden – sie trat ein und lebte glücklich – nein, ich muß fortfahren. Da haben wir's, ich muß. Es war leichter, von der Vergangenheit zu sprechen, das Kloster ist seit 30 Jahren Gegenwart.

Ich könnte die Zeit einteilen. In den ersten 15 Jahren mein Versuch, mich in ein strenges Kloster einzugliedern und unterzuordnen. In den darauf folgenden 15 Jahren der Beginn einer Reform, der Versuch einer Neubesinnung für uns alle. Stets von der Frage bedrängt: sind wir als Christen glaubwürdig? Folgen wir Christus, verleugnen wir Ihn? Wie groß ist die Kluft zwischen uns „drinnen" und denen „draußen"?

Nicht hören, nicht sehen, nicht sprechen. Sollte ich auch hier den drei Äffchen begegnen, die ich zuerst auf einer kleinen Klingel meiner Mutter sah, den orientalischen Symbolen für Meditation und Abgeschlossenheit? Nicht hören. Nicht auf die Verlokkungen der Außenwelt hören. Nicht auf Klatsch. Nicht sehen. Den Blick gesenkt halten, um nicht abgelenkt zu werden aus der Sammlung. Nicht sprechen. Das Schweigen in den Klosterräumen, der Klausur, sollte streng befolgt werden. Die Versenkung der Seele in Gott sollte geübt werden.

Wir Novizen fanden es nicht leicht, das klösterliche Leben mit den Anforderungen der 2 großen Schulen, Gymnasium und Realschule und des Internats in Einklang zu bringen. Die Lebensformen stammten aus einem anderen Jahrhundert. Die totale Abgeschlossenheit schien uns absurd angesichts der 1500 Schülerinnen, mit denen wir zu tun hatten.

Ich war wie ein Schlafwandler.

Die Euphorie der Konversion trug mich. Ich wollte Gott in der Betrachtung, der Kontemplation, und in den religiösen „Übungen" dienen. Doch in der Arbeit wurde ich eher vom Stolz als von der Liebe getragen, Zähne zusammen und durch. Am meisten bedrückte mich meine Schuld. Wie sollte ich ein neues Leben beginnen? Das Vergangene zurücklassen, nur nach vorne schauen. Es war alles vergeben – gewiß – aber da war die „Last". Ich sah das Bild genau. Da stand am Wegrand mein alter Norweger Rucksack, beladen mit meiner Schuld. Ließ ich ihn stehen und ging munter weiter? Nahm ich die Last auf die Schulter? Wie war das? Noch hatte C. W. v. Barner mir nicht vergeben. Noch bedrückte mich, daß ich Fritz Hess verletzt hatte.

Jede Konversion ist wie ein Sturz. Man wird umgeworfen, umgestülpt. Alle früheren Werte werden in Frage gestellt. So vieles mußte ich neu durchdenken und prüfen. Was hielt ich von dem großartigen Berlin der zwanziger Jahre, das mich geprägt hatte? Wie stand ich zu den Freunden von früher. Ich wollte mich zu allem bekennen.

Es heißt, man solle bei einer Konversion nicht zurücksehen. Nun, ich sah zurück. Gebrochene Versprechen, gescheiterte Liebe, unerfüllte Hoffnungen. Hatte ich nicht mein Leben verschwendet?

Woran hatte es gelegen? Ich forschte und suchte. Es dauerte Jahre, bis ich bereit war, diese undurchsichtige, unzuverlässige Kreatur als mein „Selbst" anzunehmen.

Ich kam mir vor wie Dorian Gray im Buch von Oscar Wilde. Dorian ist als junger Mensch schön und vielversprechend. Er wird mit den Jahren zum Verbrecher, zum Mörder, doch er behält sein jugendliches Gesicht. In einem Raum hält er sein Porträt versteckt, das seinen Verfall aufzeigt. Hielt ich nicht oben in meiner Zelle mein Bild verborgen? Jeden Tag entdeckte ich mehr Züge darauf, die mich abstießen. Jeden Tag wurde mir irgendein Vorfall bewußt, den ich mit Schreck wahrnahm.

Das war ohne Zweifel. Ich. Mein Leben. So übermächtig war der Kampf gegen das Böse von außen gewesen, daß ich mir über das Böse innen keine Gedanken gemacht hatte. Die Erkenntnis meiner früheren Fehler bedrückte mich – doch sie half mir über die Schwierigkeiten im Ordensleben hinweg. Wenn es hart war, trug ich es als Buße.

Zugleich begriff ich, daß das Evangelium Heilsbotschaft ist, Jesus setzt sich zu Tisch mit den Sündern. Voll Freuden saß ich mit am Tisch.

Die Tage ließen zum Grübeln nicht viel Zeit. Es gab zu viele Aufgaben. Bisher, so hatte ich mir eingebildet, hatte ich im Leben alles geschafft. Nun schaffte ich es nicht. Ich zog mich wie an einem Strick durch die Arbeit. Ja, ungeduldig zerrte ich dies blöde Wesen hinter mir her, wie man ein Kalb am Strick zieht. Ich hetzte durch den Tag, immer noch von der Sehnsucht nach der Kunst besessen. Na ja, so sagte ich mir, du kennst dich wohl nicht sehr gut. Immer auf dem Piedestal, eigentlich seit Tressow. Du warst ganz schön verwöhnt und wußtest es nicht. Du dachtest, du würdest bewundert, geliebt. Eine ganz schöne Einbildung. Du hattest dich immer in die vorderste Reihe gedrängt. Das war nun im Kloster nicht mehr möglich. Auf den letzten Platz, bitte. Wer zuletzt eingetreten war, kam zuletzt.

Mit Überzeugung hatten wir unsere Gelübde der Armut, der Keuschheit und des Gehorsams abgelegt. Aber wie hielten wir es mit der Armut? Es gab genug zu essen. Wir wurden in der Krankheit gepflegt, im Alter umsorgt. Wir versuchten, die Armut zu üben. Sparsam bis zur letzten Sicherheitsnadel. Aber die „Übungen" blieben fragwürdig, da wir keine Not kannten. Wem wollten wir was mit durchgelaufenen Schuhsohlen beweisen? Heute würden wir es so formulieren: Auf Eigentum um der Gemeinschaft willen verzichten, ähnlich wie in einem Kibbuz. Keuschheit. Der Versuch, das eigene Ich hintan zu stellen, um sich Gott und dem Nächsten ganz hinzugeben. Gehorsam. Der Verzicht auf Eigenmächtigkeit um der Gemeinschaft willen.

Das 2. Vatikanische Konzil 1965 hat für uns viel verändert. Die Orden wurden aufgefordert, ihr Verhalten den Anforderungen der heutigen Welt anzupassen. Die Orden sollten sich auf den Geist ihrer Gründer besinnen, um so aus einer gewissen Stagnation herauszukommen. Die Gründer aber waren für ihre Zeit radikal gewesen und hatten Zeichen gesetzt, wie wir es heute an Sr. Teresa in Kalkutta sehen.

Wer war nun die Gründerin des Ursulinenordens, Angela von Merici? Sie lebte im 16. Jahrhundert in Brescia, in Norditalien. Das Elend der verlassenen Kinder auf der Straße ließ ihr keine Ruhe. Sie waren in der unruhigen Zeit der Renaissance verwildert, verwahrlost. So gründete sie eine Gemeinschaft junger Frauen und Mädchen, die sich um diese Kinder kümmern und ihnen Unterricht geben sollten. Wie der Schrecken der Pest sich ausbreitete, bat der Bischof von Mailand, Karl Borromäus, einige Frauen dorthin zu kommen. So viele Kinder waren verwaist und verkommen. Hier begannen die Frauen aus Gründen der Sicherheit in einem Haus als Gemeinschaft zusammen zu leben. Später wurden einige von ihnen nach Bordeaux in Südfrankreich gerufen. Nun war die Aufgabe klar umgrenzt, sie sollten Mädchenschulen dort und im übrigen Frankreich gründen. Innerhalb weniger Jahre gab es über 200 Klöster mit Schulen für Mädchen in Frankreich. Der Beginn der Emanzipation. Man hatte nun gefunden, daß die Frauen als Klosterschwestern in einem Kloster leben sollten, man gab ihnen eine Regel, eine Tracht, sie wurden auf die 3 Gelübde und auf die Klausur verpflichtet. Die Schwestern führten nun ein Leben in Abgeschlossenheit und Hingabe an Gott, wie es dem religiösen Ideal des 17. Jahrhunderts entsprach. Zugleich war eine ständige Ordnung eingeführt worden, die Ursulinen wurden in Chor- und Laienschwestern eingeteilt. Die Chorschwestern beteten das „Chorgebet" – eine Anzahl von Psalmen zu diversen Tagzeiten im Chor ihrer Kirche oder Kapelle und sie unterrichteten die Kinder. Die Laienschwestern übernahmen die Hausarbeit und sie beteten für sich den Rosenkranz oder andere Gebete. Dies wurde durch Jahrhunderte beibehalten. Schon im Noviziat fanden wir diese Einteilung untragbar. Jahre hindurch versuchte unser Kloster die Aufhebung dieser Trennung zu erreichen. Nach vielen Eingaben in Rom erwirkten wir, daß die Unterschiede für unser Haus aufgehoben wurden. Wir nahmen so die Entscheidung des Vatikans vorweg, der Jahre später generell für alle Orden diese Unterschiede aufhob.

Vatikanum 2 brachte uns eine entscheidende Neuerung. Für Lehrorden wurde die strenge Klausur aufgehoben. Das Konzil von Trient hatte 1545 für die Frauenklöster bestimmt, daß sie die Räume ihres Hauses und den Bezirk ihres Gartens nicht verlassen durften – die Klausur. Es wurden Ausnahmen gestattet: Krankheit, Ausbildung sowie Spaziergang mit den Schülerinnen. Jahrhunderte war diese Bestimmung in Kraft geblieben, sie war ursprünglich zum Schutz der Frauen gedacht und sie wurde als eine Förderung des geistlichen Lebens mit Gott verstanden.

Nun hatten wir die Freiheit erhalten, Haus und Garten zu verlassen, wir durften Verwandte und Freunde besuchen, wir durften heraus in die Natur.

So waren die Reformen nicht das Ablegen einer alten Tracht, sondern ein Umdenken, ein neues Begreifen unserer Aufgabe in einer veränderten Welt. Frei von der asketischen Besorgnis um das eigene „Ich“ konnte man sich auf das Wesentliche konzentrieren: die Begegnung mit dem Mitmenschen, mit der „Welt“. Die Botschaft künden.

Ich suchte die Gemeinschaft, als ich eintrat. Ich hatte von einer Art Kommune geträumt. Gemeinsam mit anderen wollte ich mich einsetzen. Gott dienen. Die Gemeinschaft konnte sich in den Jahren des Umbruchs schöner entfalten, seitdem man sich herzlicher und offener begegnen konnte. Das strenge Schweigen wurde im Lauf dieser Jahre aufgehoben. Das Gespräch, die Aussprache löste viele Verkrampfungen. Man lernte es, auf den anderen einzugehen. Mit der Einsicht, selbst in keiner Weise vollkommen zu sein, wuchs auch bei mir die Duldsamkeit mit dem andern. So sind wir heute in Freundschaft und Verbundenheit eng zusammengewachsen.

Wie ordnet sich ein Künstler einer Gemeinschaft ein?

Vorerst war ich ja nur von der Vorstellung besessen, daß ich einen künstlerischen Auftrag hätte. Ich hatte nicht viel vorzuweisen. Ich war nichts als ein Sonntags- und Feiertagskünstler mit großen Hoffnungen und Ambitionen. Ich schnitzte Leuchter, Kreuze, Statuen, Kreuzwege für verschiedene Kirchen.

In den ersten Jahren war meine eigentliche Arbeit in der Schule, und da begann die Einordnung. Nach dem Eintritt wurde ich als Zeichenlehrerin eingesetzt, zuerst an der Realschule, dann am Gymnasium. Hätten wir doch in der Akademie eine umfassendere Ausbildung gehabt!

Das Schnitzen und Zeichnen half mir im Unterricht sehr wenig. Das Medium der Kinder ist die Farbe. Ihr stand ich hilflos gegenüber. Ich verstand nichts von Metalltreiben, von Papierarbeiten, Tonbrennen, Emaillieren, Batik. Und von Pädagogik keine Spur! Die armen Kinder. Sie folgten mir willig wie dem Rattenfänger von Hameln. Voller Spannung zu Beginn der Stunde, was es wohl geben möge. Manchmal gelang eine Stunde, häufig ging sie daneben und endete mit einem wilden Durcheinander von verschüttetem Malwasser, von verschmierten Tischen und verkleckststen Blättern. Eine Art Gemeinschaftssturz würde man sagen.

Ich war von den talentierten Kindern und von ihren Arbeiten begeistert. Wie sollte ich mich zu den weniger Talentierten verhalten? Indem ich allen viel zu gute Noten gab. Der Kunstgeschichtsunterricht war noch schlimmer. Es war mir zuwider, Kunst zerreden und zerlegen zu müssen. Der Unterricht gelang nur mit einem großen Aufwand an Energie, so wurde er naturgemäß von Jahr zu Jahr schlechter.

Etwas haben mir diese 13 Jahre in der Schule eingebracht: die Begegnung mit der Jugend. Ich war und bin von der Jugend begeistert. Ich hatte nicht gewußt, wieviel Reichtum sie in mein Leben bringen würde. Wieviel Anregung. Immer neu die Aufgabe, meine Ansichten zu revidieren. Hielt ich aus Denkfaulheit am alten fest? Ging ich voran oder zurück? Mit vielen früheren Schülerinnen bin ich heute befreundet.

Neben dem Unterricht gab es die Aufgaben im Internat. Kinder wecken, Kinder auf Spaziergängen hüten, Lernstunden absitzen. Kinder abends unterhalten, sie zu Bett bringen. Ich hatte andere Vorstellungen von Jugenderziehung. Ich wurstelte mich durch. Ich zeichnete und plante während der Lernstunden. Ich schrieb an meinen Erinnerungen. Ich schriftstellerte stundenlang während der Abiturprüfungen.

Es half mir nichts. Die Kunst ließ mich nicht los. Es war ein Trugschluß, wenn ich glaubte, einfach abschalten zu können. Ich hoffte auf das 65. Jahr, mit dem ich aufhören könnte. Ich hatte Glück. Immer größere Aufträge kamen ins Haus, mit meinem 60. Jahr konnte ich in der Schule aufhören.

Im Kriege hatte ich mir die Frage gestellt: Würdest du Kunst machen, wenn du auf einer einsamen Insel leben müßtest? Ich hatte sie mit „JA" beantwortet. Mit der Hoffnung, daß vielleicht doch jemand mal die Sachen entdecken würde. In den ersten Klosterjahren war ich mir wie so ein Inselbewohner vorgekommen. Dann aber brach es los. Mit der Öffnung nach draußen brach sehr viel los.

Die beklemmende Frage nach dem Schicksal meiner Freunde der Berliner Jahre ließ mir keine Ruhe.

Was war mit Julius Gerson geschehen? Was mit Betty Flechtheim? Mit Hugo Simon? Waren sie davongekommen? Hugo hatte ich zuletzt 1937 in Paris gesehen. Hatte er überlebt? Durch meine Zeichnungen über die Judenverfolgung erfuhr ich sein Schicksal. Ich hatte sie einem Benediktinerpater gezeigt, der 20 Jahre in Südamerika gelebt hatte. Er hatte sich dort mit Hugo sehr angefreundet. Dieser war während des Krieges mit einem tschechischen Paß mit seiner Familie aus Frankreich entkommen und war nach Südamerika geflohen. Dort hatte er noch 20 Jahre gelebt, und er war wirklich zu einem Weisen geworden. Durch unsere größere Freiheit konnte ich mehr Bücher lesen. So forschte ich dem 20. Juli nach. Der Entwicklung der Verschwörung, dem Fehlschlag. Durch das Grauen über die Judenverfolgung rückte der 20. Juli für mich in die rechte Perspektive. Die Männer hatten gewußt, was sie auf sich nahmen. Sie waren zum Sterben bereit gewesen und durch ihren Tod hatten sie das erreicht, was sie erstrebt hatten: die Ehrenrettung Deutschlands. Das Schicksal der Juden dagegen hatte jeden getroffen, unheimlich in seiner Anonymität – ein jeder ohne individuelle Schuld verhaftet, verschleppt, vernichtet.

Ich stand vor der Frage unserer Schuld. Wollte ich richten oder mich als mitschuldig bekennen? Wollte ich immer noch nach England blicken und mich von Deutschland distanzieren? Oder wollte ich das „Ja“ zu Deutschland sprechen? Indem ich mich als mitschuldig ansah, war das „Ja“ möglich.

Die Freundschaft mit Charlotte und ihren Kindern hat mein Leben weiterhin reich gemacht und beglückt. Nach den ersten Jahren in Hehlen an der Weser ging sie an das Gymnasium in Hinterzarten im Schwarzwald, um sich und die Kinder durchzubringen. Dann zog sie nach München. Nun sind die Kinder alle verheiratet und haben selber Kinder. Charlotte ist der Mittelpunkt ihrer großen Familie, geliebt von den Kindern, Schwiegersöhnen und Enkeln. Von einem Kreis guter Freunde umgeben.

The skeleton in the cupboard – das Skelett im Schrank – ein englischer Begriff. Es könnte einem entgegenstürzen, man fürchtet sich, den Schrank zu öffnen. Der Schrank öffnete sich für mich beim Schreiben der Erinnerungen. Das Gedächtnis

wollte manches nicht freigeben, ich mußte zurren und zerren. Denn die „Geschichte" ist ja weiter gegangen. Ann, meine englische Freundin, die dritte Frau von Fritz Hess, hat mich wiederholt im Kloster besucht. 1974 war ich bei ihnen in London, wie ich zu mehreren Ausstellungen nach England fuhr. Fritz Hess, zu der Zeit 88 Jahre alt, hatte sein Gedächtnis verloren. Er erkannte mich nicht. Doch, als wir einige Zeit zusammen gesessen hatten, fragte er mich: „Waren Sie schon einmal verheiratet?" Ich antwortete: „Ja, ich war mit dir verheiratet. In erster Ehe warst du mit Stephanie, dann mit mir und jetzt bist du mit Ann verheiratet." Worauf er antwortete: „Ja, und Ann ist die beste von ihnen." Danach versank er in Teilnahmslosigkeit. Ann hat ihn aufopfernd bis zu seinem Tod im Jahre 1975 gepflegt. Ann hat mit Fritz Hess zwei Kinder. Sie kam mit ihrer Tochter zu meiner Ausstellung in Middlesbrough, nicht weit von Durham. Dorthin kamen Betty Farrell und so viele Freunde aus dem Settlement in Spennymoor. Einer der alten Bergarbeiter sagte zu mir: „So oft habe ich im Krieg an dich gedacht, wie es dir wohl geht!" Er schnitzte immer noch. Mein Stiefsohn Edgar, der mich auch häufig besucht, war mit seiner Tochter gekommen, so war ich von Freunden umgeben, und es war ein großes Fest.

C. U. von Barner hat nicht wieder geheiratet, er fand einen großen Kreis junger Freunde, die ihn liebten und verehrten. Zu ihnen gehört auch der Pianist Christoph Eschenbach, bei dem er so viel Verständnis für seine Musik fand.

Wir trafen uns öfters, er hatte sein Glück und seinen Frieden in der östlichen Meditation gefunden. Er war der Meinung, daß die Trennung uns die Möglichkeit weiterer innerer Entfaltung gebracht hatte. Bei unserer letzten Begegnung, ein halbes Jahr vor seinem Tod mit 79 Jahren, sprach er von seiner Freude auf den Tod.

Für ihn würde der Tod die Pforte zum Leben sein. Er wollte sicher sein, daß auch ich mich auf den Tod freue. Und zudem – so meinte er – würden wir dann vereint sein.

Wie war das mit jenem Traum, der mich so erschüttert hatte, daß Gott in der Kirche zu finden sei? Soviel stand fest: für mich war der Eintritt in die Kirche der Weg zum Glauben, die Begegnung mit Christus. Für mich also hatte ich Ihn in der Kirche gefunden. Ich erkannte aber innerhalb der Kirche, daß die Grenzen anders verlaufen. Daß Gott sich nicht auf den Umkreis der Kirche beschränken läßt. Daß der Gläubige Ihn unter Umständen verrät, der Ungläubige Ihm dient.

Der Glaube heute hat ein anderes Gesicht bekommen. Alles Überkommene muß neu durchdacht und neu geglaubt werden. So stehen wir wieder vor der Frage: läuft die Zeit uns nicht davon? Hinken wir hinterher? Hinkend oder nicht, ich möchte gerne mithalten.

Aber das Ich! Trotz aller Anstrengungen und Mühen schien es sich nicht verändert zu haben. Da war es wieder mit all seinen Fehlern und Schwächen und lachte mich an. Selbstsicher an. Hatte alles Streben nichts erreicht? Die Einsicht in die eigenen Fehler. Die Erkenntnis des Scheiterns. Es bleibt nur eins: Christus immer wieder anpeilen. Ihn um sein Erbarmen anflehen. Mich vor Ihm hinwerfen in Lob und Dank.

Meine Aufgabe: offen sein für den andern.

Meine Aufgabe: Die Kunst. Die Kunst, den Bergarbeitern und den Leidenden gewidmet, den Aussätzigen Äthiopiens, die ich zum Zeichnen aufsuchen konnte.

Wo das Thema mich nicht entflammt, entsteht freundlich begabter Kitsch. Der Kitsch begleitet mich wie ein Schatten.

So viel Lärm um so wenig. So viel Mittelmaß und so wenig Bleibendes. Und darum das ganze Geschrei! Dazu die Anstrengung, die tägliche Arbeit. Auf das Talent habe ich mit großem Willen, ja mit Verbissenheit ein bißchen Können aufgepfropft. Nun stehe ich da und kann mein „Werk" betrachten. Werk klingt so hochgestochen. Was ist dabei herausgekommen? Ein netter Provinzkünstler. Ein Ruhrkünstler, sozusagen.

Schaum. Schaum der Wellen, die sich brechen. Immer vorwärts getrieben. Immer wieder zurückgeworfen. Immer noch die „ollen Kamellen"!

Wer will noch etwas vom Ressentiment der Nazi-Zeit wissen? Warum wühlst du noch darin herum, frage ich mich? Das interessiert doch keinen mehr. Die Kontrahenten tot. Die Beschützten tot oder verweht. Auf dem Gut glaubt dir heute sowieso keiner mehr, du Ausbeuter. Sorgfältig hast du versucht, die Wahrheit auszusagen, wen soll sie heute noch interessieren? Wahr war der Haß, wahr die Wut. Der Haß begraben, die Wut verpufft – ewig bleibt das Gefühl der Scham.

Wieso nur? Weil du, als einer allein, nichts hast ändern können? Oder – weil du immer noch Deutschland lieben willst?